초보자를 위한

파이썬
200제 ②판

초보자를 위한
파이썬 200제 2판

2판 1쇄 인쇄 | 2024년 11월 20일
2판 1쇄 발행 | 2024년 11월 25일

지 은 이 | 장삼용

발 행 인 | 이상만
발 행 처 | 정보문화사

책 임 편 집 | 노미라
편 집 진 행 | 명은별

주　　　　소 | 서울시 종로구 동숭길 113 정보빌딩
전　　　　화 | (02)3673 - 0114
팩　　　　스 | (02)3673 - 0260
등　　　　록 | 1990 년 2 월 14 일 제 1 - 1013 호
홈 페 이 지 | www.infopub.co.kr

I　S　B　N | 978-89-5674-988-4

초보자를 위한
파이썬
200제

Python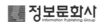

2판

장삼용 지음

정보문화사
Information Publishing Group

머리말

파이썬 200제 초판을 출간한지도 벌써 7년여 시간이 흘렀습니다. 파이썬 버전도 3.6에서 3.12, 3.13으로 업그레이드되었고, 새로운 기능이나 특징들이 많이 추가되었습니다.

파이썬은 1991년 네덜란드 출신의 프로그래머인 귀도 반 로섬(Guido van Rossum)이 개발한 스크립트 언어입니다. 스크립트 언어는 프로그래밍이 직관적이고 배우기 쉽다는 것이 장점이며, 컴파일(Compile)이라는 과정 없이 인터프리터(Interpreter, 해석기)가 코드를 한 줄씩 바로 해석하여 결과를 보여주기 때문에 프로그래머와 대화하듯이 프로그래밍이 가능합니다.

프로그래밍 언어로써 파이썬의 특징을 요약하면 다음과 같습니다.

- 코드가 간결하고 읽기 쉽기 때문에 유지보수가 용이합니다.
- 웹 개발, 데이터분석, 머신러닝이나 딥러닝 등 AI 분야에서 광범위하게 활용됩니다.
- 데이터 사이언스, 웹 프레임워크, 머신러닝, 딥러닝과 관련한 수많은 라이브러리와 패키지를 이용할 수 있습니다.
- 윈도우, 리눅스, 맥OS 등 다양한 운영체제에서 실행 가능한 플랫폼 독립적인 프로그래밍 언어입니다.
- 수많은 파이썬 사용자들이 활동하고 있는 활발한 커뮤니티가 있어 파이썬과 관련된 다양한 정보와 기술 지원을 쉽게 받을 수 있습니다.

이런 특징들로 인해 파이썬은 초보자부터 전문가들까지 널리 사용되고 있는 가장 인기 있는 프로그래밍 언어입니다.

앞서 언급했듯이 파이썬은 스크립트 언어이지만 매우 광범위하고 다양한 종류의 라이브러리가 있어 C/C++, Java 등의 언어로 구현할 수 있는 대부분의 프로그램을 작성할 수 있습니다. 또한 동일한 목적의 프로그램을 C로 작성할 때와 비교하면, 파이썬으로 작성할 경우 절반도 되지 않는 노력으로 프로그램을 만들 수 있습니다.

2016년 3월, 구글의 자회사 딥마인드가 만든 알파고가 세계적인 바둑기사 이세돌을 4승 1패로 이긴 후 우리나라뿐만 아니라 전세계적으로 인공지능(AI, Artificial Intelligence)에 대한 관심이 증폭되었고, 이로 인해 파이썬이라는 프로그래밍 언어 역시 덩달아 인기가 치솟았습니다.

파이썬이 AI 분야에서의 인기 비결은 수학/과학 연산 및 데이터 처리에 관련된 다양한 확장 라이브러리들이 많기 때문입니다. 특히 텐서플로우(tensorflow)나 파이토치(PyTorch) 등 Nvidia CUDA 기반의 딥러닝 프레임워크 등이 모두 파이썬 기반으로 구현되어 제공되고 있습니다. 이후 생성형 AI, ChatGPT로 인해 AI 분야가 더욱 활성화되자 현재 파이썬은 세계에서 가장 인기있는 프로그래밍 언어가 되었습니다.

이 책은 파이썬을 배우기 위해 막 입문하는 초보자를 위해 쓰여졌으며, 파이썬에 익숙한 독자도 필요할 때마다 사전식으로 쉽게 찾아서 참고할 수 있도록 구성했습니다.

총 22장, 200개의 주제로 구성되어 있습니다. 처음부터 차근차근 하나씩 주제를 배워나가면서 파이썬 기초를 다질수 있도록 했고, 실습 예제들을 통해 실무에 적용할 수 있는 실력까지 향상될 수 있도록 했습니다.

1장은 대표적인 파이썬 코딩 도구와 관련된 3개의 주제로 구성되어 있습니다. 이 책의 대부분 소스 코드는 몇몇을 제외하고 주피터 노트북에서 작성되고 실행됩니다.
2장은 파이썬 기초 구문에 대한 11개 주제로 구성되어 있습니다.
3장은 파이썬 제어문에 대한 6개 주제로 구성되어 있습니다.
4장은 파이썬 연산자에 대한 5개 주제로 구성되어 있습니다.
5장에서 12장은 파이썬의 다양한 자료형과 각 자료형에서 사용 가능한 내장함수 및 메서드들에 대한 98개 주제로 구성되어 있습니다.
13장과 14장은 함수와 클래스와 관련된 13개 주제로 구성되어 있습니다.
15장은 예외처리와 관련된 7개 주제로 구성되어 있습니다.
16장은 파이썬 모듈, 패키지와 관련된 6개 주제로 구성되어 있습니다.
17장은 파일과 디렉토리와 관련된 18개 주제로 구성되어 있습니다.
18장은 시간과 날짜와 관련된 5개 주제로 구성되어 있습니다.
19장은 정규표현식에 대한 간략한 내용의 2개 주제로 구성되어 있습니다.
20장은 네트워크 프로그래밍과 관련된 실습 예제 7개로 구성되어 있습니다.
21장은 동시 실행 프로그래밍과 관련한 5개 주제로 구성되어 있습니다.
22장은 이 책의 마지막 장으로, 지금까지 배운 내용을 활용하여 실제로 동작하는 간단한 프로그램을 구현해보는 실습 예제 14개로 구성되어 있으며, 이를 통해 실무에 응용할 수 있는 능력을 키우도록 했습니다. 독자 여러분들은 22장의 여러가지 실습 코드를 통해 우리가 배운 파이썬의 기본 내용들이 어떻게 적용되는지 중점적으로 확인하기 바랍니다.

책에 수록된 모든 소스 코드와 관련 리소스는 정보문화사 홈페이지(infopub.co.kr) 자료실과 저자 블로그(blog.naver.com/samsjang)에서 다운로드할 수 있습니다. 파이썬에 막 입문한다면 처음부터 정독하면서 예제를 하나하나 모두 손으로 입력하며 학습하길 추천합니다.

책 한권으로 파이썬 대가가 될 수는 없겠지만 파이썬을 전혀 모르더라도 이 책을 통해 파이썬이라는 언어가 가장 익숙하고 잘 활용할 수 있는 프로그래밍 언어가 될 수 있기를 바랍니다.

끝으로 이 책을 쓰면서 도움을 주신 분들에게 감사의 말씀을 전하면서 마무리하고자 합니다. 먼저, 수록될 주제라든가 파이썬 실무에 관한 소소한 정보나 팁을 알려준 효성인포메이션시스템 솔루션개발팀 팀원들에게 고맙다는 말 전합니다. 고급 개발자들의 팁이라 초보자용 책에 수록하기에는 다소 버거운 것들이었지만 저에게 아이디어나 영감을 제공해주었습니다. 아주 가끔씩 연락하면서 허심탄회한 이야기나 업무관련 이야기를 하면서 멘탈적으로 자유로움을 느끼게 해주는 LGCNS에 근무하고 있는 옛 동료, 중소 IT 업체에 다니는 옛 동료에게도 인사 전합니다. 그리고, 이 책이 출판될 수 있도록 많은 도움을 주신 정보문화사 관계자분들께 감사드립니다.

마지막으로 나이가 들면서 말도 잘 듣지 않고 빼질거리지만 여전히 귀여운 반려강아지 뽀솜이와 손뜨개 전문가이자 유튜버 아델코바늘에게 고맙다는 말 전합니다.

저자 장삼용

차례

001 파이썬 코딩 도구

002 기초 구문

008 리스트와 튜플

013　함수(Function)

017 파일/디렉토리

약어 및 기호

이 책에서 사용되는 주요 약어 및 기호에 대한 설명입니다.

▌자료형 약어

약어	설명
n	수치(numerical) 자료
iterable	반복 가능(iterable) 자료
s	시퀀스(sequence) 자료
str	유니코드 문자열
bytes	바이트 문자열
list	리스트(list)
d	딕셔너리(dictionary)
key	딕셔너리 키
val	딕셔너리 값
set	set 자료
f	파일 객체

▌인용 기호

기호	설명
" "	책 본문에서 주요 용어, 코드, 명령어 등의 인용 시 표시하는 기호
" " ' '	책 본문이나 코드에서 유니코드 문자열 인용 시 표시하는 기호
⟨ ⟩	책 본문에서 파이썬 구문 인용 시 표시하는 기호

▌프롬프트 기호

윈도우 명령 프롬프트

```
> pip install jupyter
```

윈도우 명령 프롬프트는 ">"로 표기합니다. 우리의 학습 데이터 및 소스 코드는 "python200" 폴더
에 저장되므로 ">"의 기본 위치를 "python200>"으로 가정합니다.

리눅스 명령 프롬프트

```
$ pip install jupyter
```

리눅스 계열 OS에서 프롬프트는 "$"로 표기합니다.

파이썬 인터프리터 프롬프트 (REPL)

```
>>> strdata = 'I love Python'
```

파이썬 인터프리터 프롬프트는 ">>>"로 표기합니다.

▋소스 코드 부분

셀 000-1
```
1  hello = 'Hello World!'
2  print(hello)
3  print('안녕하세요 월드!')
```

이 책에서 소스 코드는 주피터 노트북을 기반으로 작성됩니다. 따라서 소스 코드의 설명과 실행은 주피터 노트북의 셀 단위로 진행됩니다. 소스 코드 왼쪽의 행 번호는 따로 입력하는 부분이 아닙니다.

▋소스 코드 실행 결과 출력 부분

셀 000-1
```
1  hello = 'Hello World!'
2  print(hello)
3  print('안녕하세요 월드!')
```
```
Hello World!
안녕하세요 월드!
```

주피터 노트북의 셀 단위로 실행한 결과를 표시합니다. 셀 000-1의 소스 코드 내용과 실행 결과를 보여주는 예시입니다.

▋NOTE 부분

> **NOTE**
> 부가 정보나 팁 등에 대한 내용을 알립니다.

파이썬 개발환경 준비하기

파이썬 프로그래밍을 위해 가장 먼저 해야할 일은 여러분의 컴퓨터에 파이썬 개발환경을 구성하는 일입니다. 이 책에서는 여러분들의 PC가 윈도우 환경이라 가정하고 진행하도록 하겠습니다.

파이썬을 설치하는 방법은 일반적으로 파이썬 공식 사이트에서 파이썬 바이너리를 다운로드하여 설치하는 방법과 아나콘다 공식 사이트에서 아나콘다 통합 패키지를 설치하는 방법이 있습니다. 아나콘다 통합 패키지는 파이썬 기본 패키지와 다양한 데이터 처리 도구, 수학 라이브러리, 시각화 도구, 머신러닝 관련 라이브러리, 주피터 노트북 등을 포함하고 있습니다.
따라서 아나콘다는 용량이 크고, 설치에 소요되는 시간도 긴 편이지만 다양한 라이브러리들이 기본으로 탑재되어 있고, 코딩을 할 수 있는 주피터 노트북까지 제공하기 때문에 편리한 점이 많습니다.
하지만 이 책의 많은 내용이 아나콘다가 제공하는 다양한 라이브러리들이 필요하지 않고 파이썬 기본 패키지만으로도 충분히 설명되기 때문에 파이썬 공식 사이트에서 파이썬을 설치하기로 합니다.

파이썬 공식 사이트에서 파이썬 설치하기

파이썬으로 프로그램을 개발하기 위해서는 파이썬 인터프리터가 필요합니다. 파이썬 인터프리터는 우리가 작성한 파이썬 코드를 해석하여 처리하고 그 결과를 제시합니다.

파이썬 인터프리터를 앞으로 간단히 파이썬으로 부르도록 하겠습니다.

파이썬 공식 홈페이지는 https://www.python.org입니다. 파이썬 공식 홈페이지에서는 파이썬과 관련한 매우 방대한 자료들을 제공하고 있습니다.

이 책에 나오는 모든 코드는 파이썬 3.12를 기반으로 작성되고 실행됩니다.

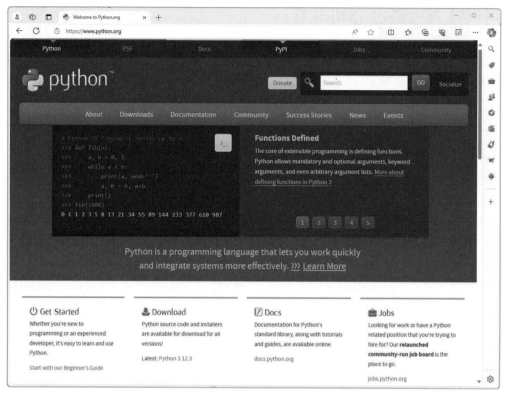

그림 0-1 **파이썬 공식 홈페이지**

파이썬은 대부분의 리눅스 계열 OS에 기본적으로 탑재되어 있으며, Mac OS나 윈도우에도 기본
적으로 탑재되어 있습니다. 윈도우의 명령 프롬프트를 열고 python을 입력하여 파이썬이 구동되
는지 확인합니다.

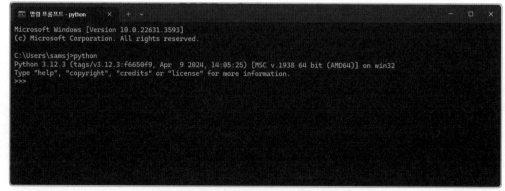

그림 0-2 **윈도우 명령 프롬프트에서 파이썬 실행 화면**

여러분의 컴퓨터에 파이썬이 설치되어 있다면 그림 0-2에서 보는 것처럼 파이썬이 실행되고 Python 3.x.x와 같이 버전 정보를 출력합니다. 여러분의 컴퓨터에 설치된 파이썬 버전이 최신 버전이 아니거나 실행되지 않는다면 다음과 같이 최신 버전의 파이썬 버전을 다운로드해 설치합니다.

▌윈도우용 파이썬 3.12.x 버전 설치

1. 파이썬 바이너리 다운로드

파이썬 공식 홈페이지의 상단 메뉴를 보면 Downloads 탭이 있습니다. 이 탭을 누르면 다양한 OS에 맞는 파이썬을 다운로드할 수 있습니다. Windows를 선택하면 그림 0-3과 같은 화면을 볼 수 있습니다. 여기서 Python 3.12.x 탭을 누르고 파이썬 바이너리 파일을 다운로드합니다.

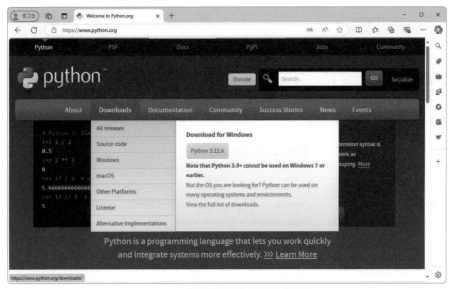

그림 0-3 파이썬 바이너리 다운로드 페이지

2. 파이썬 설치

다운로드 받은 파이썬 3.12.x 실행 파일은 python-3.12.x-amd64.exe와 같은 형식의 이름으로 되어 있습니다. 32비트용 파이썬인 경우, python-3.12.x.exe와 같은 형식의 이름입니다. 참고로 여러분의 PC에 설치된 윈도우는 대부분 64비트 OS입니다. 다운로드한 파일을 실행하고 다음과 같은 순서로 설치합니다.

❶ Add Python.exe to PATH에 체크하고 [Install Now]를 클릭합니다.

❷ 파이썬 3.12.x와 필요한 모듈들을 자동으로 알아서 설치해 줍니다.

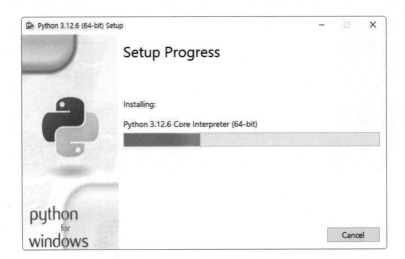

❸ 설치가 성공적으로 완료되면 다음과 같은 화면이 나타납니다. [Close] 버튼을 눌러 설치를 종료합니다.

3. 파이썬 설치 확인

윈도우 명령 프롬프트를 열고 명령 프롬프트에서 python을 입력하고 [Enter]를 눌렀을 때 그림 0-2와 같은 화면이 나와야 제대로 설치된 것입니다.

▌코딩을 위한 에디터

파이썬으로 코드를 작성하거나 프로그램을 만들기 위해서는 텍스트 에디터가 필요합니다. 더 나아가 작성된 코드를 실행하고 결과값을 확인하고, 작성된 코드에 문제가 있을 경우 이를 손쉽게 찾아내고 문제를 해결할 수 있는 기능을 제공해주는 개발자 도구가 필요할 수도 있습니다.
파이썬 코드를 작성하기 적당한 도구들은 여러 가지가 있으나 초보자가 무료로 활용할 수 있는 코드 작성 도구는 다음과 같은 것들이 있습니다.

IDLE

파이썬 기본 패키지에 탑재된 파이썬 코드 작성 도구입니다. 대화식으로 프로그래밍을 수행할 수 있고, 내장된 에디터로 코드를 작성하여 실행 및 디버깅을 할 수 있는 기능들을 제공합니다.

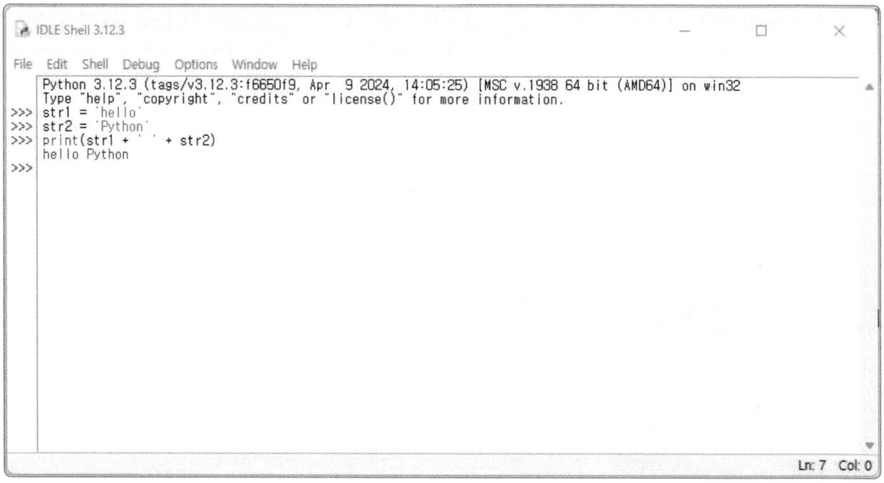

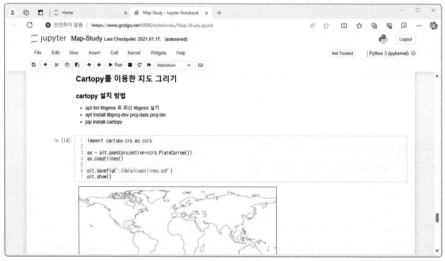

그림 0-4 IDLE 실행 화면

주피터 노트북(Jupyter Notebook)

주피터 노트북은 웹 기반으로 파이썬 코드를 작성 및 실행할 수 있는 개발자 도구입니다. 마크다운 (markdown) 언어를 통해 문서화가 가능하며, 셀(cell) 단위로 코드를 실행하고 결과값을 확인할 수 있기 때문에 개발자가 학습이나 분석을 목적으로 활용하기에 적합한 개발자 도구입니다.

그림 0-5 주피터 노트북

비주얼 스튜디오 코드(Visual Studio Code)

현업에서 활동하고 있는 파이썬 개발자들은 IDLE이나 주피터 노트북보다는 코딩, 디버그, (필요 시) 컴파일 및 배포 등과 같이 개발과 관련된 업무를 하나의 프로그램에서 수행 가능한 통합 개발 환경이라고 부르는 IDE(Intergrated Development Environment) 도구를 활용합니다.

특히 마이크로소프트에서 개발하여 무료로 활용할 수 있는 비주얼 스튜디오 코드(Visual Studio Code)는 기본적으로 기능이 풍부한 코드 편집기지만, 다양한 확장 플러그인을 통해 IDE로도 활용 가능합니다.

그림 0-6 Visual Studio Code

이 책의 내용 대부분은 비주얼 스튜디오 코드가 제공하는 풍부한 기능이 필요하지 않습니다. 그러 므로 독자들이 코드를 작성하면서 중간 중간 결과를 확인할 수 있고(REPL로써의 기능), 사용하기 에도 편리한 주피터 노트북의 활용을 추천합니다. REPL(Read Evaluate Print Loop)은 사용자가 콘 솔 화면에서 파이썬 코드를 입력하고 실행하면 바로 결과를 출력하고 다시 입력할 수 있는 인터페 이스를 가진 개발자 도구입니다.

▎윈도우용 주피터 노트북 설치

pip를 이용해 jupyter notebook 설치

> pip install jupyter

윈도우 명령 프롬프트에서 파이썬 모듈 관리자인 **pip**를 이용해 주피터 노트북을 설치하면 주피터 노트북에 필요한 라이브러리 및 모듈을 차례대로 설치하게 됩니다.

설치 완료 후, 주피터 노트북에서 작성한 소스 코드가 저장될 폴더를 하나 만듭니다. 앞으로 우리가 작성할 모든 소스 코드는 "python200" 이라는 이름의 폴더에 저장된다고 가정합니다. "python200" 폴더에서 주피터 노트북을 실행합니다.

> jupyter notebook

주피터 노트북이 실행되면 그림 0-7과 같은 화면이 나타납니다.

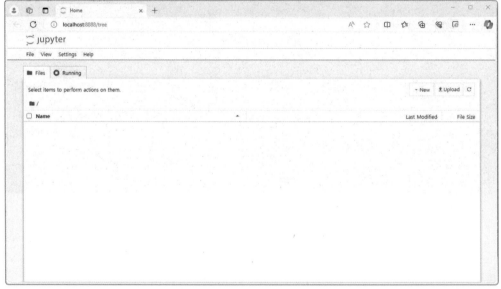

그림 0-7 **주피터 노트북 최초 실행 화면**

▌필요 파일 다운로드

이 책의 모든 소스 코드와 실행에 필요한 파일들은 다음 사이트에서 다운로드할 수 있습니다.

〈정보문화사 홈페이지 infopub.co.kr(자료실)〉 또는 〈저자 블로그 blog.naver.com/samsjang〉

압축을 풀면 "python200" 폴더가 있는데 "python200" 폴더 안에는 폴더 몇 개와 여러 파일들이 있습니다. 이 중 확장자가 .ipynb인 파일은 주피터 노트북에서 생성한 파일입니다. .ipynb 파일이 있는 "python200" 폴더에서 주피터 노트북을 실행하면 다음과 같은 화면을 볼 수 있습니다.

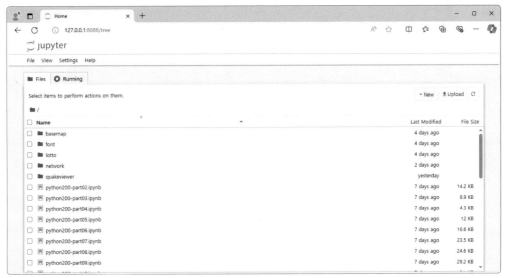

그림 0-8 "python200" 폴더에서 주피터 노트북을 실행한 화면

주피터 노트북에서 .ipynb 파일을 선택해서 더블클릭하면 이 책에서 다루고 있는 대부분의 파이썬 소스 코드를 볼 수 있고 실행도 할 수 있습니다.

그림 0-9 python200-part02ipynb를 주피터 노트북에서 오픈한 화면

하지만 독자 여러분들은 이 소스 코드들은 참고용으로 하고, "python200" 빈 폴더를 생성하고 코드를 하나하나씩 구현해보길 권장합니다.

이제 이 책을 학습하기 위한 모든 준비가 끝났습니다.

01

파이썬
코딩 도구

001 대화식 모드로 프로그래밍 하기

학습내용 대화식 프로그래밍의 개념을 이해하고 대화식 모드로 프로그래밍하는 방법을 배웁니다.

```
>>> print('안녕하세요')
안녕하세요
```

파이썬은 인터프리터 언어이기 때문에 소스 코드를 한 라인씩 순서대로 실행하고 그 결과를 출력합니다. 이와 같이 프로그래머가 한 라인의 소스 코드를 입력하면 인터프리터가 곧바로 해석하여 그 결과를 프로그래머에 제시하는 방식을 대화식 프로그래밍이라 부릅니다.

대화식 모드로 파이썬 프로그래밍을 하는 방법은 대표적으로 두 가지가 있습니다.

- 윈도우 명령 프롬프트를 열고 파이썬을 실행한다
- IDLE을 실행한다

두 가지 방법 모두 실행하면 화면에 보이는 ">>>"가 파이썬 인터프리터의 프롬프트입니다.

">>>" 부분에 파이썬 코드를 한 라인 작성하고 Enter를 치면 파이썬 인터프리터는 곧바로 이를 해석하여 결과를 보여줍니다.

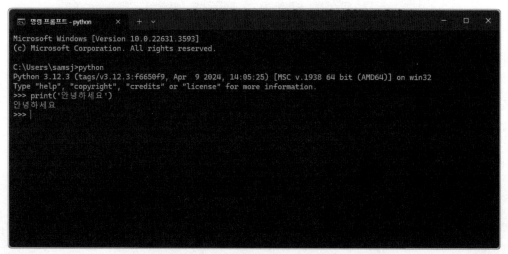

그림 001-1 윈도우 명령 프롬프트에서 대화식 모드로 파이썬 프로그래밍

파이썬 인터프리터를 종료하려면 quit()을 입력하면 됩니다.

```
>>> quit()
```

IDLE을 실행하려면 윈도우 작업 표시줄에 있는 검색창에 "IDLE"을 입력하여 나타나는 IDLE 앱을 클릭하여 IDLE을 실행합니다. IDLE이 실행되면 다음과 같이 파이썬 인터프리터 프롬프트가 나타납니다.

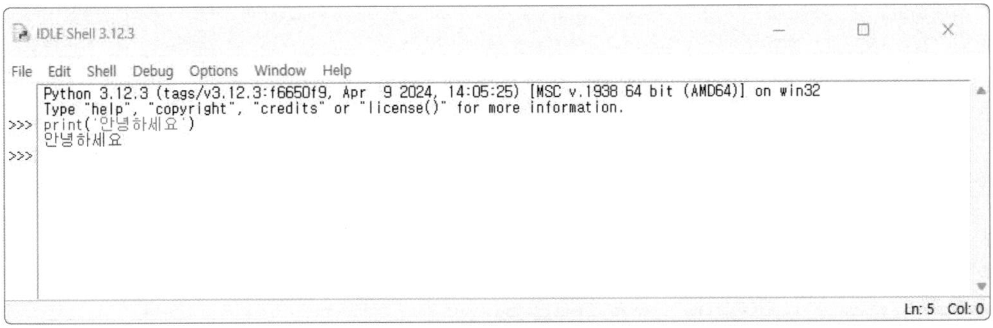

그림 001-2 **IDLE을 실행하여 대화식 모드로 파이썬 프로그래밍**

이와 같이 화면에서 코드를 입력하고 실행하면 바로 결과를 출력하고 다시 코드를 입력할 수 있는 인터페이스를 가진 도구를 REPL(Read Evaluate Print Loop)이라 합니다.

002 IDLE 에디터로 프로그래밍 하기

학습내용 IDLE 에디터를 이용하여 파이썬 프로그래밍을 하는 방법에 대해 배웁니다.

```
1   hello = '안녕하세요 파이썬!'
2   print(hello)
3   a = 1
4   b = 10
5   print(a+b)
```

라인 단위로 입력하고 실행하는 대화식 모드 인터페이스는 코드 한 라인의 실행 결과를 곧바로 확인하는 용도로는 유용하지만, 코드가 복잡해지고 길어지면 효율성이 다소 떨어지기 마련입니다.
IDLE을 실행하고 상단 메뉴에서 [File] - [New File]을 클릭해 텍스트 에디터를 열어봅니다. 텍스트 에디터에서 앞의 코드를 입력합니다. 입력 후 파일로 저장하기 위해 Ctrl+S를 누르고 "002.py"로 저장합니다. F5를 눌러 저장된 코드를 실행해 봅니다.

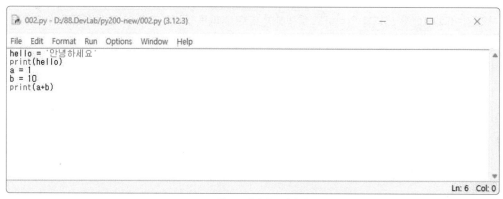

그림 002-1 IDLE 텍스트 에디터로 파이썬 프로그래밍

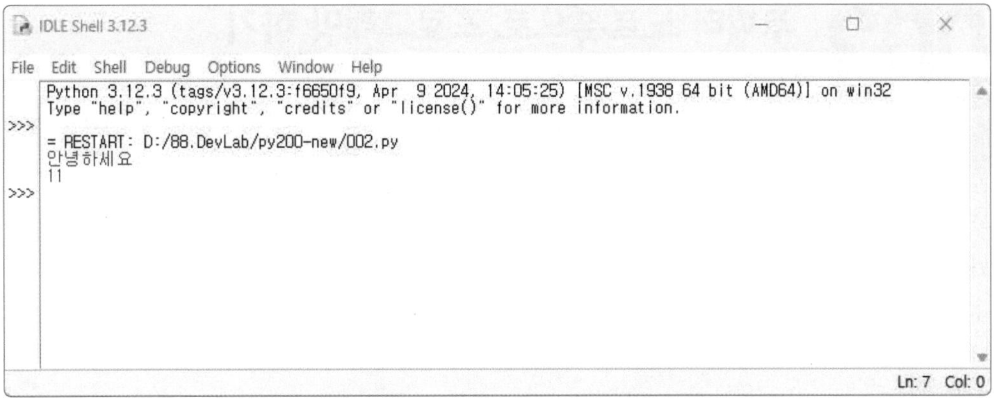

그림 002-2 **IDLE 텍스트 에디터로 작성한 소스 코드 실행 결과 화면**

이 방법은 에디터에서 작성된 파이썬 코드를 한 번에 일괄적으로 실행하는 배치(batch) 형식으로 동작합니다. 프로그래머가 일반적으로 코딩하는 방식입니다.

텍스트 에디터에서 뭔가를 수정한 후 F5로 코드를 실행하면 코드가 수정되었으니 저장할 것인지 묻는 창이 나타납니다. 저장하지 않으면 실행되지 않으니 [Yes]를 눌러 저장하고 실행하면 됩니다. 윈도우에서 기본적으로 제공하는 메모장과 같이 일반 텍스트 에디터를 이용해서 프로그래밍할 수도 있습니다. 윈도우 메모장을 열고 앞의 코드를 입력한 후 "002.py"로 저장합니다. 윈도우 명령 프롬프트를 열고 "002.py"가 저장된 폴더로 이동합니다. 명령 프롬프트에서 "python 002.py"를 실행하여 결과를 확인합니다.

그림 002-3 **윈도우 명령 프롬프트에서 파이썬 프로그램 실행**

파이썬 소스 코드 파일의 확장자는 .py입니다. 파이썬 소스 코드 파일을 실행하는 방법은 IDLE에서 파이썬 소스 코드를 열고 F5를 누르거나, 윈도우 명령 프롬프트에서 파이썬 소스 코드를 다음과 같이 직접 실행하는 것입니다.

```
> python 파이썬파일.py
```

003 주피터 노트북으로 프로그래밍 하기

학습내용 주피터 노트북을 이용한 파이썬 프로그래밍 및 주피터 노트북 활용 방법에 대해 배웁니다.

주피터 노트북(jupyter notebook)은 REPL의 특성을 가지고 있으면서 텍스트 에디터로서의 기능도 가지고 있어 파이썬 초보 개발자나 학습자들이 활용하기에 매우 훌륭한 개발자 도구입니다.
소스 코드가 저장될 폴더로 이동해서 주피터 노트북을 실행하면 다음과 같은 웹 브라우저 화면이 나옵니다.

소스 코드 저장 폴더> jupyter notebook

그림 003-1 **주피터 노트북 실행 화면**

오른쪽 상단의 [New] 버튼을 누르고 Python 3을 클릭하면 다음과 같이 브라우저의 새로운 탭에 코드를 작성할 수 있는 화면으로 바뀝니다.

그림 003-2 **코드 작성 및 실행이 가능한 주피터 노트북 에디터 화면**

화면 상단에 보이는 Untitled에 마우스를 한 번 클릭하면 다음과 같이 이름을 바꿀 수 있습니다.

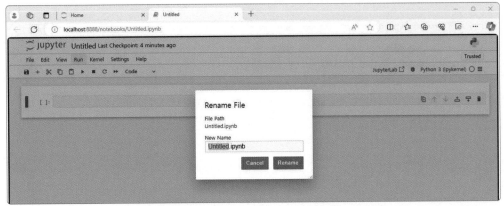

그림 003-3 주피터 노트북 ipynb 파일 이름 변경

Untitled 이름을 py200-003으로 바꿉니다. 앞으로 이 화면에서 작성되는 소스 코드 등의 모든 내용은 py200-003.ipynb 파일에 저장됩니다.

002의 소스 코드를 입력해 봅니다.

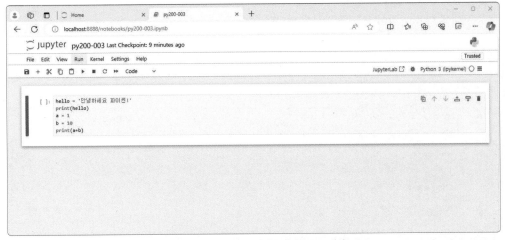

그림 003-4 주피터 노트북 에디터에서 코드 작성

주피터 노트북은 작성한 코드를 셀(cell) 단위로 실행할 수 있습니다. 코드가 작성된 셀을 실행하려면 화면 상단에 있는 ▶를 누릅니다.

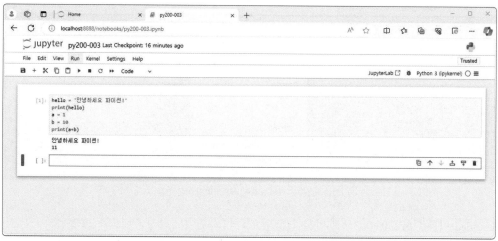

그림 003-5 **주피터 노트북 에디터에서 코드 실행 화면**

코드가 작성된 셀이 성공적으로 실행되면 해당 셀 왼편에 [1]이라는 표시가 나타나고 셀 아래에 결과값이 출력된 후, 새로운 셀이 추가됩니다.

새로운 셀에 다음과 같이 코드를 작성해 봅니다.

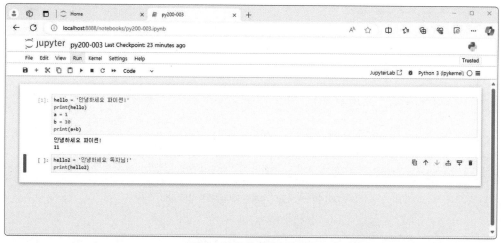

그림 003-6 **새로운 셀에 코드 작성**

코드 작성이 끝나면 Alt + Enter 를 눌러 봅니다. 주피터 노트북에서 Alt + Enter 는 ▶를 누르는 것과 동일한 효과입니다.

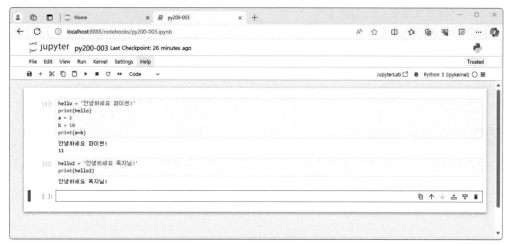

그림 003-7 Alt + Enter 를 눌러 새로운 셀의 코드 실행

세 번째 셀에 새로운 코드를 작성하고 Ctrl + Enter 를 눌러 봅니다.

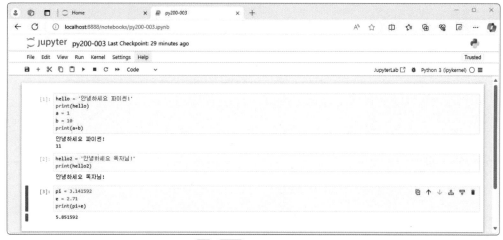

그림 003-8 Ctrl + Enter 를 눌러 새로운 셀의 코드 실행

Ctrl + Enter 로 셀의 코드를 실행하면 실행 결과값만 아래에 출력되고 새로운 셀이 추가되지는 않습니다.

여기서 새로운 셀을 아래에 추가하려면 셀 오른쪽에 있는 사각형모양 아래에 +가 있는 아이콘을 클릭하면 됩니다.

주피터 노트북은 이 외에 많은 기능들을 제공하고 있지만 이 책에서 다루는 코드의 작성 및 실행은 이 정도 기능으로도 충분하므로 주피터 노트북에 대한 소개는 여기서 마무리합니다.

표 003-1 **주피터 노트북 코드 실행 방법**

실행방법	설명
▶	해당 셀의 코드를 실행하고 결과값 출력 후, 새로운 셀을 아래에 추가
Alt + Enter	▶와 동일
Ctrl + Enter	해당 셀의 코드를 실행하고 결과값 출력. 아래에 새로운 셀을 추가하지 않음

> **NOTE**
> 이 책에서는 주피터 노트북을 기반으로 셀 단위로 코드를 작성하고 실행하는 것으로 합니다.

이 책에서 설명되는 예제는 다음과 같이 표현되며, 이는 주피터 노트북의 셀 단위로 실행되는 것을 뜻합니다.

셀 000-1

| 1 | 코드1 |

실행 결과 출력

셀 000-2

| 1 | 코드2 |

실행 결과 출력

주피터 노트북에서는 셀 000-1과 셀 000-2는 연관되어 실행됩니다.

02

기초 구문

004 변수

학습내용 어떤 값을 임시로 저장하는 변수명에 대한 규칙과 할당연산자 "="에 대해 배웁니다

셀 004-1

```
1   _myname = 'samsjang'
2   my_name = '홍길동'
3   MyName3 = 'Hong gil-dong'
4   country = '대한민국'
```

파이썬의 변수명 규칙은 C나 C++ 등 다른 프로그래밍 언어에서 사용되는 변수명 규칙과 비슷합니다.

변수명의 첫 문자는 밑줄 문자(언더스코어) '_' 또는 영문자로 시작해야 합니다. 따라서 다음과 같은 변수명은 잘못된 예이며, 잘못된 변수명에 값을 대입하고 실행하면 오류가 발생합니다.

```
>>> 1_str = '안녕하세요 파이썬!'
File "<stdin>", line 1
   1_str = '안녕하세요 파이썬!'
   ^
SyntaxError: invalid decimal literal
```

다음은 특수 기호를 변수명으로 사용한 잘못된 예시입니다.

```
_%var = 'Temp Variables'
@address = 'samsjang@naver.com'
```

변수명의 두 번째 문자부터는 알파벳, 숫자 그리고 밑줄 문자를 사용할 수 있습니다.

변수명은 대소문자를 구분하므로 counter와 Counter는 다른 변수가 됩니다.

```
counter = 1
Counter = 2                    # counter와는 다른 변수임
```

또한, 파이썬에서 이미 사용하고 있는 일부 단어는 변수명으로 사용할 수 없습니다. 이러한 단어를 **파이썬 예약어**라 합니다.

파이썬 예약어에는 제어문으로 사용되는 `if`, `elif`, `while`, `for`가 있고 함수를 정의할 때 사용되는 `def`, 클래스를 나타내는 `class` 등 많은 예약어들이 있습니다. 파이썬 예약어를 변수로 사용하면 다음과 같은 오류가 발생합니다.

```
>>> and = 1
  File "<stdin>", line 1
    and = 1
    ^^^
SyntaxError: invalid syntax
```

파이썬 예약어를 모두 기억할 수는 없으므로 프로그램을 실행할 때 이와 같은 오류가 발생한다면, 변수명을 제대로 사용했는지 확인하고 다른 변수명으로 수정한 후 다시 실행해 봅니다.

만약 파이썬 예약어를 확인하고 싶다면 파이썬 프롬프트에서 다음과 같은 방법을 사용합니다.

```
>>> import keyword
>>> keyword.kwlist
['False', 'None', 'True', 'and', 'as', 'assert', 'async', 'await', 'break', 'class', 'contin-
ue', 'def', 'del', 'elif', 'else', 'except', 'finally', 'for', 'from', 'global', 'if', 'import',
'in', 'is', 'lambda', 'nonlocal', 'not', 'or', 'pass', 'raise', 'return', 'try', 'while', 'with',
'yield']
```

파이썬은 자체적으로 내장되어 있는 함수가 많이 있습니다. 예를 들면 abs()는 주어진 수를 절대값으로 변환하여 리턴하는 파이썬 내장 함수입니다.

만약 변수명으로 abs를 사용하게 되면 절대값을 리턴하는 함수인 abs()는 더 이상 사용할 수 없습니다.

```
>>> abs = 1
>>> abs(-1)
Traceback (most recent call last):
  File "<stdin>", line 1, in <module>
TypeError: 'int' object is not callable
```

이 오류는 변수명으로 사용된 abs를 함수처럼 호출하여 발생하는 오류입니다. 따라서 변수명으로 파이썬 내장 함수 이름과 동일한 이름은 피해야 합니다.

변수에 값을 할당하는 기호는 "="이며, 할당되는 값의 타입에 따라 변수의 자료형이 결정됩니다. 자료형에 대한 이해는 006에서 따로 다루도록 합니다.

```
1  intData = 1
2  pi = 3.14
```

변수 intData에 정수 1을 할당했으므로 intData는 정수 자료가 되며 변수 pi에는 3.14를 할당하여 실수 자료가 됩니다.

```
3    flag = True
```

flag에 **True**를 할당하여 참 또는 거짓을 나타내는 불리언(boolean) 자료로 활용하고 있습니다.

```
4    ch = 'x'
5    strData = '사랑해요 파이썬!'
```

한 개의 문자를 변수에 할당하거나 여러 개의 문자로 구성된 문자열을 변수에 할당하여 문자열 자료로 만듭니다.

변수에 정수를 할당하였다고 해서 이 변수가 정수 자료형으로 고정되는 것은 아니며 변수에 값이 할당되는 시점에 변수의 자료형은 자동적으로 다시 정해집니다.

```
>>> buffer = 1          # buffer에 정수 1을 할당. buffer는 정수 데이터임
>>> buffer + 2
3
>>> buffer = 'three'    # buffer에 문자열 three를 할당. buffer는 문자열 데이터임
>>> buffer
'three'
```

005 주석 처리하기

셀 005-1

```
1    ### 주석처리 예시
2    ### 만든 날짜: 2024.12.30
3
4    a = 1          # a에 1을 할당
5    b = 5          # b에 5를 할당
6    print(a+b) # a+b의 값을 출력
```

파이썬 코드 한 라인을 주석 처리하기 위해서는 문자 "#"으로 문장을 시작하면 됩니다. "#" 이전의 문자들은 주석 처리가 되지 않습니다.

코드를 작성할 때 주석을 잘 작성해 두면 이후에 코드를 다시 보거나 타인이 코드를 검토할 때 매우 중요한 정보로 활용됩니다. 그러므로 주석을 항상 달아주는 습관을 가지고 있는 것이 좋습니다.

특정 영역을 주석처리 하고자 하는 경우에는 삼중 따옴표를 이용해 주석으로 처리할 부분을 둘러싸면 됩니다.

셀 005-2

```
1    comment = 'Result = '
2    # 삼중 따옴표로 특정 영역 주석 처리 예시
3    """a = 1
4    b = 100
5    print(a+b)"""
6    a = 5
7    b = 50
8    print(comment, a+b)
```

위 코드에서 삼중 따옴표로 둘러싸인 부분은 주석으로 처리되며, 6라인 a = 5 이후부터 유효한 코드입니다.

006 자료형 개념

자료형 또는 데이터 타입(data type)이란 숫자, 문자 등과 같이 여러 종류의 데이터 유형을 구분하기 위한 분류입니다. 파이썬에서 자료형들은 모두 객체로 취급됩니다.

파이썬의 주요 자료형은 크게 다음과 같이 다섯 가지로 분류할 수 있습니다.

- 수치 자료(Numerical Type)
- 불리언 자료(Boolean Type)
- 시퀀스 자료(Sequence Type)
- set 자료(Set Type)
- 딕셔너리(Dictionary Type)

수치 자료

수치 자료는 수학에서 사용하는 수를 표현하는 자료형입니다. 수치 자료는 다음과 같이 세 가지 숫자를 취급하고 다룹니다.

- 정수형: −1, 0, 1과 같은 정수
- 실수형: −0.7, 2.1 등과 같이 분수로 표현할 수 있는 유리수와 π(원주율)와 같은 무리수를 포함하는 실수
- 복소수형: 실수부와 허수부로 되어 있는 복소수

셀 006-1

```
1   intData = 15              # 정수 데이터
2   floatData = 2.5           # 실수 데이터
3   complexData = 1 + 1j      # 복소수 데이터
```

각 변수에 정수 15, 실수 2.5, 복소수형 상수 1+1j를 할당한 예입니다. 파이썬에서 허수부는 j로 표현하는 것에 유의합니다. 수치 자료에 대한 내용은 5장에서 자세히 다룹니다.

불리언 자료

간단히 불(bool) 자료라고도 하며, 참과 거짓 값을 나타냅니다. 파이썬에서 참은 `True`, 거짓은 `False`로 표기하여 나타냅니다.

```
셀 006-2
  1   isTrue = True
  2   isFalse = False
```

시퀀스 자료

시퀀스 자료는 순서가 있는 요소들로 구성된 자료형입니다. 순서가 있기 때문에 각 요소는 정수 인덱스(index)로 접근 가능하고, 자료의 크기나 길이도 가지고 있습니다. 파이썬에는 기본적으로 리스트, 튜플, 문자열, `range` 객체, 바이너리 시퀀스 자료의 다섯 가지 시퀀스 자료형이 있습니다. 시퀀스 자료형은 7장에서 자세히 다룹니다.

set 자료

`set` 자료는 수학에서 배운 집합처럼 요소들 간의 순서가 없고 중복되지 않은 요소들로 구성된 자료입니다.

```
셀 006-3
  1   setData = {1, 2, 3, 4, 5}
```

`set` 자료는 "{ }"안에 요소를 나열함으로써 정의할 수 있습니다. `set` 자료에 대한 내용은 11장에서 자세히 다룹니다.

딕셔너리

딕셔너리는 사전이라고도 불리며, "{ }"안에 "키:값"으로 된 쌍이 요소로 구성된 자료형입니다.

```
셀 006-4
  1   dictData = {0:False, 1:True}
```

각 요소는 콤마로 구분하여 나열합니다. 딕셔너리는 인덱스로 값을 접근할 수 없고 키를 이용해 대응되는 값에 접근합니다. 딕셔너리에 대한 내용은 12장에서 자세히 다룹니다.

> **NOTE** 반복 가능(iterable) 자료형
>
> 파이썬에는 반복 가능(iterable) 자료형이 있는데, for문에서 in 다음에 사용될 수 있는 자료형을 말합니다. 파이썬에서 모든 시퀀스 자료와 딕셔너리, 집합 자료는 반복 가능한 자료형입니다. 파이썬 내장 함수 list( )를 이용하면 반복 가능한 자료를 리스트로 변환할 수 있습니다. 반복 가능 자료형에 대한 내용은 6장에서 자세히 다룹니다.

007 자료형 출력: print()

학습내용 다양한 자료를 화면에 출력하는 기본적인 방법에 대해 배웁니다.

print()는 인자로 입력된 자료형 및 객체 값을 화면에 출력합니다. print()의 인자는 수치 자료,
문자열, 리스트, 튜플, 딕셔너리 등 임의의 객체와 변수값이 가능합니다.

셀 007-1

```
1    print('안녕하세요 파이썬!')
```
안녕하세요 파이썬!

print()의 인자로 입력된 문자열 '안녕하세요 파이썬!'이 출력됩니다.

셀 007-2

```
1    hello = '안녕하세요 파이썬!'
2    print(hello)
```
안녕하세요 파이썬!

변수 hello의 값을 출력합니다.

셀 007-3

```
1    intData1 = 1
2    intData2 = 2
3    print(intData1+intData2)
```
3

intData1과 intData2를 더한 값이 출력됩니다.

셀 007-4

```
1    name = '홍길동'
2    phone = '010-1234-5678'
3    print('이름:', name, '핸드폰:', phone)
```
이름: 홍길동 핸드폰: 010-1234-5678

print()의 인자로 입력된 값이 콤마(,)로 구분되어 있으면 입력된 값을 연속으로 출력합니다.

셀 007-5

```
1   print('#', end='')
2   print('#'*5)
```

```
######
```

print()는 기본적으로 인자로 입력된 값을 화면에 출력한 후 줄바꿈을 합니다. 여러 개의 print()문을 이용해 출력할 때 줄바꿈하지 않고 한 줄에 연속으로 출력하려면 print()의 두 번째 인자로 end=''를 지정하면 됩니다.

셀 007-6

```
1   print(name, phone, sep=';')
```

```
홍길동;010-1234-5678
```

콤마로 구분하여 입력된 값을 특정 문자나 문자열로 구분하여 출력하려면 print()의 마지막 인자로 sep=<구분문자/구분문자열>을 지정하면 됩니다.

> **NOTE** 문자열 포맷팅
>
> print( )를 활용한 문자열 출력은 다양한 포맷으로 가능한데, 이와 관련한 내용은 076, 077 문자열 포맷팅 방법에서 자세히 다룹니다.

008 자료형 크기: len()

학습내용 자료형의 크기를 확인하는 방법에 대해 배웁니다.

모든 시퀀스 자료와 딕셔너리, set 자료는 고정된 길이 또는 크기를 가지고 있습니다. 문자열의 크기는 문자열을 구성하는 문자의 개수이며, 리스트, 튜플, 딕셔너리 및 집합 자료의 크기는 자료를 구성하는 요소들의 개수입니다.

셀 008-1

```
1  strData = 'I love python!'
2  print(len(strData))
```

```
14
```

문자열 'I love python!'의 크기 또는 길이인 14가 출력됩니다.

셀 008-2

```
1  listData = [1, 2, 3, 4, 5]
2  print(len(listData))
```

```
5
```

리스트 [1, 2, 3, 4, 5]의 크기로 리스트를 구성하는 요소의 개수인 5가 출력됩니다.

셀 008-3

```
1  tupleData = ('a', 'bc', 'def')
2  print(len(tupleData))
```

```
3
```

튜플 ('a', 'bc', 'def')의 크기로 튜플을 구성하는 요소의 개수인 3이 출력됩니다.

셀 008-4

```
1  setData = {'cup', 'shoes', 'shirts', 'pants'}
2  print(len(setData))
```

```
4
```

set 자료 {'cup', 'shoes', 'shirts', 'pants'}의 크기로 set 자료를 구성하는 요소의 개수인 4가 출력됩니다.

셀 008-5

```
1  dictData = {1:True, 0:False}
2  print(len(dictData))
```

```
2
```

딕셔너리 {1:True, 0:False}의 크기로 딕셔너리를 구성하는 키:값 쌍의 개수인 2가 출력됩니다.

009 자료형 확인: type( )

변수의 자료형을 확인하는 방법에 대해 배웁니다.

코드를 작성하다 보면 변수 이름만 보고는 이 자료가 어떤 자료형인지 모르는 경우가 많습니다. 파이썬 내장 함수 type()은 인자로 입력된 자료의 자료형을 리턴합니다.

파이썬의 모든 자료형은 클래스로 정의되어 있으므로, 실제 코드에 활용되는 모든 자료는 해당 자료를 정의한 클래스의 객체가 인스턴스화 된 것입니다.

셀 009-1

```
1  intData = 1
2  print(type(intData))
```
```
<class 'int'>
```

intData = 1로 선언된 intData는 실제로는 정수 객체입니다. 따라서 intData의 자료형은 int 클래스로 확인됩니다. 수치 자료의 실수, 복소수 자료는 각각 float, complex 클래스로 자료형을 확인할 수 있습니다.

셀 009-2

```
1  strData = 'I love python!'
2  print(type(strData))
```
```
<class 'str'>
```

strData = 'I love python!'으로 선언된 strData는 str 객체이며, strData의 자료형은 str 클래스로 확인됩니다.

마찬가지로 리스트, 튜플, 딕셔너리, 집합 자료 등도 type()을 이용하면 각각의 자료형을 확인할 수 있습니다.

010 타입 어노테이션(Type Annotation)

학습내용 코드의 가독성 및 유지보수 효율성을 위해 자료형에 대해 힌트를 알려주는 방법에 대해 배웁니다.

파이썬은 변수에 값을 할당할 때, 값에 따른 변수의 자료형을 따로 명시하지 않아도 됩니다.

셀 010-1

```
1   name = '홍길동'
2   age = 17
3   weight = 70.7
4   is_badman = False
```

위 코드에서 변수 name, age, weight, is_badman은 각각 할당되는 값의 타입에 따라 자료형이 자동적으로 결정됩니다. 이런 방식은 변수의 자료형을 따로 명시하지 않아도 프로그램을 실행시킬 수 있는 유연성을 가지고 있는 반면, 코드가 길어지고 복잡해지면 코드의 가독성이나 버그 수정 등에 있어 어려움이 있을 수 있습니다.

타입 어노테이션은 코드의 가독성 향상을 위해 변수나 함수의 인자 및 리턴값의 자료형에 대해 힌트를 알려주는 방법입니다.

셀 010-2

```
1   name: str = '홍길동'
2   age: int = 17
3   weight: float = 70.7
4   is_badman: bool = False
```

위 코드는 타입 어노테이션 방법으로 변수 name, age, weight, is_badman을 각각 정수, 실수, 문자열, 불리언 자료형이라고 힌트를 준 예입니다.

리스트, 튜플, 딕셔너리 및 set 자료형의 경우 타입 어노테이션 방법을 활용하려면 다음과 같이 적용하면 됩니다.

셀 010-3

```
1   booklist: list[str] = ['삼국지', '수호지', '초한지']
```

변수 booklist의 자료형이 문자열을 요소로 가지는 리스트라는 힌트를 줍니다.

셀 010-4

```
1   island: tuple[str, float, float] = ('독도', 131.52, 37.14)
```

변수 island의 자료형이 문자열, 실수, 실수인 튜플이라는 힌트를 줍니다.

```
1   top4_familyname: dict[str, int] = {'김씨':123456, '나씨':345811, '박씨':963123, '이
    씨':865909}
```

변수 top4_familyname의 자료형이 키는 문자열, 값은 정수인 딕셔너리라는 힌트를 줍니다.

```
1   fruits: set[str] = {'사과', '배', '수박', '참외', '딸기'}
```

변수 fruits의 자료형이 문자열을 요소로 가지는 set 자료라는 힌트를 줍니다.

코딩을 하다 보면 다양한 자료형을 활용하게 되는데, 이때 타입 어노테이션을 적절하게 사용하면 코드의 가독성을 높일 수 있고, 차후 디버깅을 할 때 유용할 수 있습니다.

자신의 코드에서 추가한 타입 어노테이션을 체크하고자 하는 경우, __annotations__ 객체를 출력하면 됩니다.

```
1   print(__annotations__)
{'name': <class 'str'>, 'age': <class 'int'>, 'weight': <class 'float'>, 'is_badman':
<class 'bool'>, 'booklist': list[str], 'island': tuple[str, float, float], 'top4_sing-
er': dict[str, int], 'fruits': set[str]}
```

> **NOTE** 타입 어노테이션은 강제 사항이 아니다
>
> 파이썬은 타입 어노테이션을 강제적으로 적용하지 않습니다. 변수에 타입 어노테이션으로 자료형에 대한 힌트를 명시하더라도 다른 자료형으로 전용이 가능하며, 오류없이 실행됩니다. 하지만 이런 식의 자료형 전용은 권장되지 않습니다.

```
1   fruits: set[str] = {'사과', '배', '수박', '참외', '딸기'}
2   fruits = {1, 2, 3, 4, 5}
3   print(fruits)
{1, 2, 3, 4, 5}
```

변수 fruits가 문자열을 요소로 가지는 set 자료임을 명시했으나, fruits에 정수로 구성된 set 자료를 할당해도 오류없이 실행됩니다. 하지만 이런 식으로 코딩하는 것은 타입 어노테이션을 활용하는 목적에 부합하지 않으므로 권장되지 않습니다.

> **NOTE** 함수의 타입 어노테이션
>
> 함수의 인자 및 리턴값에도 타입 어노테이션을 활용할 수 있습니다. 이에 대한 대용은 129에서 자세히 다룹니다.

011 사용자 입력: `input()`

셀 011-1

```
1  userInput = input()
2  print('사용자가 입력한 값은 〈' + userInput + '〉 입니다.')
```
```
10  - 사용자가 입력한 값
사용자가 입력한 값은 〈10〉 입니다.
```

파이썬 내장 함수 input()은 사용자가 키보드로 입력한 값을 문자열로 리턴합니다. 코드를 실행하면 사용자 입력을 기다리게 되고, 아무 값이나 입력한 후 Enter를 누르면 userInput에 사용자가 입력한 값을 문자열로 저장하고 프로그램을 계속 실행합니다.

셀 011-2

```
1  userInput = input('값을 입력하세요: ')
2  print('사용자가 입력한 값은 〈' + userInput + '〉 입니다.')
```
```
값을 입력하세요: yes
사용자가 입력한 값은 〈yes〉 입니다.
```

input()의 인자는 사용자 입력을 돕기 위한 안내 문구나 힌트 등을 표시하는 문자열이 됩니다. 코드를 실행하면 화면에 "값을 입력하세요: "를 출력하고 사용자 입력을 기다립니다. 사용자가 키보드로 값을 입력하고 Enter를 누르면 input()은 사용자가 입력한 값을 userInput에 문자열로 저장하고 프로그램을 계속 실행합니다.

012 들여쓰기

셀 012-1

```
1  listData = ['a', 'b', 'c']
2  if 'a' in listData:
3      print('"a"가 listData에 요소로 존재합니다.')
4  else:
5      print('"a"가 listData에 요소로 존재하지 않습니다.')
```
"a"가 listData에 요소로 존재합니다.

파이썬은 다른 프로그래밍 언어와 달리 `if`, `for`, `while` 등과 같은 제어문이나 함수 및 클래스에서 실행할 코드 부분을 구분해주는 괄호({ })가 없습니다. 대신 들여쓰기(indentation)로 괄호({ })를 대체합니다. 스페이스로 들여쓰기를 하거나, 탭으로 들여쓰기를 할 수 있습니다. 참고로 탭보다는 스페이스로 들여쓰기를 권장합니다.

2‥‥‥ 파이썬에서 제어문이나 함수 이름, 클래스 이름 뒤에 콜론(":")으로 제어문, 함수 이름, 클래스 이름의 끝을 표시하며, ":" 다음에 실행 코드를 작성합니다.

예를 들어, 실행 코드가 한 라인일 경우 다음과 같이 코드를 작성할 수 있습니다.

셀 012-2

```
1  listData = ['a', 'b', 'c']
2  if 'a' in listData: print('"a"가 listData에 요소로 존재합니다.')
```
"a"가 listData에 요소로 존재합니다.

위 코드에서 "if 'a' in listdata"가 제어문이며 콜론(":")으로 제어문의 끝을 알리고, 이 제어문의 실행 코드는 print('"a"가 listData에 요소로 존재합니다.')입니다.
그런데 실행 코드는 대부분 한 라인 이상이기 때문에 콜론 다음에 Enter를 눌러 라인을 바꾼 후 실행 코드를 작성하게 됩니다. 이 때 실행 코드는 반드시 들여쓰기를 해야 됩니다.

```
if 'a' in listData:
    실행 코드
```

파이썬 들여쓰기는 다음과 같은 기본 규칙을 가집니다.

▌1. 가장 바깥쪽의 실행 코드는 들여쓰기 없이 시작해야 함

만약 코드에서 다음과 같이 공백이 있는 상태로 `listData`를 작성하게 되면 `IndentationError
: unexpected indent` 오류가 발생합니다.

셀 012-3

```
1        listData = ['a', 'b', 'c']
2    if 'a' in listData:
3        print('"a"가 listData에 요소로 존재합니다.')
4    else:
5        print('"a"가 listData에 요소로 존재하지 않습니다.')
```

```
...
listData = ['a', 'b', 'c']
IndentationError: unexpected indent
```

▌2. 콜론(":") 다음 라인부터 시작하는 실행 코드는 들여쓰기 간격이 모두 동일해야 함

다음과 같이 `if`문 실행 코드의 들여쓰기 간격이 동일하지 않으면 `IndentationError:
unexpected indent` 오류가 발생합니다.

셀 012-4

```
1    listData = ['a', 'b', 'c']
2    if 'a' in listData:
3        print('"a"가 listData에 요소로 존재합니다.')
4          print('프로그램을 종료합니다.')
5    else:
6        print('"a"가 listData에 요소로 존재하지 않습니다.')
```

```
...
print('프로그램을 종료합니다.')
IndentationError: unexpected indent
```

013 None 상수

파이썬은 "None"이라는 특별한 상수가 있습니다. None은 아무런 값을 가지지 않는 변수라는 것을 표현하기 위해 주로 사용됩니다. 즉, None이 할당된 변수는 아무런 값도 없는 빈 깡통같은 변수입니다.

셀 013-1

```
1   val = None
2   flag = True
3   if flag:
4       val = [1, 2, 3, 4, 5]
5   else:
6       val = '안녕하세요 파이썬!'
```

val = None으로 선언한 경우, val은 아무런 값도 가지지 않는 변수이므로 이 변수로는 할 수 있는 것이 아무것도 없지만, None으로 지정된 변수에 값이 있는 임의의 자료형을 할당하여 활용할 수 있습니다.

None은 어떤 변수에 할당할 자료형을 결정하지 않은 상태로 선언할 때, 또는 함수에서 아무 값도 리턴하지 않고 끝낼 때 사용하기도 합니다.

어떤 함수에서 예외가 발생하여 오류가 났을 경우, None을 리턴함으로써 이 함수를 호출한 쪽에서 호출한 함수가 비정상적으로 종료되었음을 알 수 있도록 할 수도 있습니다.

014 True, False

학습내용 boolean 상수인 참을 나타내는 True와 거짓을 나타내는 False에 대해 배웁니다.

파이썬에서 참과 거짓을 나타내는 Boolean 상수는 `True`와 `False` 값을 가집니다. `True`는 1, `False`는 0의 값을 가집니다. 참과 거짓을 나타낼 때 `True`와 `False`로 표현하면 더 직관적이고 프로그램 코드의 가독성도 높일 수 있습니다.

셀 014-1

```
1   flag1 = True
2   flag2 = False
3   print(flag1 == 1)
4   print(flag2 != 0)
```
```
True
False
```

코드 실행 결과를 보면 `True`는 1, `False`는 0임을 알 수 있습니다.

프로그램에서 무한 반복 로직을 구현할 때 다음과 같이 `while`문을 만들면 됩니다.

```
while True:
    실행 코드
```

만약 무한 반복 코드에서 특정 조건을 만족하는 경우 무한 루프를 탈출하려면 다음과 같이 `break`를 활용해서 무한 루프를 빠져나오면 됩니다.

```
while True:
    실행 코드
    if 조건 == True:
        break
```

03

제어문

015 if문: if~elif~else

학습내용 어떤 조건을 참과 거짓으로 판단하기 위한 if문에 대해 배웁니다.

코드를 작성하다 보면 조건에 따라 수행하는 일을 달리해야 하는 경우가 있습니다. 조건이 참인지 거짓인지를 검사하고, 참인 경우에는 이 일을 하고, 거짓인 경우에는 저 일을 하라는 식으로 처리해야 하는 경우입니다.

if문은 조건이 참인지 아닌지 판단하고 참일 경우 코드를 수행하는 제어문입니다. 파이썬 if문의 기본적인 사용은 다음과 같습니다.

```
if 조건:
    조건이 참일 경우 실행하는 코드
```

만약 조건이 참일 경우 실행하는 코드와 조건이 거짓일 경우 실행하는 코드가 있다면 다음과 같이 if ~ else 문을 사용합니다.

```
if 조건:
    조건이 참일 경우 실행하는 코드
else:
    조건이 거짓일 경우 실행하는 코드
```

다음의 예시를 봅니다.

셀 015-1

```
1  x = 1
2  y = 2
3  if x < y:
4      print('x가 y보다 작습니다.')
5  else:
6      print('x가 y보다 작지 않습니다.')
```

x가 y보다 작습니다.

x < y 가 참이므로 print('x가 y보다 작습니다.')가 실행됩니다.

체크하고자 하는 조건이 여러 개일 경우는 다음과 같이 **if ~ elif ~ else** 구문을 사용하면 됩니다.

```
if 조건1:
    조건1이 참일 경우 실행하는 코드
elif 조건2:
    조건1이 거짓이고 조건2가 참일 경우 실행하는 코드
else:
    조건1, 조건2가 모두 거짓일 경우 실행하는 코드
```

체크하고자 하는 조건의 개수에 따라 **elif**문의 개수가 증가할 수 있습니다.

셀 015-2

```
1  x = 1
2  y = 2
3  if x < y:
4      print('x가 y보다 작습니다.')
5  elif x > y:
6      print('x가 y보다 큽니다.')
7  else:
8      print('x와 y가 같습니다.')
```

x가 y보다 작습니다.

3~6······ x < y가 참이면 print('x가 y보다 작습니다.')를 실행하고, x < y가 거짓이면 두 번째 조건인 x > y를 체크하여 print('x가 y보다 큽니다.')의 실행 여부를 판단합니다.

7······ 만약 x < y, x > y 모두 거짓이면 마지막 else문에 있는 실행 코드를 수행합니다.

016 for문: for~continue~break

학습내용 주어진 범위에서 반복적으로 코드를 실행하는 for문에 대해 배웁니다.

for문은 특정 범위의 자료나 객체에 대해 처음부터 끝까지 하나씩 추출하여 특정 코드를 반복적으로 수행하기 위해 사용되는 반복문입니다. for문의 기본적인 구문은 다음과 같습니다.

```
for 변수 in 범위:
    반복적으로 실행할 코드
```

for문에서 범위로 사용되는 것은 반복 가능한(iterable) 자료여야 하며, 반복 가능한 자료에는 다음과 같은 객체들이 있습니다.

- 문자열, 리스트, 튜플과 같은 시퀀스 자료
- 딕셔너리, set 자료
- range()
- 그 외 반복 가능한 객체

▌문자열을 범위로 지정한 예

셀 016-1
```
1  strData = 'abcdef'
2  for c in strData:
3      print(c, end='-')
```
a-b-c-d-e-f-

▌리스트를 범위로 지정한 예

셀 016-2
```
1  listData = [1, 2, 3, 4, 5]
2  for idx in listData:
3      print(idx, end='-')
```
1-2-3-4-5-

▌딕셔너리를 범위로 지정한 예

셀 016-3
```
1  ascii_codes = {'a':97, 'b':98, 'c':99}
2  for code in ascii_codes.items():
3      print(code)
```
('a', 97)
('b', 98)
('c', 99)

▌range( ) 함수를 범위로 지정한 예

```
1    for i in range(10):
2        print(i, end='#')
```

`0#1#2#3#4#5#6#7#8#9`

for문에서 반복문을 수행하다가 조건에 따라 코드를 더 이상 수행하지 않고 다음 반복을 실행하게 하거나, 아예 for문을 벗어나야 하는 경우가 있습니다. for문 안에서 continue를 만나면 이후 코드는 수행하지 않고 다음 반복을 수행하게 되며, break를 만나면 for문을 탈출하게 됩니다.

```
for 변수 in 범위:
    ...
    continue    # 다음 반복 실행. continue 아래 코드는 실행하지 않음
    ...
    break       # for문 탈출
```

다음 코드를 봅니다.

```
1    for i in [1, 2, 3, 4, 5]:
2        print(i)
3        if i < 2:
4            continue
5        else:
6            break
```

```
1
2
```

위 코드는 1~5까지 정수에 대해 실행을 반복합니다. 화면에 해당하는 정수를 출력하고 그 수가 2보다 작으면 그 다음 숫자를 출력하며, 2보다 크거나 같으면 for문을 탈출하여 종료합니다.
셀 016-5를 실행하면 1, 2까지 숫자가 출력됩니다. 이 코드는 다음과 같이 continue 없이 break 만으로 동일한 로직을 작성할 수 있습니다.

```
1    for i in [1, 2, 3, 4, 5]:
2        print(i)
3        if i == 2:
4            break
```

```
1
2
```

017 for문: for~else

for문이 break에 의해 중단되지 않고 정상적으로 모두 실행이 되어야만 특정 코드가 실행되게 할 경우, for ~ else를 사용합니다.

```
for 변수 in 범위:
    반복 실행 코드
else:
    for문의 반복 실행 코드가 빠짐없이 실행되었을 경우 실행할 코드
```

else:로의 진입은 for문에서 break 등에 의해 중간에 반복 실행 코드가 중단됨이 없이 정상적으로 실행이 모두 다 되었을 경우입니다. 이어지는 두 코드의 실행 결과를 비교해 봅니다.

셀 017-1

```
1  for x in [1, 2, 3]:
2      print(x)
3  else:
4      print('Perfect!')
```

```
1
2
3
Perfect!
```

다음 코드는 1, 2가 출력되고 'Perfect!'는 출력되지 않습니다.

셀 017-2

```
1  for x in [1, 2, 3]:
2      print(x)
3      if x > 1:
4          break
5  else:
6      print('Perfect!')
```

```
1
2
```

018 while문: while~continue~break

학습내용 특정 조건이 만족하는 동안 코드를 반복 수행하게 하는 while문에 대해 배웁니다.

for문이 범위가 지정된 자료나 객체를 이용해 반복을 수행하는 것이라면 while문은 특정 조건이 만족하는 동안 지속적으로 반복을 수행하는 반복 제어문입니다.

while문의 기본 구문은 다음과 같습니다.

```
while 조건:
    조건이 참일 때 반복 실행 코드
    ...
    continue                    # while문 처음으로 이동하여 반복 실행 코드 계속
    ...
    break                       # while문 탈출
```

while 다음의 조건이 거짓일 때까지 while 안의 실행 코드를 계속 반복합니다. while 반복 실행 코드에서 continue를 만나면 while문 처음으로 돌아와 조건을 체크하고 조건이 참이면 반복 실행 코드를 계속 수행합니다. while 반복 실행 코드에서 break를 만나면 while문을 탈출하게 됩니다.

셀 018-1

```
1   x = 0
2   while x < 10:
3       x = x + 1
4       if x < 3:
5           continue
6
7       print(x)
8       if x > 4:
9           break
```

```
3
4
5
```

1~2····· 예제 코드는 변수 x의 값이 10보다 작은 조건을 만족하는 동안 while 아래의 실행 코드를 반복 수행하는 코드입니다. x의 초기값이 0이므로 while의 조건이 참이 되며 while 반복 실행 코드로 진입하게 됩니다.

3~5····· x를 1 증가시킨 후 x가 3보다 작으면 continue를 이용해 while문 처음으로 돌아가게 합니다. x가 3이 되면 x < 3이 거짓이 되므로 코드의 7라인으로 넘어가게 됩니다.

7~9····· x를 출력하고 x가 4보다 큰 값이면 while문을 탈출합니다. 따라서, 8라인 기준으로 x가 5가 될 때까지 실행 코드를 반복하게 됩니다.

while문은 특정 조건을 만족할 때까지 반복 실행하는 무한 루프를 구현하는 경우에 많이 사용됩니다. 예를 들면 사용자가 키보드로 Esc를 누를 때까지 프로그램을 계속 실행하게 하는 경우입니다. 셀 018-2는 1 + 2 + 3 +⋯+ n과 같이 정수 1부터 n까지 더할 때 그 합이 10만보다 커지게 되는 최소 n을 구하는 코드입니다.

셀 018-2

```
1   n = 1
2   total = 0
3   while True:
4       total = total + n
5       if total > 100000:
6           print('1+2+...+n 값이 10만 보다 커지게 되는 n: ', n)
7           print('이 때 총합은', total)
8           break
9       n = n + 1
```

```
1+2+...+n 값이 10만 보다 커지게 되는 n: 447
이 때 총합은 100128
```

3····· while True:는 조건 자체가 참이므로 while문 아래 실행 코드를 무한 반복하게 됩니다. 이 경우 while문을 탈출하기 위해서는 break를 활용하는 방법밖에 없습니다.

4····· 무한 루프를 돌면서 변수 total에 n을 더하고 total을 갱신합니다.

5~9····· total이 10만보다 커지면 n과 total을 출력하고 break로 while문을 탈출합니다. total이 10만보다 작으면 n을 1증가시키고 while 아래 실행 코드를 계속 반복합니다.

019 pass문

학습내용 아무 행동도 하지 않는 pass문에 대해 배웁니다.

pass문은 파이썬 코드에서 아무것도 하지 않습니다. 예를 들어 코드에서 if문을 작성하다가 실행 로직이 구상되지 않아 나중에 작성하고자 할 경우, pass문을 활용할 수 있습니다

셀 019-1

```
1  for sport in ['축구', '야구', '배구', '농구']:
2    if sport == '축구':
3      pass
4
5    if sport == '야구':
6      pass
```

위 코드는 for문을 실행하면서 sport가 '축구'인 경우와 '야구'인 경우 실행 로직을 추후 작성할 목적으로 pass문을 활용한 경우입니다.

13장에서 배울 함수에서도 pass를 활용할 수 있는데, 함수 이름만 정의하고 함수 내의 실행 코드는 나중에 작성하고자 하는 경우입니다.

셀 019-2

```
1  def getImageLink(url):
2    pass
```

020 match문: match~case

match문은 어떤 식이나 값을 case별로 비교하고 각각에 맞게 실행하는 코드를 작성하고자 할 때 사용합니다.

셀 020-1

```
1  http_status = 400
2  match http_status:
3      case 400:
4          print('Bad Request')
5      case 401:
6          print('Unauthorized')
7      case 403:
8          print('Forbidden')
9      case 404:
10         print('Not Found')
11     case _:
12         print('기타 인터넷 문제로 뭔가 잘못됨')
```

Bad Request

3~10·· http_status 값에 따라 출력하는 내용이 결정됩니다. http_status = 400이므로 case 400:에 해당되고 print('Bad Request')를 출력하고 match문을 빠져나옵니다. match문은 최초로 일치하는 case를 만나면 해당 코드를 실행하고 match문을 빠져나오게 됩니다.

11~12·· 언더스코어 "_"의 의미는 http_status값이 위에서 명시한 case로 비교하는 값(400, 401, 403, 404)이 아닌 모든 값에 대한 와일드카드(wildcard)입니다. http_status = 407로 두고 코드를 실행하면 '기타 인터넷 문제로 뭔가 잘못됨'이 출력됩니다.

match문의 case는 셀 020-2와 같이 "|" 연산자를 이용해서 여러 개의 값에 대해 적용할 수 있습니다.

셀 020-2

```
1   http_status = 302
2   match http_status:
3       case 200 | 202 | 203:
4           print('Success')
5       case 301 | 302 | 303:
6           print('Redirection')
7       case 400 | 401 | 403 | 404:
8           print('Client Errors')
9       case _:
10          print('기타 HTTP 응답 코드')
```

Redirection

match문은 튜플의 경우에도 값이나 패턴을 비교하여 코드를 분기할 수 있습니다.

셀 020-3

```
1   point = (0, 0)
2   #point = (1, 0)
3   #point = (0, 1)
4   #point = (1, 1)
5   match point:
6       case (0, 0):
7           print('원점 좌표')
8       case (x, 0):
9           print(f'x축 위의 점이며 x의 값은 {x}')
10      case (0, y):
11          print(f'y축 위의 점이며 y의 값은 {y}')
12      case (x, y):
13          print(f'(x, y) = ({x}, {y})')
14      case _:
15          print('오류: 2차원 좌표가 아님')
```

원점 좌표

point는 2차원 평면 좌표를 나타내는 튜플입니다. point의 값 또는 패턴에 따라 코드를 분기하도록 작성한 예입니다.

6······ point가 (0, 0)인 경우 '원점 좌표'를 출력하고 match문을 빠져나옵니다.

8······ 1라인을 주석처리 후, 2라인의 point = (1, 0)에 있는 주석을 풀고 다시 코드를 실행하면
'x축 위의 점이며 x의 값은 1'이 출력됩니다.

마찬가지로 point가 (0, 1), (1, 1)인 경우에도 코드를 실행하고 결과를 확인해 보세요.

NOTE 문자열 포맷팅 방법 f ' '
이에 대한 내용은 "076 문자열 포맷팅 방법 1"에서 자세히 다룹니다.

04

연산자

021 수치연산자: +, −, *, /, **, //, %

학습내용 수치 자료에 쓰이는 사칙연산자, 지수연산자, 나머지 및 몫을 구하는 연산자에 대해 배웁니다.

셀 021-1

```
1  x = 2
2  y = 4
3  print(x * y)
4  print(x / y)
5  print(x ** y)
```

```
8
0.5
16
```

수학에서 사칙연산은 덧셈, 뺄셈, 곱셈, 나눗셈을 말합니다. 파이썬에서 말하는 사칙연산도 이와 동일합니다. 단 곱셈과 나눗셈을 나타내는 기호는 각각 *와 /입니다. **는 거듭제곱을 나타내는 연산 기호입니다. 2**4는 2^4을 의미하며 값은 16이 됩니다.

연산자 //와 %는 각각 몫과 나머지를 구하는 연산자입니다.

셀 021-2

```
1  x = 5
2  y = 2
3  print(x // y)          # 5를 2로 나눈 몫
4  print(x % y)           # 5를 2로 나눈 나머지
```

```
2
1
```

NOTE 10의 거듭제곱을 나타내는 e

수치 자료에서 e를 사용해서 10의 거듭제곱수를 표시할 수 있습니다. e뒤에 붙는 숫자는 10의 지수입니다.

$$2e2 = 2 \times 10^2 = 200.0$$

$$2e-4 = 2 \times 10^{-4} = 0.0002$$

e로 표현되는 수는 실수가 됩니다.

022 연산자 축약: +=, −=, *=, /=

학습내용 연산한 결과를 동일한 변수에 업데이트할 때 사용되는 연산자 축약에 대해 배웁니다.

변수 a에 1을 더하고 그 결과를 다시 변수 a에 할당하는 코드는 다음과 같습니다.

```
a = a + 1
```

이와 같이 어떤 변수와 어떤 값을 연산한 결과를 다시 동일한 변수에 업데이트할 때 다음과 같이 연산자 축약으로 표현할 수 있습니다.

```
a += 1
```

마찬가지로 다른 연산자들에 대해서도 동일하게 적용 가능합니다.

```
a -= 1      # a에서 1을 뺀 결과를 a에 할당
a *= 2      # a와 2를 곱한 결과를 a에 할당
a /= 2      # a에서 2를 나눈 결과를 a에 할당
```

023 비교연산자: ==, !=, ⟨, ⟨=, ⟩, ⟩=

학습내용 주어진 두 개의 값을 비교하는 연산자에 대해 배웁니다.

비교연산자는 두 개의 값을 서로 비교하여 참인지 거짓인지 판단할 때 사용하는 연산자입니다. 파이썬에서 사용 가능한 비교연산자는 다음과 같습니다.

표 023-1 **파이썬 비교연산자**

비교연산자	의미
A == B	A와 B가 같으면 참
A != B	A와 B가 다르면 참
A ⟨ B	A가 B보다 작으면 참
A ⟨= B	A가 B보다 작거나 같으면 참
A ⟩ B	A가 B보다 크면 참
A ⟩= B	A가 B보다 크거나 같으면 참

다음 코드는 숫자와 문자열에 대한 비교연산자 활용 예시입니다.

셀 023-1

```
1   x = 1; y = 2
2   strData1 = 'Hello'; strData2 = 'python'
3   print(x == y)
4   print(x != y)
5   print(strData1 == strData2)
6   print(strData2 == 'python')
7   print(strData1 ⟨ strData2)
```

```
False
True
False
True
True
```

7······ 문자열의 크기 비교는 문자열의 사전 순서로 비교합니다. 'Hello'가 'python'보다 사전 순서가 앞이므로 결과는 True입니다.

다른 비교연산자들도 파이썬의 모든 자료형에 적용하여 비교할 수 있습니다.

024 논리연산자: and, or, not

학습내용 참 또는 거짓인 두 개의 값을 비교하는 논리연산자에 대해 배웁니다.

논리연산자는 참, 거짓으로 되어 있는 두 개의 값을 비교하여 참 또는 거짓으로 결과를 내놓는 연산자입니다. 파이썬에서 사용 가능한 논리연산자는 다음과 같습니다.

표 024-1 파이썬 논리연산자

논리연산자	의미
A and B	A와 B가 모두 참이면 참
A or B	A, B중 하나 이상이 참이면 참
not A	A 논리값의 반대

논리연산자의 활용 예시는 셀 024-1과 같습니다.

셀 024-1

```
1   x = 1; y = 2
2   strData1 = 'Hello'; strData2 = 'python'
3   flag1 = x == y              # False
4   flag2 = x < y              # True
5   flag3 = strData1 != strData2   # True
6   flag4 = strData1 > strData2    # False
7
8   print(flag1 and flag2)
9   print(flag2 and flag3)
10  print(flag3 or flag4)
11  print(flag1 or flag4)
12  print(not flag1)
13  print(not flag2)
```
```
False
True
True
False
True
False
```

025 비트연산자: &, |, ^, >>, <<

학습내용 0과 1로 구성된 비트 간 연산을 수행하는 비트연산자에 대해 배웁니다.

1비트(bit)는 0 또는 1로 표현될 수 있는 데이터 단위입니다. 1비트는 두 개의 값만 표시 가능하므로 1비트로 나타낼 수 있는 경우의 수는 두 가지입니다. 컴퓨터 분야에서 8비트는 1바이트(byte)라고 부릅니다. 1바이트로 표현 가능한 경우의 수는 $2^8 = 256$가지입니다.

컴퓨터는 0과 1 두 개의 신호로 모든 연산과 데이터 처리를 수행합니다. 따라서 비트 연산은 컴퓨터 입장에서는 매우 기본적인 연산 방법이지만 사람 입장에서는 약간 생소하고 어려운 연산입니다.

다음의 예를 보면서 비트 연산에 대해 이해를 해봅시다.

문자 'a'는 컴퓨터 내부적으로 0110 0001로, 문자 'b'는 0110 0010으로 표현하고 처리합니다.

문자 'a'와 문자 'b'의 비트 간 연산을 한다는 것은 'a'의 각 비트들과 'b'의 각 비트들을 자릿수에 맞게 비트별로 연산을 독립적으로 수행한다는 의미입니다.

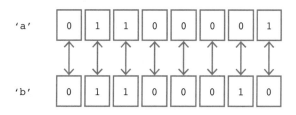

파이썬에서 사용 가능한 비트연산자는 다음과 같습니다.

표 025-1 파이썬 비트연산자

비트연산자	의미
A & B	A와 B의 비트 간 and 연산을 수행함
A | B	A와 B의 비트 간 or 연산을 수행함
A ^ B	A와 B의 비트 간 배타적 논리합 xor 연산을 수행함
~A	A의 비트를 반전시킴. 즉 A의 1의 보수를 만듦
A >> n	A의 모든 비트를 n만큼 오른쪽으로 시프트 시킴
A << n	A의 모든 비트를 n만큼 왼쪽으로 시프트 시킴

1바이트를 2진수로 표현하면 8자리 숫자가 되어 읽기에는 조금 깁니다. 이런 이유로 편의상 1바이트를 표현할 때 2자리 16진수로 표현합니다. 1바이트를 이루는 8비트에서 왼쪽 4비트를 상위 4비트라 부르고 오른쪽 4비트를 하위 4비트라 부릅니다. 상위 4비트를 하나의 16진수로 대응시키고 하위 4비트를 또 하나의 16진수로 대응시켜 나타냅니다. 문자 'a'를 16진수로 나타내면 다음과 같이 16진수 61로 표현됩니다.

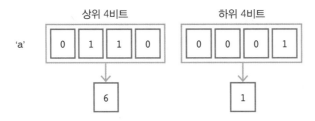

파이썬에서 16진수는 0x를 숫자 앞에 붙여서 표현합니다. 따라서 16진수 61은 0x61로 표현됩니다. 셀 025-1은 문자 'a', 'b'의 16진수 값인 0x61과 0x62를 이용해 여러 가지 비트 연산을 수행해 보는 예제입니다.

셀 025-1

```
1  bit1 = 0x61; bit2 = 0x62
2  print(hex(bit1 & bit2))      # 0x60이 출력됨
3  print(hex(bit1 | bit2))      # 0x63이 출력됨
4  print(hex(bit1 ^ bit2))      # 0x3이 출력됨
5  print(hex(bit1 >> 1))        # 0x30이 출력됨
6  print(hex(bit1 << 2))        # 0x184가 출력됨
```

2······ 0110 0001 & 0110 0010을 연산하면 0110 0000이 됩니다. 이는 16진수로 0x60입니다.

3······ 0110 0001 | 0110 0010을 연산하면 0110 0011이 됩니다. 이는 16진수로 0x63입니다.

4······ 0110 0001 ^ 0110 0010을 연산하면 0000 0011이 됩니다. 이는 16진수로 0x3입니다. 배타적 논리합 XOR은 두 개의 비트값이 다른 경우에는 1, 같은 경우에는 0이 됩니다.

5······ 0110 0001을 오른쪽으로 1만큼 시프트합니다. 오른쪽으로 시프트하는 경우에는 오른쪽 비트는 없어지고 왼쪽은 최상위 비트로 채워집니다. 결과는 0011 0000이 됩니다. 이는 16진수로 0x30입니다. 만약 1011 0011 >> 1을 계산하면 시프트하기 전의 원래 값의 최상위 비트가 1이므로 시프트한 결과는 1101 1001이 됩니다.

6······ 0110 0001을 왼쪽으로 2만큼 시프트합니다. 왼쪽으로 시프트하는 경우 오른쪽 비트가 0으로 채워집니다. 따라서 결과는 01 1000 0100이 되며, 4비트 단위로 표현하면 0001 1000 0100입니다. 이는 16진수로 0x184입니다.

NOTE 비트 반전 연산자 ~

비트 반전 연산자인 ~은 해당 값의 1의 보수로 비트를 반전시키지만 그 출력값을 이해하려면 2의 보수 개념을 알아야 하는데, 이는 이 책의 범위를 넘기 때문에 생략합니다.

다음 예제는 비트연산자를 이용해 1바이트 데이터에서 하위 4비트, 상위 4비트를 추출하는 코드입니다.

셀 025-2

```
1    byte1 = 0x6b
2
3    # 하위 4비트 추출
4    lower_4bit = byte1 & 0x0f
5
6    # 상위 4비트 추출
7    upper_4bit = (byte1 >> 4) & 0x0f
8
9    print(hex(lower_4bit))
10   print(hex(upper_4bit))
```
하위 4비트 값: 0xb
상위 4비트 값: 0x6

1······ 16진수로 0x6b에 대한 비트값은 다음과 같습니다.

1바이트	상위 4비트				하위 4비트			
비트값(2진수)	0	1	1	0	1	1	0	1
16진수	6				b			

4······ 0x6b의 하위 4비트값만 추출하려면 이 값을 0x0f와 비트 단위 연산 AND를 수행하면 됩니다. 비트 단위 연산자 AND는 &이므로, byte1과 0x0f를 & 연산하면 하위 4비트값 0xb만 추출됩니다. 이를 그림으로 표현하면 다음과 같습니다.

0x6b	0	1	1	0	1	1	0	1
0x0f	0	0	0	0	1	1	1	1
0x6b & 0x0f	0	0	0	0	1	1	0	1
16진수	0				b			

7······ 1바이트에서 상위 4비트를 추출하려면 모든 비트를 오른쪽으로 시프트하는 연산자인 >>를 이용해 오른쪽으로 4만큼 시프트하고 하위 4비트를 추출하는 방법을 적용하면 됩니다. 다음 그림은 0x6b를 오른쪽으로 4만큼 시프트했을 때 비트값을 나타낸 것입니다.

0x6b	0	1	1	0	1	1	0	1
0x6b>>4	0	0	0	0	0	1	1	0

0x6b >> 4를 수행하면 0x6b의 상위 4비트가 하위 4비트로 내려오게 됩니다. 따라서 0x6b >> 4의 값에서 하위 4비트를 추출하면 0x6b의 상위 4비트 값인 0x6만 추출되는 것임을 알 수 있습니다.

05

수치 자료형
(Numerical Types)

026 정수, 실수: int, float

학습내용 수치 자료중 정수(int), 실수(float)에 대한 내용을 배웁니다.

정수형 상수

파이썬에서 일반적으로 사용되는 정수형 상수는 10진수입니다.

```
intData1 = 20                # 10진수 정수로 선언
```

그런데 컴퓨터는 0과 1로 표현되는 2진수로 처리하기 때문에 가끔 우리가 작성하는 코드에서 8진
수나 16진수를 사용하는 것이 편리한 경우가 있습니다.

```
octData = 0o24               # 정수 20을 8진수로 선언. 0o는 8진수임을 나타냄
hexData = 0x14               # 정수 20을 16진수로 선언. 0x는 16진수임을 나타냄
```

파이썬에서 정수형 상수로 다룰 수 있는 최소값, 최대값은 존재하지 않고, 메모리가 허용하는 범위
에서 지원하는 수를 사용할 수 있습니다.

실수형 상수

실수는 소수로 나타낼 수 있는 유리수나 원주율과 같이 소수로 표현할 수 없는 무리수로 구성된 수
집합니다. 컴퓨터에서는 부동소수점(floating point)으로 실수를 표현합니다.

```
fData1 = 1.0
fData2 = 2.
```

변수에 소수로 표현한 값을 할당하여 선언하면 이 변수는 실수 자료로 취급됩니다. fData1은 실
수형 상수 1.0으로, fData2는 실수형 상수 2.(=2.0)으로 선언한 예입니다.

셀 026-1

```
1   intData1 = 5
2   intData2 = 10
3   ret = intData2 / intData1
4   print(type(ret))
```
```
<class 'float'>
```

파이썬에서 나눗셈 연산을 한 결과는 연산을 수행한 수치 자료형과 관계없이 실수로 변환됩니다.
10의 거듭제곱 기호인 e로 정의된 상수는 실수입니다.

셀 026-2

```
1   numData = 2e2      # 200
2   print(type(numData))
```
```
<class 'float'>
```

027 복소수: complex

학습내용 수치 자료중 복소수(complex)에 대한 내용을 배웁니다.

복소수형 상수

복소수형 상수는 '실수부 + 허수부'로 되어 있는 수입니다. 우리가 배운 수학에서는 허수부를 기호 i를 이용해 표현하고 있지만 파이썬에서는 j를 사용합니다. 실수부와 허수부를 구성하는 수는 실수형 상수입니다.

셀 027-1
```
1   cData1 = 1 + 1j
2   cData2 = complex(1, 1)
3   print(cData1 == cData2)
True
```

파이썬 내장 함수 complex()를 이용해서 복소수형 상수를 정의할 수 있습니다. complex()의 인자는 실수부와 허수부에 해당하는 실수형 상수입니다.

복소수의 실수부와 허수부를 추출하는 코드는 다음과 같습니다.

셀 027-2
```
1   print(cData1.real)      # 복소수 자료 cData1의 실수부 추출
2   print(cData2.imag)      # 복소수 자료 cData2의 허수부 추출
1.0
1.0
```

복소수 a+bi의 켤레복소수는 허수부의 부호가 반대인 a-bi입니다. 주어진 복소수의 켤레복소수는 복소수 객체의 conjugate() 메서드로 구합니다.

셀 027-3
```
1   complexData1 = 1 - 5j
2   complexData2 = complex(2, 3)
3   print(complexData1.conjugate())
4   print(complexData2.conjugate())
(1+5j)
(2-3j)
```

028 절대값 구하기: abs()

학습내용 주어진 수의 절대값을 구하는 방법을 배웁니다.

파이썬 내장함수 abs()는 인자로 입력된 값의 절대값을 리턴합니다. 만약 복소수가 인자로 입력되면 복소수의 크기를 리턴합니다. 복소수 a+bi의 크기는 $\sqrt{}$ 입니다.

셸 028-1

```
1   intData = -8
2   floatData = 3.14
3   complexData = 3 + 4j
4   print(abs(intData))
5   print(abs(floatData))
6   print(abs((complexData)))
```

```
8
3.14
5.0
```

029 몫과 나머지 구하기: divmod()

학습내용 두 정수의 나누기 연산에서 몫과 나머지를 한 번에 구하는 방법을 배웁니다.

021에서 다룬 "//"와 "%"는 정수 나눗셈을 수행할 때 각각 몫과 나머지를 구하는 연산자입니다.

셀 029-1

```
1  x = 11113
2  y = 23
3  ret1 = x // y
4  ret2 = x % y
5  print(f'{x}을(를) {y}(으)로 나누면 몫이 {ret1}, 나머지가 {ret2}입니다.')
```
11113을(를) 23(으)로 나누면 몫이 483, 나머지가 4입니다.

파이썬 내장 함수 divmod()는 두 개의 정수를 인자로 받아, 첫 번째 인자를 두 번째 인자로 나눈 결과를 (몫, 나머지) 튜플로 리턴합니다.

셀 029-2

```
1  x = 11113
2  y = 23
3  ret1, ret2 = divmod(x, y)
4  print(f'{x}을(를) {y}(으)로 나누면 몫이 {ret1}, 나머지가 {ret2}입니다.')
```
11113을(를) 23(으)로 나누면 몫이 483, 나머지가 4입니다.

030 반올림 수 구하기: round( )

수치 자료의 반올림 방법에 대해 배웁니다.

파이썬 내장 함수 round()는 인자로 입력된 수치 자료를 지정된 자릿수에서 반올림한 결과를 리턴합니다.

셀 030-1

```
1   ret = round(42.195)
2   print(ret)
```
```
42
```

round()는 반올림 대상 수치 자료만 인자로 입력하면, 디폴트로 소수점 첫째 자리에서 반올림한 수를 정수로 리턴합니다.

셀 030-2

```
1   ret = round(42.195, 0)
2   print(ret)
```
```
42.0
```

round()는 반올림 대상 수치 자료와 반올림할 자릿수 0(소수점 첫째 자리를 의미함)을 인자로 입력하면 반올림한 수를 실수로 리턴합니다.

round()의 두 번째 인자는 반올림을 실시할 자릿수를 나타내는데, 두 번째 인자가 0일 때 소수점 첫째 자리에서 반올림을 실시하므로 1, 2, 3일 때는 각각 소수점 둘째 자리, 소수점 셋째 자리, 소수점 넷째 자리에서 반올림을 실시합니다.

셀 030-3

```
1   ret = round(42.195, 1)
2   print(ret)
```
```
42.2
```

round()의 두 번째 인자가 1이므로 42.195를 소수점 둘째자리인 9에서 반올림합니다.

round()의 두 번째 인자의 값이 -1, -2 이면 각각 일의 자리, 십의 자리에서 반올림을 실시합니다.

셀 030-3

```
1   ret = round(42.195, -1)
2   print(ret)
```
```
40.0
```

round()의 두 번째 인자가 -1이므로 42.195를 일의 자리인 2에서 반올림합니다.

031 수치 자료형 변환: int(), float(), str()

학습내용 수치 자료를 정수, 실수, 문자열로 변환하는 방법에 대해 배웁니다.

코드 작성 시 수학 연산을 하다보면 정수로만 계산해야 하는 경우가 있습니다. int()는 인자로 입력된 데이터를 정수로 변환하는 파이썬 내장 함수입니다.

■ int( ): 실수 ➡ 정수로 변환

셀 031-1

```
1   floatData = 1234.5
2   intData = int(floatData)
3   print(f'intData {intData} 자료형은 {type(intData)}입니다.')
```
intData 1234 자료형은 <class 'int'> 입니다.

int()는 실수로 입력된 인자를 정수로 변환해 줍니다. int()에 입력된 값이 소수인 경우 입력된 실수의 소수 부분은 버리고 정수 부분만 취하여 정수값으로 리턴합니다.

int()는 정수로 된 문자열 역시 정수로 변환해 줍니다.

■ int( ): 정수 문자열 ➡ 정수로 변환

셀 031-2

```
1   strData = '1234'
2   intData = int(strData)
3   print(f'intData {intData} 자료형은 {type(intData)}입니다.')
```
intData 1234 자료형은 <class 'int'> 입니다.

int()에 입력되는 문자열이 숫자로만 이루어지지 않은 경우, 다음과 같이 ValueError가 발생합니다.

셀 031-3

```
1   strData = '1234.5'
2   intData = int(strData)
```
intData = int(strData)
ValueError: invalid literal for int() with base 10: '1234.5'

> **NOTE**
>
> int( )는 2진수, 16진수로 된 수치 자료 또는 16진수 문자열을 10진 정수로 변환해주는 기능도 있습니다. 2진수의 경우 int(0b1001), int('0b1001', base=2), int('1001', base=2) 모두 정수 9로 변환되며, 16진수의 경우 int(0xAF), int('0Xaf', base=16), int('AF', base=16) 모두 정수 175로 변환됩니다.

이미지 처리나 공학용 프로그램, AI와 관련된 프로그램을 작성할 때 실수 자료끼리만 계산해야 하는 경우가 많습니다. 파이썬 내장 함수 float()는 인자로 입력된 데이터를 실수로 변환합니다. float()는 인자로 입력된 수 또는 문자열을 실수로 변환합니다.

▌float( ): 문자열 ➡ 실수로 변환

셀 031-4

```
1   strData = '1234.5'
2   floatData = float(strData)
3   print(f'floatData {floatData} 자료형은 {type(floatData)}입니다.')
```

floatData 1234.5 자료형은 〈class 'float'〉입니다.

소수를 표현한 문자열 '1234.5'는 float()의 인자로 입력되어 실수 1234.5로 변환됩니다.

10의 거듭제곱을 표현하는 e 또는 E로 표현된 문자열을 실수로 변환하는 예는 셀 031-5와 같습니다.

셀 031-5

```
1   print(float('2E5'))
2   print(float('2e-3'))
```

200000.0
0.002

str()은 인자로 입력된 객체를 문자열로 변환하는 파이썬 내장 함수입니다. 다음은 수치 자료를 문자열로 변환하기 하기 위해 str()을 활용한 예입니다.

▌str( ): 수치 자료 ➡ 문자열로 변환

셀 031-6

```
1   intData = 1234; strData1 = str(intData)
2   floatData1 = 1234.5; strData2 = str(floatData1)
3   floatData2 = 1e-3; strData3 = str(floatData2)
4   print(f'정수 {intData} => 문자열 {strData1}, {type(strData1)}')
5   print(f'실수 {floatData1} => 문자열 {strData2}, {type(strData2)}')
6   print(f'실수 {floatData2} => 문자열 {strData3}, {type(strData3)}')
```

정수 1234 => 문자열 1234, 〈class 'str'〉
실수 1234.5 => 문자열 1234.5, 〈class 'str'〉
실수 0.001 => 문자열 0.001, 〈class 'str'〉

032 10진수를 16진수로 변환: hex( )

학습내용 10진수 정수를 16진수 정수로 변환하는 방법에 대해 배웁니다

파이썬 내장 함수 hex()는 인자로 입력된 수를 16진수로 변환한 후 문자열로 리턴합니다. 파이썬에서 16진수는 0x로 시작합니다. hex()로 변환한 16진수를 연산하고자 하면 파이썬 내장 함수 int()나 float()를 이용해 숫자로 변환해야 합니다.

셀 032-1

```
1  h1 = hex(97)
2  h2 = hex(98)
3  print(h1)
4  print(h2)
```
```
0x61
0x62
```

정수 97, 98의 16진수는 각각 0x61, 0x62이므로, hex(97), hex(98)은 문자열 '0x61', '0x62'를 각각 리턴합니다.

셀 032-2

```
1  print(h1 + h2)
```
```
0x610x62
```

h1, h2가 문자열이기 때문에 h1+h2의 값은 두 문자열을 결합한 '0x610x62'가 됩니다.
16진수 문자열로 된 두 값을 더하고 그 결과를 16진수 문자열로 나타내는 코드는 셀 032-3과 같습니다.

셀 032-3

```
1  hexStr1 = '0x11'
2  hexStr2 = '0x2a'
3  int1 = int(hexStr1, base=16)
4  int2 = int(hexStr2, base=16)
5  hexAnswer = hex(int1 + int2)
6  print(f'{hexStr1} + {hexStr2} = {hexAnswer}')
```
```
0x11 + 0x2a = 0x3b
```

033 10진수를 2진수로 변환: bin()

학습내용 10진수 정수를 2진수로 변환하는 방법에 대해 배웁니다.

파이썬 내장 함수 bin()은 인자로 입력된 데이터를 2진수로 변환하여 그 값을 문자열로 리턴합니다. 파이썬에서 2진수는 0b로 시작합니다. hex()와 동일하게 bin() 결과도 문자열이기 때문에 bin()이 리턴한 결과를 가지고 연산을 하려면 int()를 이용해 10진수로 변환 후, 연산을 수행해야 합니다.

셀 033-1

```
1   b1 = bin(97)
2   b2 = bin(98)
3   print(b1)
4   print(b2)
```
```
0b1100001
0b1100010
```

정수 97, 98의 2진수는 각각 0b1100001, 0b1100010이므로, bin(97), bin(98)은 문자열 '0b1100001', '0b1100010'을 각각 리턴합니다.

셀 033-2

```
1   print(b1 + b2)
```
```
0b11000010b1100010
```

b1, b2가 문자열이기 때문에 b1+b2의 값은 두 문자열을 결합한 '0b11000010b1100010'이 됩니다.

2진수 문자열로 된 두 값을 더하고 그 결과를 2진수 문자열로 나타내는 코드는 셀 033-3과 같습니다.

셀 033-3

```
1   binStr1 = '0b1011'
2   binStr2 = '0b1001'
3   int1 = int(binStr1, base=2)
4   int2 = int(binStr2, base=2)
5   binAnswer = bin(int1 + int2)
6   print(f'{binStr1} + {binStr2} = {binAnswer}')
```
```
0b1011 + 0b1001 = 0b10100
```

06

반복 자료형
(Iterator Types)

034 반복 가능 이해하기

학습내용 for문에서 요소를 하나씩 꺼내어 반복 작업이 가능한 객체에 대해 배웁니다.

반복 가능이란 한 번에 하나씩 요소를 반복적으로 꺼낼 수 있는 것을 말합니다. for문의 in 다음에 놓이는 자료형은 반드시 반복 가능이어야 합니다. 자료형에서 반복 가능인 것을 반복 가능 자료라고 합니다.

```
for <변수(들)> in <반복 가능 자료>:
```

반복 가능 자료에는 리스트, 튜플, 문자열, range()객체와 같은 모든 시퀀스 자료와 딕셔너리, set 자료 등이 포함됩니다.

셀 034-1

```python
# <반복 가능 자료> 예시
iterableData1 = [1, 2, 3, 4, 5]         # 리스트
iterableData2 = ('a', 'b', 'c')         # 튜플
iterableData3 = 'I love python!'        # 문자열
iterableData6 = range(10)               # range() 객체
iterableData4 = {97:'a', 98:'b'}        # 딕셔너리
iterableData5 = {'사과', '배', '오렌지'}    # set 자료
```

반복 가능한 자료에서 요소들을 차례대로 꺼내는 객체가 이터레이터(iterator)입니다.

035 이터레이터(Iterator), iter( ), next( ) 이해하기

학습내용 반복 가능 자료와 이터레이터의 관계를 알아보고, 이터레이터의 동작 원리에 대해 배웁니다.

반복 가능한 자료가 한 번에 하나씩 요소를 꺼낼 수 있는 잠재적인 객체라면, 이터레이터는 반복 가능한 자료에서 한 번에 하나씩 요소를 추출하는 객체라고 볼 수 있습니다. 이터레이터는 우리 말로 반복자라고도 하는데, 이 책에서는 그냥 이터레이터로 부르기로 합니다.

다음 그림은 반복 가능 자료와 이터레이터의 관계에 대한 이해를 돕기 위한 것입니다.

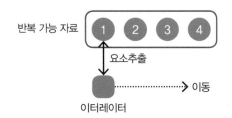

반복 가능 자료에서 요소를 차례대로 하나씩 꺼내는 것은 이터레이터에 의해 수행됩니다.

셀 035-1 코드를 봅니다.

셀 035-1
```
1  listData = [1, 2, 3, 4]
2  iterator1 = listData.__iter__()
3  print(type(iterator1))
```
```
<class 'list_iterator'>
```

1······ 1~4까지 정수 요소로 구성된 리스트 객체 listData를 정의합니다.

2······ listData의 __iter__() 메서드를 호출하여 listData의 이터레이터 객체 iterator1을 생성합니다.

이 코드를 위 그림과 연관지어 설명하면, 반복 가능 자료는 listData고 listData.__iter__()를 호출해 생성한 iterator1은 그림에서 이터레이터 객체가 됩니다.
모든 반복 가능 자료는 __iter__()라는 메서드를 가지고 있습니다. 반복 가능 자료의 __iter__() 메서드는 해당 반복 가능 자료의 이터레이터를 생성합니다.

셀 035-2 코드를 봅니다.

```
1    listData = [1, 2, 3, 4]
2    iterator2 = iter(listData)
3    print(type(iterator2))
```
```
<class 'list_iterator'>
```

파이썬 내장 함수 iter()의 인자로 반복 가능한 자료를 입력하면 앞에서 설명한 반복 가능 자료의 __iter__()와 마찬가지로 해당 자료의 이터레이터를 리턴합니다. 다만 iter()는 반복 가능 자료를 인자로 받아 이터레이터를 리턴하고, __iter__()는 반복 가능 자료의 메서드라는 것이 차이일 뿐입니다.

셀 035-3 코드는 파이썬 내장 함수 next()를 이용해 iterator2에서 요소를 차례대로 접근해서 출력하는 예제입니다.

```
1    print(next(iterator2))
2    print(next(iterator2))
3    print(next(iterator2))
4    print(next(iterator2))
5    print(next(iterator2))
```
```
1
2
3
4
Traceback (most recent call last):
  ...
StopIteration
```

next()는 인자로 입력된 이터레이터의 반복 가능 자료에서 요소를 차례대로 하나씩 꺼내는 기능을 가집니다. next()가 호출될 때마다 반복 가능 자료에서 요소를 꺼낸 후 다음 요소 위치로 이터레이터를 이동합니다. 만약 반복 가능 자료에서 더 이상 자료를 꺼낼 수 없으면 StopIteration 오류가 발생합니다.

> **NOTE 1** 이터레이터 자체도 반복 가능 자료이다
>
> 반복 가능 자료의 이터레이터 객체 또한 반복 가능 자료입니다. 따라서 이터레이터도 for문의 in 다음에 사용될 수 있습니다.

> **NOTE 2** for문 동작 원리
>
> for문은 이터레이터 없이 동작하는 것 같지만, for문이 동작할 때 내부적으로 in 다음에 놓이는 반복 가능 자료의 __iter__()를 호출해 이터레이터를 생성하고 이터레이터의 __next__() 메서드를 호출함으로써 반복 가능 자료에서 요소를 차례대로 하나씩 추출하게 됩니다. 이터레이터의 __next__()는 파이썬 내장 함수 next()와 동일한 기능을 가집니다. for문의 반복 가능 자료의 모든 요소에 접근하고 나면 StopIteration 오류가 발생하고 for문이 종료됩니다.

036 사용자 정의 이터레이터 만들기

학습내용 자신만의 이터레이터를 만드는 방법에 대해 배웁니다.

이 부분의 내용은 클래스에 대한 이해가 필요합니다. 클래스에 대한 내용은 14장에서 자세히 다룹니다. 자신만의 이터레이터를 생성하려면, 클래스를 정의하고 다음과 같이 두 개의 메서드를 구현하면 됩니다.

- __iter__( ) : 자신만의 이터레이터 생성을 위한 메서드
- __next__( ) : 자신만의 이터레이터에서 요소를 추출하기 위한 메서드

셀 036-1은 046에서 다룰 순차적 정수열을 생성하는 range(n)과 동일한 이터레이터를 구현한 예제입니다.

셀 036-1

```
1   class MyRange:
2       def __init__(self, n):
3           self.maxn = n
4           self.current = 0
5
6       def __iter__(self):
7           return self
8
9       def __next__(self):
10          if self.current >= self.maxn:
11              raise StopIteration
12          else:
13              ret = self.current
14              self.current += 1
15              return ret
16
17  intList = MyRange(5)
18  for i in intList:
19      print(i, end=' ')
```
```
0 1 2 3 4
```

여기에서는 사용자 정의 이터레이터를 어떤 식으로 구현하는지에 관한 부분을 살펴보는 것이 목적이므로 코드의 구현 내용에 대해서는 설명을 생략합니다.

중요한 것은 클래스를 정의하고 __iter__()와 __next__()를 목적에 맞게 구현함으로써 사용자가 원하는 이터레이터를 생성할 수 있음을 이해하는 것입니다.

037 제너레이터(Generator) 이해하기

학습내용 이터레이터를 간결하게 생성할 수 있는 제너레이터에 대해 배웁니다.

이 부분의 내용은 함수에 대한 이해가 필요합니다. 함수에 대한 내용은 13장에서 자세히 다룹니다. 제너레이터는 클래스로 구현한 이터레이터를 함수 형태로 구현한 이터레이터라고 볼 수 있습니다. 036의 셀 036-1에서 구현한 MyRange 클래스를 제너레이터로 구현한 코드는 다음과 같습니다.

셀 037-1

```
1   def MyRange(n):
2       current = 0
3       while current < n:
4           yield current
5           current += 1
6
7   # 제너레이터 객체 생성
8   intList = MyRange(5)
9   for i in intList:
10      print(i, end=' ')
```
0, 1, 2, 3, 4

4······ `yield` 키워드에 주목합니다. 제너레이터의 핵심은 바로 `yield` 키워드입니다. 보통 함수값을 리턴할 때 `return` 키워드를 사용합니다. 함수에서 `return` 키워드를 만나면 결과값을 반환하고 함수가 종료됩니다. 하지만 `yield` 키워드로 값을 반환하게 되면 값을 반환한 후 함수의 현재 상태에서 멈추게 되며, 다음 호출 시에 중단된 지점 이후부터 다시 실행하게 됩니다.

4라인의 yield에 의해 current 값을 반환한 후, 함수는 이 지점에서 중단되며 다음 MyRange() 호출 시 중단된 지점 이후인 5라인부터 실행됩니다.

코드에서 알 수 있듯이 클래스로 구현한 이터레이터에 비해 제너레이터로 구현한 이터레이터가 보다 간결한 구조로 되어 있습니다.

038 특정 조건을 만족하는 요소만 추출하기: filter()

> 학습내용 반복 가능 자료를 인자로 받아 특정 조건을 만족하는 요소들만 편리하게 추출해주는 파이썬 내장 함수 filter()에 대해 배웁니다.

파이썬 내장 함수 filter()는 두 개의 인자를 입력받는데, 첫 번째 인자는 체크 함수를, 두 번째 인자는 반복 가능 자료를 입력받습니다.

```
filter(func, iterable)
```

체크 함수 *func*는 두 번째 인자인 반복 가능 자료 *iterable*의 모든 요소에 대해 True 또는 False를 리턴하는 함수입니다. filter(*func, iterable*)는 *iterable*의 요소 중 체크 함수 *func*가 True를 리턴하는 요소들만으로 구성된 이터레이터를 리턴합니다.

다음은 주어진 범위의 정수에서 소수(prime number)만을 걸러내는 코드입니다. 먼저, filter()의 체크 함수 *func*로 사용될 getPrime()을 작성합니다.

셀 038-1

```
1   def getPrime(x):
2       if x == 2:
3           return True
4       if x <= 1 or x%2 == 0:
5           return False
6
7       for i in range(3, int(x**(1/2))+1, 2):
8           if x%i == 0:
9               return False
10      else:
11          return True
```

getPrime(x)는 x가 소수가 아니면 False를 리턴하고, x가 소수이면 True를 리턴합니다.

이제 filter()를 이용해 1에서 100까지 정수에서 소수만 추려내는 코드를 작성해 봅니다.

셀 038-2

```
1   intList = [x for x in range(1, 101)]
2   ret = filter(getPrime, intList)
3   for p in ret:
4       print(p, end=' ')
```

```
2 3 5 7 11 13 17 19 23 29 31 37 41 43 47 53 59 61 67 71 73 79 83 89 97
```

1 ······ 1에서 100까지 정수 리스트를 생성합니다.

2 ······ filter()의 체크 함수로 getPrime, 반복 가능 자료로 intList를 인자로 입력합니다.
filter(getPrime, intList)는 getPrime이 True로 리턴되는 intList의 요소들만으로
구성된 이터레이터를 리턴합니다.

3~4 ···· filter(getPrime, intList)가 리턴한 이터레이터의 모든 요소를 출력합니다.

039 모든 요소 총합 구하기: sum( )

학습내용 반복 가능 자료의 모든 요소가 숫자일 때 모든 요소의 합을 구하는 방법을 배웁니다.

파이썬 내장 함수 sum(*iterable*)은 반복 가능 자료 *iterable*의 모든 요소들의 합을 리턴합니다. 이 때 *iterable*의 요소들은 모두 숫자 형식이어야 합니다.

셸 039-1

```
1   numList = [1, 3, 5, 7, 9]
2   ret = sum(numList)
3   print(ret)
```
```
25
```

다음과 같이 sum()의 결과값에 더해질 수를 인자로 추가할 수 있습니다.

셸 039-2

```
1   ret = sum(numList, 10)        # sum(numList) + 10
2   print(ret)
```
```
35
```

만약 sum(*iterable*)에서 *iterable*의 요소 중 숫자가 아닌 인자가 포함되어 있으면 TypeError 오류가 발생합니다.

셸 039-3

```
1   randomList = [1, 2, 'SAMSUNG', 'LG']
2   ret = sum(randomList)
...
    ret = sum(randomList)
TypeError: unsupported operand type(s) for +: 'int' and 'str'
```

040 반복 가능 자료를 리스트로 변환: list()

학습내용 반복 가능 자료를 리스트로 변환해주는 list( )에 대해 배웁니다.

파이썬 내장 함수 list(*iterable*)은 반복 가능 자료 *iterable*을 리스트로 변환합니다.
셀 040-1은 튜플을 리스트로 변환하는 예제입니다.

셀 040-1

```
1    tupleData = (1, 2, 3, 4, 5)
2    print(list(tupleData))
```

[1, 2, 3, 4, 5]

문자열을 리스트로 변환하면 다음과 같습니다.

셀 040-2

```
1    strData = 'I love python!'
2    print(list(strData))
```

['I', ' ', 'l', 'o', 'v', 'e', ' ', 'p', 'y', 't', 'h', 'o', 'n', '!']

037의 셀 037-1에서 구현한 제너레이터를 리스트로 변환하면 다음과 같습니다.

셀 040-3

```
1    def MyRange(n):
2       current = 0
3       while current < n:
4          yield current
5          current += 1
6
7    intList = MyRange(5)
8    print(list(intList))
```

[0, 1, 2, 3, 4]

041 모든 요소들에 대해 함수 리턴값 얻기: map( )

학습내용 반복 가능 자료의 모든 요소들을 특정 함수의 인자로 입력하여 해당되는 리턴값을 얻는 map( )에 대해 배웁니다.

파이썬 내장 함수 map()은 두 개의 인자를 입력받는데, 첫 번째 인자는 호출할 함수, 두 번째 인자는 반복 가능 자료입니다.

```
map(func, iterable)
```

map(func, iterable)은 반복 가능 자료 iterable의 모든 요소를 func의 인자로 차례로 전달하여 처리한 각각의 결과들을 이터레이터로 리턴합니다.

셀 041-1은 주어진 범위의 정수에 대해 제곱값을 출력하는 예제입니다.

셀 041-1

```
1  def myfunc(x):
2      return x**2
3
4  results = map(myfunc, [0, 1, 2, 3])
5  print(list(results))
```
[0, 1, 4, 9]

range()와 128에서 다룰 lambda 함수를 이용해서 위 코드를 재작성하면 셀 041-2와 같습니다.

셀 041-2

```
1  results = map(lambda x:x**2, range(4))
2  print(list(results))
```
[0, 1, 4, 9]

셀 041-3은 호출함수의 인자가 두 개인 경우 map()활용의 예제입니다.

셀 041-3

```
1  X = [1, 2, 3, 4, 5]
2  Y = [10, 9, 8, 7, 6]
3  ret = map(lambda x,y: x**2+y, X, Y)
4  print(list(ret))
```
[11, 13, 17, 23, 31]

042 인덱스가 같은 요소끼리 짝짓기: zip()

학습내용 두 개 이상의 반복 가능 자료에서 인덱스가 같은 요소끼리 짝을 만드는 방법에 대해 배웁니다.

파이썬 내장 함수 zip()은 두 개 이상의 반복 가능 자료를 인자로 입력받고, 같은 인덱스의 요소들끼리 묶은 튜플을 요소로 하는 이터레이터를 리턴합니다.

```
zip(iterable1, iterable2, ···)
```

다음은 zip()의 인자로 입력되는 반복 가능 자료가 두 개인 경우의 예제 코드입니다.

셀 042-1
```
1   male = ['슈퍼맨', '심봉사', '로미오', '이몽룡', '마루치']
2   female = ['원더우먼', '뺑덕어멈', '줄리엣', '성춘향', '아라치']
3   couples = zip(male, female)
4   for couple in couples:
5       print(couple)
```
```
('슈퍼맨', '원더우먼')
('심봉사', '뺑덕어멈')
('로미오', '줄리엣')
('이몽룡', '성춘향')
('마루치', '아라치')
```

zip(male, female)은 male, female의 같은 인덱스의 요소들을 묶은 튜플을 요소로 하는 이터레이터를 리턴합니다.

zip()에 입력되는 반복 가능 자료의 크기가 다르면 크기가 작은 자료를 기준으로 짝을 만듭니다.

셀 042-2
```
1   male = ['슈퍼맨', '심봉사', '로미오']
2   female = ['원더우먼', '뺑덕어멈', '줄리엣', '성춘향', '아라치']
3   for couple in zip(male, female):
4       print(couple)
```
```
('슈퍼맨', '원더우먼')
('심봉사', '뺑덕어멈')
('로미오', '줄리엣')
```

만약 zip()에 입력되는 반복 가능 자료의 크기가 반드시 같아야 할 경우, strict=True를 추가하여 자료의 크기가 다르면 ValueError가 발생하게 할 수 있습니다.

셀 042-3

```
1  male = ['슈퍼맨', '심봉사', '로미오']
2  female = ['원더우먼', '뺑덕어멈', '줄리엣', '성춘향', '아라치']
3  for couple in zip(male, female, strict=True):
4      print(couple)
...
    for couple in zip(male, female, strict=True):
ValueError: zip() argument 2 is longer than argument 1
```

043 모든 요소가 참인지 확인하기: all( ), any( )

학습내용 반복 가능 자료의 모든 요소가 참인지 거짓인지 확인하는 방법을 배웁니다.

반복 가능 자료에서 모든 요소가 참인지 또는 모든 요소가 거짓인지 판단해야 하는 경우, 파이썬 내장 함수 all( )이나 any( )를 활용하면 됩니다.

all(*iterable*)은 반복 가능 자료 *iterable*의 모든 요소가 참인 경우에만 True를 리턴하고 거짓인 요소가 하나라도 포함되어 있으면 False를 리턴합니다. 반면, any(*iterable*)은 *iterable*의 모든 요소가 거짓인 경우에만 False를 리턴하고 참이 하나라도 존재하면 True를 리턴합니다. 참고로 아래의 값들은 모두 거짓입니다.

• 숫자 0
• 빈 문자열 ' ', " "
• 빈 리스트 [ ]
• 빈 튜플 ( )
• 빈 딕셔너리 { }
• None

이외에, 0이 아닌 숫자나 한 문자 이상의 문자열, 요소를 가진 리스트, 튜플, 딕셔너리 등은 모두 참입니다.

셀 043-1
```
1  listData = [0, 1, 2, 3, 4]
2  print(all(listData))
3  print(any(listData))
```
```
False
True
```

listData에 포함된 0으로 인해, all(listData)은 False이며, listData의 요소 중 0을 제외하면 모두 참인 값이므로 any(listData)은 True입니다.

셀 043-2
```
1  tupleData = (0, False, '', [ ], ( ), { }, None)
2  print(all(tupleData))
3  print(any(tupleData))
```
```
False
False
```

tupleData의 모든 요소가 거짓이므로, all(tupleData), any(tupleData) 모두 False입니다.

044 요소 정렬: sorted( )

파이썬 내장 함수 sorted(*iterable*)은 반복 가능 자료 *iterable*의 요소를 오름차순으로 정렬하여 리스트로 리턴합니다. sorted(*iterable*, reverse=True)는 *iterable*의 요소를 내림차순으로 정렬합니다. sorted()의 인자로 입력된 반복 가능 자료 *iterable* 자체는 변경되지 않습니다.

▎sorted(list) 예시

셀 044-1

```
1  listData = [42, 1, 39, 27, 44, 8]
2  ret1 = sorted(listData)                    # listData를 오름차순으로 정렬
3  ret2 = sorted(listData, reverse=True)      # listData를 내림차순으로 정렬
4  print(ret1)
5  print(ret2)
6  print(listData)
```

```
[1, 8, 27, 39, 42, 44]
[44, 42, 39, 27, 8, 1]
[42, 1, 39, 27, 44, 8]
```

▎sorted(tuple) 예시

셀 044-2

```
1  tupleData = ('사과', '배', '오렌지', '수박', '참외')
2  ret = sorted(tupleData)
3  print(ret)
```

```
['배', '사과', '수박', '오렌지', '참외']
```

▎sorted(str) 예시

셀 044-3

```
1  strData = 'I love python!'
2  ret = sorted(strData)
3  print(ret)
```

```
[' ', ' ', '!', 'I', 'e', 'h', 'l', 'n', 'o', 'o', 'p', 't', 'v', 'y']
```

문자열 정렬의 경우, 우리가 원하는 문자열 형태의 정렬이 아니라, 정렬된 문자가 요소로 구성된 리스트로 되어 있습니다. 문자열 정렬에 대해서는 088에서 자세히 다룹니다.

▍sorted(dict) 예시

셀 044-4

```
1   population = {'김씨':2834, '이씨':2288, '박씨':1889}
2   ret = sorted(population)
3   print(ret)
```
['김씨', '박씨', '이씨']

딕셔너리의 정렬 결과는 우리가 예상한 바와는 다소 다르게 딕셔너리 키들만 정렬된 리스트로 나옵니다. 딕셔너리 정렬에 대한 내용은 123에서 자세히 다룹니다.

07

시퀀스 자료형
(Sequence Types)

045 시퀀스 자료형 종류 및 특성

반복 자료형 중 요소가 순서를 가지고 나열되어 있는 시퀀스 자료형의 종류와 공통적 특성에 대해 배웁니다.

시퀀스 자료형은 요소들이 순서를 가지고 나열되어 있는 자료형입니다. 파이썬에서 제공하는 시퀀스 자료형의 종류는 다음과 같습니다.

리스트(list)

리스트는 "[ ]" 안에 임의의 객체를 순서 있게 나열한 자료형입니다. 각 요소는 콤마(,)로 구분합니다.

셀 045-1

```
1   listData = [1, 2, 3, 4, 5]
```

listData의 요소는 1, 2, 3, 4, 5의 숫자로만 되어 있지만, 요소는 임의의 자료형이나 객체가 될 수 있습니다.

튜플(tuple)

튜플은 리스트와 비슷하지만 요소 값을 변경할 수 없다는 것이 리스트와 다른 점입니다. 튜플의 요소는 "()" 안에 나열됩니다.

셀 045-2

```
1   tupleData = (1, 2, 3, 4, 5)
```

문자열(string)

문자열은 's', '안녕하세요', 'I love Python', '010-1234-5678' 등과 같이 한 글자 이상의 문자나 숫자, 기호로 구성된 자료입니다. 여기서 문자는 알파벳이나 한글과 같이 언어를 표현하는 글자를 의미합니다.

셀 045-3

```
1   strData1 = '010-1234-5678'
2   strData2 = "사랑해요 파이썬!"
3   strData3 = 'I love python!'
```

파이썬에서 문자열 선언 방법으로 보통 두 가지 방법을 자주 사용합니다. ' '로 둘러싸인 문자열을 변수에 할당하는 방법과 " "로 둘러싸인 문자열을 변수에 할당하는 방법입니다. 이 외에 두 가지 방법이 더 있지만, 문자열에 대한 내용은 9장에서 자세히 다룹니다.

▌range객체

range 객체는 주어진 범위에서 연속된 정수 (등차) 수열에 대한 객체입니다. range()로 range 객체를 생성합니다. range()에 대한 내용은 046에서 자세히 다룹니다.

▌바이너리 시퀀스 자료

바이너리 시퀀스 자료에는 바이트(bytes) 객체와 `bytearray` 객체가 있습니다. 특히, 바이트 객체는 1바이트 단위의 값을 순서 있게 나열한 자료입니다.

셸 045-4

```
1   bstr = b'Hello Python!'
```

변수 `bstr`은 'Hello Python!'이라는 문자열 앞에 `b`를 붙임으로써 바이트 문자열로 선언됩니다. 바이트 객체에 대한 내용은 10장에서 자세히 다룹니다. 앞으로 이 책에서는 바이트 객체를 바이트 문자열이라 부르기로 합니다.

시퀀스 자료는 요소값을 변경할 수 있는 자료와 요소값을 변경할 수 없는 자료로 나뉩니다. 리스트, 문자열은 요소값을 변경할 수 있는 자료이며, 튜플, 바이트 문자열은 요소값을 변경할 수 없는 자료입니다.

시퀀스 자료형은 다음과 같은 공통적인 특성을 가지고 있습니다. 시퀀스 자료형의 공통적 특성은 매우 중요하므로 잘 알아두어야 합니다.

표 045-1 시퀀스 자료평의 공통적 특성

특성	설명
인덱싱	인덱스를 통해 해당 값에 접근할 수 있습니다. 인덱스는 0부터 시작합니다.
슬라이싱	특정 구간의 값을 취할 수 있습니다. 구간은 시작 인덱스와 끝 인덱스로 정의합니다.
연결	'+' 연산자를 이용해 두 시퀀스 자료를 연결하여 새로운 시퀀스 자료로 생성합니다.
반복	'*' 연산자를 이용해 시퀀스 자료를 여러 번 반복하여 새로운 시퀀스 자료로 생성합니다.
멤버 체크	'in' 키워드를 사용하여 특정 값이 시퀀스 자료의 요소로 속해 있는지 확인할 수 있습니다.
크기 정보	`len( )`을 이용해 시퀀스 자료의 크기를 알 수 있습니다. 시퀀스 자료의 크기는 문자열의 경우 문자의 개수, 리스트와 튜플인 경우 요소의 개수가 됩니다.

046 순차적 정수열 만들기: range()

학습내용 [1, 2, 3, 4, 5]와 같이 일정한 간격의 순차적인 정수열을 만드는 파이썬 내장 함수 range( )에 대해 배웁니다.

[0, 1, 2, 3]이나 [100, 101, 102, 103]과 같이 일정한 간격의 순차적인 정수열을 만드는 가장 간단한 방법은 파이썬 내장 함수 range()를 이용하는 것입니다.

range(n)은 0부터 n−1까지 정수열을 만듭니다. 셀 046−1은 n=10인 경우의 예시입니다.

셀 046-1
```
1  intList = range(10)
2  print(list(intList))
```
[0, 1, 2, 3, 4, 5, 6, 7, 8, 9]

range()의 리턴값은 range 객체이므로 리턴값은 list()를 이용해 리스트로 변환한 후 출력합니다.

range()는 셀 046−2와 같이 정수열의 시작과 끝 숫자를 지정할 수 있습니다.

셀 046-2
```
1  intList = range(10, 20)
2  print(list(intList))
```
[10, 11, 12, 13, 14, 15, 16, 17, 18, 19]

range(10, 20)은 10부터 시작해서 20보다 작은 1간격의 정수열을 생성합니다.

range()는 기본적으로 1간격의 정수열을 생성합니다. range()는 다음과 같이 지정한 수 간격만큼 증가하는 정수열을 만들 수 있습니다.

셀 046-3
```
1  intList = range(1, 20, 3)
2  print(list(intList))
```
[1, 4, 7, 10, 13, 16, 19]

range(1, 20, 3)은 1부터 19까지 3간격의 정수열을 생성합니다. 세 번째 인자가 정수열을 만들 때 적용되는 간격의 크기입니다.

range()는 반복 가능이기 때문에 for문의 in 다음에 바로 적용할 수 있습니다.

셀 046-4
```
1  intList = [x for x in range(1, 10, 2)]
2  print(intList)
```
[1, 3, 5, 7, 9]

047 시퀀스 자료 인덱싱: s[i]

학습내용 시퀀스 자료에서 인덱스를 이용해 요소에 접근하는 방법에 대해 배웁니다.

인덱싱(indexing)이란 시퀀스 자료형에서 인덱스를 통해 요소에 접근하는 방법입니다. 인덱스는 0부터 시작하며, 음수인 인덱스도 사용 가능합니다. 음수 인덱스는 우리가 일상에서 말하는 "끝에서부터 몇 번째…"라는 의미와 같습니다.

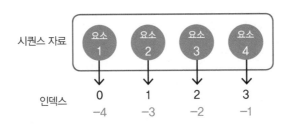

> **NOTE**
> 특별한 경우를 제외하고는 혼돈을 피하기 위해 앞으로 이 책에서는 몇 번째 요소로 표현하지 않고, 인덱스가 몇인 요소로 표현하기로 합니다. 예를 들어 첫 번째 요소는 인덱스가 0인 요소로 표현하고, 끝에서 첫 번째 요소는 인덱스가 −1인 요소로 표현합니다.

셀 047-1
```
1  heroes = ['슈퍼맨', '스파이더맨', '아이언맨', '배트맨']
2  print(heroes[1])
```
스파이더맨

heroes[1]은 heroes의 인덱스가 1인 요소이므로 '스파이더맨'이 됩니다.

셀 047-2
```
1  print(heroes[-2])
```
아이언맨

heroes[-2]는 heroes의 인덱스 −2인 요소이므로 '아이언맨'이 됩니다.

셀 047-3은 리스트의 요소가 튜플인 경우의 인덱싱 예시입니다.

```
1  tmpList = [(1, 2), (3, 4, 5), (6, 7, 8, 9)]
2  print(tmpList[0][1])
```

```
2
```

tmpList[0][1]은 tmpList[0]의 인덱스 1인 요소입니다. tmpList[0]는 tmpList의 인덱스 0인 요소 (1, 2)이고, tmp[0][1]은 (1, 2)의 인덱스 1인 요소인 2가 됩니다.

```
1  print(tmpList[-1][-3])
```

```
7
```

tmpList[-1][-3]은 tmpList[-1]의 인덱스 -3인 요소입니다. tmpList[-1]은 tmpList의 인덱스 -1인 요소 (6, 7, 8, 9)이고, tmpList[-1][-3]은 (6, 7, 8, 9)의 인덱스 -3인 요소 7이 됩니다.

만약, 시퀀스 자료의 범위 밖 인덱싱인 경우 IndexError 오류가 발생합니다.

```
1  print(tmpList[4][0])
```

```
...
  print(tempList[4][0])
IndexError: list index out of range
```

tmpList는 인덱스 4인 요소가 없으므로 IndexError가 발생합니다.

048 시퀀스 자료 슬라이싱: s[i:j]

학습내용 시퀀스 자료의 일부 범위를 취하는 슬라이싱에 대해 배웁니다.

인덱싱은 인덱스에 해당하는 요소 하나에 접근하는 방법이지만, 슬라이싱(slicing)은 시퀀스 자료에서 일정 범위에 해당하는 요소들에 접근하는 방법입니다. 슬라이싱의 기본적인 작성 방법은 다음과 같습니다.

```
s[s_index, e_index]
```

- s_index: 슬라이싱 시작 인덱스
- e_index: 슬라이싱 마지막 인덱스

실제 슬라이싱은 s_index 이상, e_index 미만까지 적용됩니다. 이를 부등식으로 표현하면 슬라이싱 범위는 다음과 같습니다.

s[s_index] ≤ s[s_index:e_index] < s[e_index]

표 048-1 슬라이싱 방법

슬라이싱 표현	의미
s[m:n]	시퀀스 자료 s의 인덱스 m 이상 n 미만인 요소를 슬라이싱
s[:n]	시퀀스 자료 s의 인덱스 0 이상 n 미만인 요소를 슬라이싱
s[m:]	시퀀스 자료 s의 인덱스 m 이상인 모든 요소를 슬라이싱
s[:-n]	시퀀스 자료 s의 첫 요소부터 s의 끝에서 n 번째 미만인 요소를 슬라이싱
s[-m:]	시퀀스 자료 s의 끝에서 m 번째 요소부터 시퀀스 자료의 끝까지 슬라이싱
s[:]	시퀀스 자료 s의 모든 요소를 슬라이싱

셀 048-1의 코드로 슬라이싱을 이해해 봅니다.

셀 048-1
```
1   wise_saying = "Time is money! Don't waste your time!"
2   print(wise_saying[6:10])
```
s mo

wise_saying[6:10]은 wise_saying의 인덱스 6이상 10미만인 요소를 슬라이싱합니다.

셀 048-2
```
1   print(wise_saying[:5])
```
Time

`wise_saying[:5]`는 `wise_saying`의 인덱스 0이상 5미만인 요소를 슬라이싱합니다.

```
1  print(wise_saying[15:])
```
Don't waste your time!

`wise_saying[15:]`는 `wise_saying`의 인덱스 15이상인 모든 요소를 슬라이싱합니다.

```
1  print(wise_saying[:-1])
```
Time is money! Don't waste your time

`wise_saying[:-1]`은 `wise_saying`의 인덱스 0부터 인덱스 –1(끝에서 첫 번째)미만인 모든 요소를 슬라이싱합니다. 결과는 `wise_saying`의 맨 마지막 글자인 '!'를 제외한 문자열이 출력됩니다.

```
1  print(wise_saying[-5:])
```
time!

`wise_saying[-5:]`은 `wise_saying`의 인덱스 –5부터 끝까지 요소를 슬라이싱합니다.

```
1  print(wise_saying[:])
```
Time is money! Don't waste your time!

`wise_saying[:]`은 `wise_saying`의 처음부터 끝까지 슬라이싱하는 것이므로 `wise_saying` 자체와 같습니다.

슬라이싱은 스텝을 지정할 수 있는데, 셀 048-7은 슬라이싱 스텝을 2로 설정한 예시입니다.

```
1  intList = [0, 1, 2, 3, 4, 5, 6, 7, 8, 9]
2  print(intList[::2])
```
[0, 2, 4, 6, 8]

`intList[::2]`는 `intList`의 모든 요소들에 대해 스텝을 2로 두고 슬라이싱하라는 의미입니다. 스텝 2로 슬라이싱을 수행하면, `intList`의 인덱스 0, 2, 4,…인 요소를 슬라이싱합니다.

```
1  print(intList[1::2])
```
[1, 3, 5, 7, 9]

`intList[1::2]`는 `intList`의 인덱스 1부터 끝까지 스텝 2로 슬라이싱하는 것이므로, 인덱스가 1, 3, 5,… 인 요소를 슬라이싱하게 됩니다.

049 시퀀스 자료 연결/반복: +, *

학습내용 자료형이 동일한 두 개 이상의 시퀀스 자료를 순서 있게 연결하는 방법과 하나의 시퀀스 자료를 여러 번 반복하여 새로운 시퀀스 자료를 만드는 방법에 대해 배웁니다.

자료형이 동일한 두 개 이상의 시퀀스 자료는 '+' 연산자로 순서 있게 연결하여 새로운 시퀀스 자료로 만들 수 있습니다. 예를 들어, '문자열 + 문자열', '리스트 + 리스트', '튜플 + 튜플'과 같이 두 개의 동일한 시퀀스 자료형에 대해 '+' 연산자로 연결 가능합니다.

셀 049-1

```
1  url1 = 'https://blog.naver.com/'
2  url2 = 'samsjang'
3  print(url1 + url2)
```
https://blog.nave.com/samsjang

두 개의 문자열 url1과 url2를 '+' 연산자로 연결한 예시입니다.

셀 049-2

```
1  list1 = [0 ,1, 2]
2  list2 = [3, 4, 5]
3  print(list1 + list2)
```
[0, 1, 2, 3, 4, 5]

두 개의 리스트 list1과 list2를 '+' 연산자로 연결한 예시입니다.

셀 049-3

```
1  print(list2 + list1)
```
[3, 4, 5, 0, 1, 2]

시퀀스 자료의 '+' 연산은 더하는 순서대로 연결됩니다.

만약 자료형이 다른 시퀀스 자료를 연결하려고 하면 **TypeError** 오류가 발생합니다.

셀 049-4

```
1  listData = [0 ,1, 2]
2  strData = '시퀀스 자료의 연결'
3  print(listData + strData)
...
  print(listData + strData)
TypeError: can only concatenate list (not "str") to list
```

'*' 연산자는 시퀀스 자료를 반복 연결하여 새로운 시퀀스 자료를 만듭니다.

```
1  lyrics1 = '빗소리만 하얗게 나를 '
2  lyrics2 = '감싸네~'
3  print(lyrics1 + lyrics2*3)
```
빗소리만 하얗게 나를 감싸네~감싸네~감싸네~

lyrics2*3은 lyrics를 3번 반복 연결한 lyrics + lyrics + lyrics와 동일합니다.

```
1  listData = [1, 2, 3]
2  print(listData*5)
```
[1, 2, 3, 1, 2, 3, 1, 2, 3, 1, 2, 3, 1, 2, 3]

listData[1, 2, 3]을 5번 반복하여 연결한 결과를 출력합니다.

050 시퀀스 자료에서 최대/최소 요소 구하기: max( ), min( )

학습내용 주어진 시퀀스 자료에서 최댓값과 최솟값을 구하는 방법을 배웁니다.

파이썬 내장 함수 max(s)와 min(s)은 인자로 입력된 시퀀스 자료 s의 최대, 최소 요소를 리턴합니다.

셀 050-1

```
1  listData = [9.96, 1.27, 5.07, 6.45, 8.38, 9.29, 4.93, 7.73, 3.71, 0.93]
2  print(max(listData))
3  print(min(listData))
```

```
9.96
0.93
```

숫자로 구성된 리스트 listData의 최대, 최소 요소는 각각 9.96, 0.93입니다.

셀 050-2

```
1  strData = 'AlotofThingsOccurEachday'
2  print(max(strData))
3  print(min(strData))
```

```
y
A
```

하나의 문자열에서 최대 최소는 문자열을 이루는 문자의 코드값의 크기로 결정됩니다. 문자열 strData를 구성하는 문자에서 'y'의 문자 코드값은 121, 'A'의 문자 코드값은 65로 각각 최대, 최소가 됩니다.

셀 050-3

```
1  strList = ['jang', 'apple12', '3sung', 'sam']
2  print(max(strList))
3  print(min(strList))
```

```
sam
3sung
```

문자열인 경우, 크기는 사전 순서로 결정됩니다. strList의 구성요소를 사전 순서대로 나열하면, 3sung, apple12, jang, sam입니다. 따라서 strList의 최대는 sam, 최소는 3sung이 됩니다.

다음과 같이 크기를 직접 비교할 수 없는 요소들로 구성된 시퀀스 자료가 max()나 min()의 인자로 입력되면 TypeError 오류가 발생합니다.

셀 050-4

```
1   list1 = [1, 2, 3, 'a',' b', 'c']
2   print(max(list1))
```

```
...
   print(max(list1))
TypeError: '>' not supported between instances of 'str' and 'int'
```

051 시퀀스 자료에서 특정 요소 개수: s.count()

학습내용 시퀀스 자료에서 특정 값에 해당하는 요소의 개수를 구하는 방법에 대해 배웁니다.

s.count(*target*)은 시퀀스 자료 *s*에서 *target*과 일치하는 요소들의 개수를 리턴합니다.

셀 051-1
```
1  lyrics = 'A lot of things occur each day! every day!'
2  print(lyrics.count('o'))
```
```
3
```

문자열 lyrics에서 문자 'o'의 개수를 구합니다.

셀 051-2
```
1  lyrics = 'A lot of things occur each day! every day!'
2  print(lyrics.count('day'))
```
```
2
```

문자열 lyrics에서 문자열 'day'의 개수를 구합니다.

셀 051-3
```
1  lyrics = 'A lot of things occur each day! every day!'
2  print(lyrics.count(' '))
```
```
8
```

문자열 lyrics에서 공백 문자의 개수를 구합니다.

셀 051-4
```
1  listData = [1, 6, 1, 4, 8, 4, 12, 1, 0, 9, 9, 7, 4, 3, 6, 7, 3, 2]
2  print(listData.count(1))
```
```
3
```

숫자로 구성된 리스트 listData에서 1의 개수를 구합니다.

052 시퀀스 자료에서 요소 체크: in, not in

학습내용 시퀀스 자료에서 특정 요소가 존재하는지 아닌지를 확인하는 방법에 대해 배웁니다.

in, not in 키워드는 다음과 같이 사용됩니다.

```
x in s        # x가 s의 요소로 존재하면 True
x not in s    # x가 s의 요소로 존재하지 않으면 True
```

셀 052-1 코드를 봅니다.

셀 052-1

```
1  lyrics = 'A lot of things occur each day! every day!'
2  flag = 'things' in lyrics
3  print(flag)
```
True

'things'라는 단어가 lyrics에 존재하는지 체크하고, 존재하면 True, 존재하지 않으면 False를 flag로 넘겨줍니다.

셀 052-2

```
1  lyrics = 'A lot of things occur each day! every day!'
2  flag = 'today' not in lyrics
3  print(flag)
```
True

'today'라는 단어가 lyrics에 존재하지 않는지 체크하고, 존재하지 않으면 True, 존재하면 False를 flag로 넘겨줍니다.

in, not in 키워드는 if문과 함께 자주 사용됩니다.

셀 052-3

```
1  urlList = ['url1', 'url2', 'url3']
2  if 'url4' in urlList:
3      print('url4가 urlList의 요소로 존재합니다.')
4  else:
5      print('url4가 urlList의 요소로 존재하지 않습니다.')
```
url4가 urlList의 요소로 존재하지 않습니다.

053 시퀀스 자료의 특정 요소 인덱스 구하기: s.index( )

학습내용 시퀀스 자료에서 특정 요소의 값을 알 때 그 요소의 인덱스를 구하는 방법에 대해 배웁니다.

s.index(*target*)은 시퀀스 자료 *s*에서 *target*이 최초로 발견되는 위치의 인덱스를 리턴합니다.

셀 053-1

```
1  fruits = ('사과', '배',' 참외', '수박', '배', '오렌지')
2  pos = fruits.index('배')
3  print(f'배는 {pos+1}번째 과일입니다.')
```
배는 두 번째 과일입니다.

셀 053-2 코드를 봅니다.

셀 053-2

```
1  fruits = ('사과', '배',' 참외', '수박', '배', '오렌지')
2  pos = fruits.index('배', 3)
3  print(f'배는 {pos+1}번째 과일입니다.')
```
배는 5번째 과일입니다.

pos = fruits.index('배', 3)은 fruits에서 인덱스가 3 이상인 '배'의 인덱스를 찾으라는 의미입니다. 인덱스가 3 이상인 '배'의 인덱스는 4가 됩니다.

만약 존재하지 않는 요소의 인덱스를 찾으려고 하면 ValueError가 발생합니다. 셀 053-3은 인덱스가 3 이상인 '사과'는 존재하지 않으므로 ValueError가 발생합니다.

셀 053-3

```
1  fruits = ('사과', '배',' 참외', '수박', '배', '오렌지')
2  pos = fruits.index('사과', 3)
3  print(f'사과는 {pos+1}번째 과일입니다.')
```
...
```
  pos = fruits.index('사과', 3)
ValueError: tuple.index(x): x not in tuple
```

054 (인덱스, 요소) 생성: enumerate( )

학습내용 반복 가능 자료의 모든 요소에 대해 (인덱스, 요소)를 요소로 가지도록 하는 방법에 대해 배웁니다.

파이썬 내장 함수 enumerate(*s*)는 시퀀스 자료형 *s*를 인자로 받아 각 요소를 (인덱스, 요소)로 된 enumerate 객체를 리턴합니다. enumerate 객체는 반복 가능이기 때문에 for문과 함께 자주 사용되며, list()를 이용해 리스트로 변환하여 활용할 수 있습니다.

다음은 태양계 천체 이름을 요소로 가지는 리스트 solarsys와 enumerate()을 이용해 태양계 천체를 순서대로 나열하는 코드입니다.

셀 054-1

```
1  solarsys = ['태양', '수성', '금성', '지구', '화성', '목성', '토성', '천왕성', '해왕성']
2  for i, body in enumerate(solarsys):
3    print(f'태양계의 {i}번째 천체: {body}')
```

```
태양계의 0번째 천체: 태양
태양계의 1번째 천체: 수성
태양계의 2번째 천체: 금성
태양계의 3번째 천체: 지구
태양계의 4번째 천체: 화성
태양계의 5번째 천체: 목성
태양계의 6번째 천체: 토성
태양계의 7번째 천체: 천왕성
태양계의 8번째 천체: 해왕성
```

enumerate()은 셀 054-2와 같이 시작 인덱스를 지정할 수 있습니다.

셀 054-2

```
1  seasons = ['봄', '여름', '가을', '겨울']
2  print(list(enumerate(seasons, start=1)))
```

```
[(1, '봄'), (2, '여름'), (3, '가을'), (4, '겨울')]
```

enumerate(seasons, start=1)은 seasons의 요소를 인덱스 1부터 시작해서 쌍으로 생성합니다. 시작 인덱스를 5부터 시작하려면, enumerate(seasons, start=5)로 하면 됩니다.

셀 054-3은 enumerate()와 동일한 기능을 수행하는 제너레이터를 구현한 코드입니다.

셀 054-3

```
1  # enumerate( )를 구현한 제너레이터
2  def myEnumerate(iterable, start=0):
3      n = start
4      for item in iterable:
5          yield (n, item)
6          n += 1
```

myEnumerate()에 seasons를 인자로 입력해서 출력해 봅니다.

셀 054-4

```
1  print(list(myEnumerate(seasons, start=1)))
```
```
[(1, '봄'), (2, '여름'), (3, '가을'), (4, '겨울')]
```

055 시퀀스 자료 역순 만들기: reversed( )

학습내용 시퀀스 자료의 요소를 역순으로 만드는 방법에 대해 배웁니다.

파이썬 내장 함수 reversed(*s*)는 인자로 입력된 시퀀스 자료 *s*의 요소 순서가 역순인 이터레이터를 리턴합니다.

셀 055-1

```
1  fruits = ('사과', '배', '오렌지', '수박')
2  ret = reversed(fruits)
3  print(list(ret))
```

['수박', '오렌지', '배', '사과']

reversed(fruits)은 fruits 요소의 역순인 이터레이터를 리턴합니다. list()를 이용해 이터레이터를 리스트로 변환한 것을 출력합니다. reversed(s)는 시퀀스 자료 s는 변경하지 않습니다.

셀 055-2

```
1  print(fruits)
```

('사과', '배', '오렌지', '수박')

셀 055-3은 1~5까지 정수열을 5부터 거꾸로 출력하는 코드입니다.

셀 055-3

```
1  for i in reversed(range(1, 6)):
2    print(i)
```

5
4
3
2
1

08

리스트와
튜플

056 리스트의 요소값 변경: *list*[i] = x

list[i] = x는 *list*의 인덱스 i인 요소를 x로 변경합니다.

셀 056-1

```
1  solarsys = ['태양', '수성', '금성', '지구', '화성', '목성', '토성', '천왕성', '해왕성']
2  solarsys[3] = 'Earth'
3  print(solarsys)
```
['태양', '수성', '금성', 'Earth', '화성', '목성', '토성', '천왕성', '해왕성']

solarsystem의 인덱스 3에 해당하는 '지구'를 'Earth'로 변경합니다.

셀 056-2는 한글로 되어 있는 태양계 천체들을 영문으로 변경하는 코드입니다.

셀 056-2

```
1  solarsys_ko = ['태양', '수성', '금성', '지구', '화성', '목성', '토성', '천왕성', '해왕성']
2  solarsys_en = ['Sun', 'Mercury', 'Venus', 'Earth', 'Mars', 'Jupiter', 'Saturn',
                  'Uranus', 'Naptune']
3
4  for i in range(len(solarsys_ko)):
5      solarsys_ko[i] = solarsys_en[i]
6
7  print(solarsys_ko)
```
['Sun', 'Mercury', 'Venus', 'Earth', 'Mars', 'Jupiter', 'Saturn', 'Uranus', 'Naptune']

057 리스트에서 요소 삭제하기 ①: del *list*[i]

학습내용 리스트에서 인덱싱 또는 슬라이싱으로 특정 위치의 요소를 제거하는 방법에 대해 배웁니다.

del *list*[i]는 *list*의 인덱스 i인 요소를 삭제합니다.

셀 057-1

```
1  fruits = ['사과', '배', '오렌지', '수박', '참외']
2  del fruits[1]
3  print(fruits)
4  del fruits[-1]
5  print(fruits)
```

```
['사과', '오렌지', '수박', '참외']
['사과', '오렌지', '수박']
```

del fruits[1]은 fruits의 인덱스 1인 요소, 즉 두 번째 요소를 삭제합니다.

del fruits[-1]은 fruits의 맨 마지막 요소를 삭제합니다.

셀 057-2는 슬라이싱으로 특정 구간에 있는 요소를 삭제하는 예시입니다.

셀 057-2

```
1  solarsys = ['태양', '수성', '금성', '지구', '화성', '소행성대', '목성', '토성']
2  del solarsys[4:6]
3  print(solarsys)
```

```
['태양', '수성', '금성', '지구', '목성', '토성']
```

del solarsys[4:6]은 solarsys의 인덱스 4 이상 인덱스 6미만인 요소를 삭제하라는 것이므로, solarsys에서 '화성', '소행성대'를 삭제합니다.

셀 057-3은 solarsys의 모든 요소를 삭제합니다.

셀 057-3

```
1  del solarsys[:]
2  print(solarsys)
```

```
[ ]
```

셀 057-4는 특정 값과 일치하는 요소가 있는 경우, 해당 요소를 삭제하는 코드입니다.

```
1   solarsys = ['태양', '수성', '금성', '지구', '화성', '소행성대', '목성', '토성']
2   if '소행성대' in solarsys:
3       idx = solarsys.index('소행성대')
4       del solarsys[idx]
5
6   print(solarsys)
```
['태양', '수성', '금성', '지구', '화성', '목성', '토성']

3······ '소행성대'가 solarsys의 요소로 존재하는지 확인합니다.

4······ '소행성대'의 인덱스를 구하고, del 키워드를 이용해 해당 요소를 삭제합니다.

> **NOTE**
>
> del은 자료형 객체 자체를 삭제할 수 있습니다. 예를 들어, del fruits은 fruits 자체를 삭제합니다.

```
1   fruits = ['사과', '배', '오렌지', '수박', '참외']
2   del fruits
3   print(fruits)
```
...
```
  print(fruits)
NameError: name 'fruits' is not defined
```

del fruits는 fruits 자체를 메모리에서 삭제합니다. 따라서 print(fruits)는 정의되어 있지 않은 변수 fruits를 출력하라는 것이므로 NameError가 발생합니다.

058 리스트에서 요소 삭제하기 ②: *list*.**remove**( )

학습내용 리스트에서 특정 값과 일치하는 요소를 삭제하는 방법에 대해 배웁니다.

list.remove(*target*)은 *list*에서 최초로 발견되는 *target*을 삭제합니다.

셀 058-1

```
1  numbers = [1, 1, 3, 1, 1, 5, 6, 2, 0, 7]
2  if 1 in numbers:
3      numbers.remove(1)
4  print(numbers)
```
[1, 3, 1, 1, 5, 6, 2, 0, 7]

numbers에 1이 있는지 체크하고, 1이 있으면 최초로 발견되는 1을 삭제합니다.

numbers에 있는 모든 1을 삭제하려면 while문을 이용해서 셀 058-2와 같이 구현하면 됩니다.

셀 058-2

```
1  numbers = [1, 1, 3, 1, 1, 5, 6, 2, 0, 7]
2  while 1 in numbers:
3      numbers.remove(1)
4  print(numbers)
```
[3, 5, 6, 2, 0, 7]

list.remove(*target*)에서 *target*이 *list*에 존재하지 않으면 다음과 같이 ValueError가 발생합니다.

셀 058-3

```
1  fruits = ['사과', '배', '오렌지', '수박', '참외']
2  fruits.remove('딸기')
...
  fruits.remove('딸기')
ValueError: list.remove(x): x not in list
```

059 리스트의 모든 요소 삭제하기: *list*.clear()

list.clear()는 리스트 자료 *list*의 모든 요소를 삭제하여 빈 리스트로 만듭니다.

셀 059-1

```
1  fruits = ['사과', '배', '오렌지', '수박', '참외']
2  fruits.clear()
3  print(fruits)
```
```
[ ]
```

list.clear()는 057의 셀 057-3 코드에 있는 del *list*[:]와 동일한 기능을 수행합니다.

셀 059-2

```
1  fruits = ['사과', '배', '오렌지', '수박', '참외']
2  del fruits[:]
3  print(fruits)
```
```
[ ]
```

060 리스트 복사하기: *list*.copy()

list.copy()는 *list*의 복사본을 생성합니다. 원본 리스트는 그대로 두고, 복사본을 이용해 작업을 수행하고자 할 때 리스트의 copy() 메서드를 이용하면 됩니다.

셀 060-1은 fruits의 복사본을 buffer로 두고, buffer의 마지막 요소를 삭제한 후 원본 리스트인 fruits와 복사본 리스트인 buffer를 출력하는 코드입니다.

셀 060-1

```
1   fruits = ['사과', '배', '오렌지', '수박', '참외']
2   buffer = fruits.copy()
3   del buffer[-1]
4   print(f'원본 리스트: {fruits}')
5   print(f'복사본 리스트: {buffer}')
```

```
원본 리스트: ['사과', '배', '오렌지', '수박', '참외']
복사본 리스트: ['사과', '배', '오렌지', '수박']
```

061 리스트 확장하기: *list*.extend()

학습내용 두 개의 리스트를 연결하여 업데이트한 리스트를 만드는 방법에 대해 배웁니다.

list.extend(*list1*)는 *list*를 인자로 입력된 *list1*과 연결하여 업데이트합니다.

셀 061–1과 같이 world, asia, europe, america 4개의 리스트를 정의합니다.

셀 061-1

```
1  world = [ ]
2  asia = ['한국', '중국', '일본']
3  europe = ['독일', '프랑스', '영국']
4  america = ['미국', '캐나다', '멕시코']
```

world를 extend() 메서드를 이용해 업데이트해 봅니다.

셀 061-2

```
1  world.extend(asia)
2  print(world)
```
['한국', '중국', '일본']

world를 다시 업데이트합니다.

셀 061-3

```
1  world.extend(europe)
2  print(world)
3  world.extend(america)
4  print(world)
```
['한국', '중국', '일본', '독일', '프랑스', '영국']
['한국', '중국', '일본', '독일', '프랑스', '영국', '미국', '캐나다', '멕시코']

참고로 *list*.extend(list1)는 *list* += list1과 결과가 같습니다.

셀 061-4

```
1  world.clear( )
2  world += asia
3  world += europe
4  print(world)
```
['한국', '중국', '일본', '독일', '프랑스', '영국']

062 리스트에 요소 삽입하기: *list*.insert()

학습내용 리스트의 특정 위치에 새로운 요소를 삽입하는 방법에 대해 배웁니다.

list.insert(*index*, *target*)은 *list*의 인덱스 index인 요소로 *target*을 삽입합니다.

셀 062-1

```
1   outer_planets = ['목성', '천왕성', '해왕성']
2   pos = outer_planets.index('천왕성')
3   outer_planets.insert(pos, '토성')
4   print(outer_planets)
```
['목성', '토성', '천왕성', '해왕성']

outer_planets를 보면 '목성'과 '천왕성' 사이에 '토성'이 빠져 있습니다. '천왕성' 자리에 '토성'을 삽입하려면 outer_planets에서 '천왕성'의 인덱스를 찾고, insert()를 이용해 해당 인덱스에 '토성'을 삽입하면 됩니다.

셀 062-2

```
1   outer_planets.insert(-1, '명왕성')
2   print(outer_planets)
```
['목성', '토성', '천왕성', '명왕성', '해왕성']

insert()에서 삽입할 위치를 음수로 지정한 예입니다. insert(-1, '명왕성')에서 -1은 뒤에서 첫 번째 위치에 삽입하라는 의미입니다. 따라서 '해왕성' 자리에 '명왕성'을 삽입합니다.

만약 리스트의 마지막에 요소를 삽입하려면, 즉 리스트의 맨 마지막에 요소를 추가하려면 셀 062-3과 같이 구현합니다.

셀 062-3

```
1   outer_planets = ['목성', '토성', '천왕성', '해왕성']
2   outer_planets.insert(len(outer_planets), '명왕성')
3   print(outer_planets)
```
['목성', '토성', '천왕성', '해왕성', '명왕성']

리스트 마지막에 요소를 추가할 때는 보통 *list*.append()를 사용합니다.

063 리스트 맨 마지막에 요소 추가하기: *list.append( )*

학습내용 리스트의 맨 끝에 요소를 추가하는 방법에 대해 배웁니다.

list.append(*target*)은 *list*의 맨 마지막 요소로 *target*을 추가합니다.

셀 063-1

```
1   fileList = [ ]
2   for i in range(3):
3       fname = input(f'파일 이름을 입력하세요[{i+1}/3]: ')
4       if fname not in fileList:
5           fileList.append(fname)
6       print(f'현재 저장된 파일들: {fileList}')
```
```
파일 이름을 입력하세요[1/3]: a.jpg
['a.jpg']
파일 이름을 입력하세요[2/3]: b.jpg
['a.jpg', 'b.jpg']
파일 이름을 입력하세요[3/3]: b.jpg
['a.jpg', 'b.jpg']
```

input()으로 사용자 입력을 총 세 번 받고, 각 입력된 내용을 fileList의 마지막 요소로 추가합니다. 단, 추가하려고 하는 내용이 fileList의 요소로 존재하지 않는 경우에만 추가됩니다.

만약 입력된 내용을 무조건 추가하려면 4라인의 if문을 삭제하면 됩니다.

064 리스트에서 특정 위치 요소 추출 후 삭제: *list*.pop( )

학습내용 리스트에서 요소 추출 후 삭제하는 pop( )메서드에 대해 배웁니다.

list.pop( )은 리스트 자료 *list*에서 마지막 요소를 추출하고 해당 요소를 *list*에서 삭제합니다.

셀 064-1

```
1  numbers = [14, 5, 18, 45, 10, 43]
2  for _ in range(len(numbers)):
3      ret = numbers.pop( )
4      print(f'pop( )으로 추출된 값: {ret}, numbers = {numbers}')
```

```
pop( )으로 추출된 값: 43, numbers = [14, 5, 18, 45, 10]
pop( )으로 추출된 값: 10, numbers = [14, 5, 18, 45]
pop( )으로 추출된 값: 45, numbers = [14, 5, 18]
pop( )으로 추출된 값: 18, numbers = [14, 5]
pop( )으로 추출된 값: 5, numbers = [14]
pop( )으로 추출된 값: 14, numbers = [ ]
```

list.pop(*index*)는 *list*에서 *list*[index]를 추출하고 해당 요소를 *list*에서 삭제합니다.

셀 064-2

```
1  numbers = [14, 5, 18, 45, 10, 43]
2  ret = numbers.pop(3)
3  print(f'pop( )으로 추출된 값: {ret}, numbers = {numbers}')
```

```
pop( )으로 추출된 값: 45, numbers = [14, 5, 18, 10, 43]
```

numbers.pop(3)은 numbers에서 인덱스 3인 요소 45를 리턴하고, numbers에서 45를 삭제합니다.

065 리스트 요소를 역순으로 만들기: *list*.**reverse( )**

파이썬 내장 함수 reversed()와 마찬가지로 *list*.reverse() 메서드는 *list* 요소를 역순으로
만듭니다.

셀 065−1은 reversed()를 이용해 리스트 요소를 역순으로 만드는 코드입니다.

셀 065-1

```
1   numbers = [1, 2, 3, 4, 5]
2   ret = reversed(numbers)
3   print(list(ret))
4   print(numbers)
```

```
[5, 4, 3, 2, 1]
[1, 2, 3, 4, 5]
```

reversed(numbers)는 원본인 numbers는 변경하지 않으면서 numbers의 요소를 역순으로 하는
이터레이터를 리턴합니다.

셀 065-2

```
1   numbers = [1, 2, 3, 4, 5]
2   numbers.reverse()
3   print(numbers)
```

```
[5, 4, 3, 2, 1]
```

numbers.reverse()는 numbers 요소를 역순으로 배열하여 numbers 자체를 업데이트합니다.

066 리스트 요소 정렬: *list*.sort()

list.sort()는 *list* 요소를 정렬합니다. 주의할 점은 *list*.sort()는 원본 *list*의 내용을 정렬된 형태로 변경한다는 것입니다. 원본 리스트가 변경되지 않도록 정렬하려면 044에서 다룬 파이썬 내장 함수 sorted()를 이용해야 합니다.

셀 066-1

```
1   nameList = ['Mary', 'Sams', 'Aemy', 'Tom', 'Michale', 'Bob', 'Kelly']
2   nameList.sort()
3   print(nameList)
```

['Aemy', 'Bob', 'Kelly', 'Mary', 'Michale', 'Sams', 'Tom']

sort()는 기본적으로 오름차순 정렬을 수행합니다. 내림차순으로 정렬하려면 다음과 같이 reverse=True를 인자로 입력합니다.

셀 066-2

```
1   nameList = ['Mary', 'Sams', 'Aemy', 'Tom', 'Michale', 'Bob', 'Kelly']
2   nameList.sort(reverse=True)
3   print(nameList)
```

['Tom', 'Sams', 'Michale', 'Mary', 'Kelly', 'Bob', 'Aemy']

067 리스트 요소 무작위로 섞기: random.shuffle( )

학습내용 리스트 요소를 무작위로 섞는 방법에 대해 배웁니다.

파이썬 내장 모듈 random은 유사 난수 생성기(pseudo-random number generator)를 구현한 모듈입니다. random 모듈의 shuffle()은 인자로 입력된 리스트의 요소들을 무작위로 배열합니다.

셀 067-1

```
1  import random
2  numList = list(range(1, 11))
3  random.shuffle(numList)
4  print(numList)
```

```
[4, 3, 8, 10, 2, 5, 1, 7, 6, 9]
```

random.shuffle(*list*)는 *list* 자체를 변경하므로 유의해서 사용해야 합니다. 만약 원본 내용을 변경하지 않고 요소가 무작위로 섞인 새로운 리스트를 생성하려면 셀 067-2와 같이 copy()를 이용해 원본 리스트의 복사본을 만들어 구현하면 됩니다.

셀 067-2

```
1  numList = list(range(1, 11))
2  copied = numList.copy()
3  random.shuffle(copied)
4  print(f'numList: {numList}')
5  print(f'copied: {copied}')
```

```
numList: [1, 2, 3, 4, 5, 6, 7, 8, 9, 10]
copied: [8, 10, 1, 7, 2, 6, 4, 3, 9, 5]
```

키워드 import와 관련된 파이썬 모듈에 대한 내용은 16장에서 자세히 다룹니다.

068 리스트로 스택 구현하기

학습내용 리스트의 특성을 이용해 스택(stack)을 구현해 봅니다.

스택(stack)은 나중에 저장된 자료가 먼저 추출될 수 있도록 되어있는 나열 구조입니다. 이러한 구조를 Last In First Out(LIFO)이라 합니다.

스택의 이해를 돕기 위해 예를 하나 들어 보겠습니다.

그림과 같이 입구가 한쪽만 열려있는 그릇에 비슷한 크기를 가진 1~n까지 물건들을 차례대로 넣습니다. 이제 물건들을 하나씩 빼낸다고 하면 가장 나중에 넣은 물건 n이 그릇 맨 위에 있을 것이므로, 물건 n이 가장 먼저 그릇에서 나오게 되고 물건 1이 가장 나중에 나오게 됩니다. 스택은 이와 동일한 방식으로 동작하며, 한쪽만 열려 있는 그릇이 스택이고 물건들은 스택에 저장되는 자료들이라 생각하면 됩니다.

셀 068-1은 리스트를 이용해 스택을 구현한 예제입니다.

셀 068-1

```
1   mystack = [ ]
```

스택으로 활용할 리스트를 mystack으로 정의합니다.

셀 068-2

```
1   def putData(data):
2       mystack.append(data)
```

스택에 데이터를 저장하는 함수 putData(data)를 구현합니다. 스택이 리스트이므로, 리스트의 append() 메서드를 이용해 리스트 맨 마지막 요소로 data를 추가하도록 합니다.

셀 068-3

```
1   def popData():
2       if len(mystack) == 0:
3           return None
4       return mystack.pop()
```

popData()는 mystack에서 데이터를 꺼내는 함수입니다. 우리가 구현하는 것은 스택이므로 mystack에 저장된 맨 마지막 요소를 추출해야 합니다. 리스트의 맨 마지막 요소 추출은 리스트의 pop() 메서드를 활용하고, 추출한 데이터를 리턴합니다. mystack에 요소가 하나도 없을 경우, popData()는 None을 리턴하도록 구현합니다.

셀 068-4

```
1  putData('사과')
2  putData([1, 2, 3])
3  putData(3.141592)
4  print(f'스택상태: {mystack}')
스택상태: ['사과', [1, 2, 3], 3.141592]
```

putData()를 이용해 스택에 데이터를 저장합니다. '사과', [1, 2, 3], 3.141592 3개의 데이터를 스택에 저장한 후, 스택에 저장된 데이터를 출력해 봅니다.

셀 068-5

```
1  ret = popData()
2  while ret != None:
3      print(f'스택에서 데이터 추출: {ret}')
4      print(f'스택상태: {mystack}')
5      print('-----------------')
6      ret = popData()
스택에서 데이터 추출: 3.141592
스택상태: ['사과', [1, 2, 3]]
-----------------
스택에서 데이터 추출: [1, 2, 3]
스택상태: ['사과']
-----------------
스택에서 데이터 추출: 사과
스택상태: [ ]
-----------------
```

mystack에 저장된 모든 데이터를 popData()로 추출해 봅니다. popData()의 리턴값 ret이 None이면 mystack에 저장된 데이터가 없는 것이므로, ret이 None이 될 때까지 while문을 반복합니다.

069 리스트로 큐 구현하기

학습내용 리스트를 이용해 큐(queue)를 구현해 봅니다.

큐(queue)는 먼저 저장된 자료가 먼저 추출될 수 있도록 되어있는 나열 구조입니다. 이러한 구조를 First In First Out(FIFO)이라 합니다.

리스트를 이용해 큐를 구현하는 것이 가능하긴 하지만, 리스트는 FIFO에 적합하게 설계된 구조가 아닙니다. 리스트의 append(), pop()은 스택 구조에 최적화되어 있어 빠르고 효율적으로 동작하지만, 큐와 같은 FIFO 구조에서는 리스트의 append(), pop()이 매우 느리게 동작합니다.
이런 이유 때문에 리스트의 특성을 바로 이용해서 큐를 구현하기보다는, 파이썬 내장 모듈의 collections의 deque()를 이용하여 큐를 구현하는 것이 효율적입니다.

셀 069-1은 리스트와 collections.deque()를 이용해 큐를 구현한 예시입니다.

셀 069-1

```
1   import collections
2   myqueue = collections.deque([ ])
```

collecitons 모듈을 임포트하고, 빈 리스트 [ ]를 collecitons.deque()를 이용해 큐로 활용할 자료 myqueue를 선언합니다. myqueue는 deque 객체가 됩니다.

셀 069-2

```
1   def putData(data):
2       myqueue.append(data)
```

큐에 데이터를 저장하는 함수 putData(data)를 구현합니다. deque 객체도 append() 메서드를 제공하므로 append()를 이용해 myqueue의 맨 마지막 요소로 data를 추가하도록 합니다.

셀 069-3

```
1   def popData( ):
2       if len(myqueue) == 0:
3           return None
4       return myqueue.popleft( )
```

popData()는 myqueue에서 데이터를 꺼내는 함수입니다. 우리가 구현하는 것은 큐이므로 myqueue에 저장된 맨 처음 요소를 추출해야 합니다. deque 객체의 popleft() 메서드는 맨 첫 번째 요소를 추출합니다. myqueue에 요소가 하나도 없을 경우, popData()는 None을 리턴하도록 구현합니다.

셀 069-4

```
1  putData('사과')
2  putData([1, 2, 3])
3  putData(3.141592)
4  print(f'큐상태: {myqueue}')
```
큐상태: ['사과', [1, 2, 3], 3.141592]

putData()를 이용해 큐에 데이터를 저장합니다. '사과', [1, 2, 3], 3.141592 3개의 데이터를 큐에 저장한 후, 큐에 저장된 데이터를 출력해 봅니다.

셀 069-5

```
1  ret = popData()
2  while ret != None:
3      print(f'큐에서 데이터 추출: {ret}')
4      print(f'큐상태: {myqueue}')
5      print('------------------')
6      ret = popData()
```
큐에서 데이터 추출: 사과
큐상태: deque([[1, 2, 3], 3.141592])

큐에서 데이터 추출: [1, 2, 3]
큐상태: deque([3.141592])

큐에서 데이터 추출: 3.141592
큐상태: deque([ ])
----

myqueue에 저장된 모든 데이터를 popData()로 추출해 봅니다. popData()의 리턴값 ret이 None이면 myqueue에 저장된 데이터가 없는 것이므로, ret이 None이 될 때까지 while문을 반복합니다.

070 튜플 이해하기

학습내용 리스트와 비슷하지만 요소의 값을 변경할 수 없는 튜플에 대해 배웁니다.

튜플(tuple)은 시퀀스 자료형이지만 요소값의 변경이 불가한 자료형입니다.
튜플은 다음과 같이 콤마로 구분한 값으로 선언할 수 있습니다.

셀 070-1

```
1    tupleData = 1, 'two', '셋'
2    print(tupleData)
```
```
(1, 'two', '셋')
```

튜플을 출력해보면 괄호 ()로 표현됩니다. 실제 튜플은 콤마로 구분된 값들이 괄호로 묶여 표현된 것입니다. 따라서 셀 070-2와 같이 튜플을 선언할 수 있습니다.

셀 070-2

```
1    tupleData = (1, 'two', '셋')
2    print(tupleData)
```
```
(1, 'two', '셋')
```

튜플은 셀 070-3과 같이 튜플 요소 개수에 맞게 변수에 할당할 수 있습니다.

셀 070-3

```
1    x, y, z = tupleData
2    print(f'x={x}, y={y}, z={z}')
```
```
x=1, y=two, z=셋
```

튜플은 요소 변경이 불가능한 시퀀스 자료이므로 튜플 요소를 변경하려고 하면 `TypeError` 오류가 발생합니다.

셀 070-4

```
1    tupleData = (0, 1, 2, 3, 4)
2    tupleData[3] = 'Three'
```
```
...
   tupleData[3] = 'Three'
TypeError: 'tuple' object does not support item assignment
```

09

문자열

071

문자열(String) 객체

문자열은 튜플과 마찬가지로 요소값의 변경이 불가능한 시퀀스 자료입니다. 파이썬에서 다루는 문자열은 모두 유니코드(unicode)이며, 이에 대한 내용은 072에서 자세히 다룹니다.

문자열은 다음과 같이 네 가지 방법으로 선언할 수 있습니다.

▌작은따옴표(' ')로 문자열 선언

셀 071-1

```
1  strData1 = '안녕하세요'
2  strData2 = '작은따옴표는 "큰따옴표"를 포함하는 문자열이 가능합니다.'
3  print(strData1)
4  print(strData2)
```

```
안녕하세요
작은따옴표는 "큰따옴표"를 포함하는 문자열이 가능합니다.
```

▌큰따옴표(" ")로 문자열 선언

셀 071-2

```
1  strData3 = "안녕하세요"
2  strData4 = "큰따옴표는 '작은따옴표'를 포함하는 문자열이 가능합니다."
3  print(strData3)
4  print(strData4)
```

```
안녕하세요
큰따옴표는 '작은따옴표'를 포함하는 문자열이 가능합니다.
```

▌삼중 작은따옴표로 문자열 선언

셀 071-3

```
1  strData5 = '''3중 작은따옴표는
2          여러 줄에 걸친 문자열이 가능합니다.'''
3  print(strData5)
```

```
3중 작은따옴표는
        여러 줄에 걸친 문자열이 가능합니다.
```

▌삼중 큰따옴표로 문자열 선언

셀 071-4

```
1  strData6 = """3중 큰따옴표 역시
2  여러 줄에 걸친 문자열이 가능합니다"""
3  print(strData6)
```

```
3중 큰따옴표 역시
여러 줄에 걸친 문자열이 가능합니다
```

프로그래밍할 때 보통 작은따옴표 또는 큰따옴표를 이용해 문자열을 선언합니다.

큰따옴표가 포함된 문자열인 경우 작은따옴표로 문자열을 선언하면 되고, 작은따옴표가 포함된 문자열인 경우 큰따옴표로 문자열을 선언하면 됩니다.

이 책에서는 대부분 작은따옴표를 이용해 문자열을 선언하고 있지만, 큰따옴표를 사용해도 상관없습니다.

삼중따옴표는 여러 줄에 걸친 문자열을 선언할 때 사용합니다. 삼중따옴표로 묶인 텍스트 모양대로 문자열이 선언되는데, strData5는 두 번째 줄이 공백이 있는 상태로 출력되고, strData6는 두 번째 줄이 공백이 없는 상태로 출력됨을 볼 수 있습니다.

> **NOTE** 주석처리를 위한 삼중따옴표
>
> 삼중따옴표는 여러 줄의 코드를 주석처리할 때도 사용됩니다.

```
while ret != None:
    """print(f'큐에서 데이터 추출: {ret}')
    print(f'큐상태: {myqueue}')
    print('----------------')"""          # 여러 줄의 주석처리 예
    ret = popData()
```

072 유니코드 문자열

유니코드(unicode)는 전세계의 모든 문자를 컴퓨터에서 일관되게 표현하고 다룰 수 있도록 설계된 표준 문자 처리 방식입니다. 유니코드 한 문자는 1바이트에서 4바이트 크기로 표현됩니다. 예를 들어 영문자의 경우 1바이트, 한글의 경우 2바이트, 특수문자들의 경우 3바이트로 표현됩니다.

이처럼 유니코드가 각 문자셋에 대해 가변길이를 가지는 이유는 메모리 낭비를 줄이기 위해서입니다. 실제로 로마자 'A'의 유니코드 값은 1바이트 크기인 0x41이고 한글 '가'의 유니코드 값은 2바이트 크기인 0xAC00입니다. 유니코드가 적용된 모든 컴퓨터에서 0x41로 표현된 문자는 모두 'A'이며, 0xAC00로 표현된 문자는 모두 '가'입니다.

파이썬은 문자열을 모두 유니코드 문자열로 처리합니다. 작은따옴표, 큰따옴표, 삼중따옴표로 선언된 문자열은 모두 유니코드 문자열입니다.

```
strData1 = 'I love python!'       # 유니코드 문자열
strData2 = "사랑해요 파이썬!"        # 유니코드 문자열
strData3 = """A lot of things
occur each day."""                # 유니코드 문자열
```

유니코드 문자열은 세계 모든 나라에서 통용되는 문자셋(character set)을 표현하는 규칙이라서, 실제 컴퓨터 저장소에 저장되거나 네트워크를 통해 문자열을 전송하려면 바이트로 변환해서 수행해야 합니다.

먼저 아래 그림을 통해 이해해 봅시다.

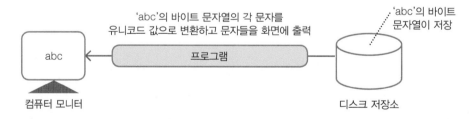

이 그림은 디스크에 저장된 텍스트 파일에서 내용을 읽어 화면에 출력하는 구조를 나타낸 것입니다. 디스크에 저장된 텍스트 파일의 내용은 2진 데이터로 되어 있고, 이는 곧 바이트로 저장되어 있다는 것입니다.

앞으로 바이트로 저장된 문자열 데이터를 바이트 문자열로 부르겠습니다. 디스크에 저장된 바이트 문자열을 유니코드 값으로 변환하고 이를 문자로 표현하여 컴퓨터 화면에 출력합니다.

로마자 한 자는 1바이트 유니코드로 표현되므로, 유니코드 문자열 'abc'의 유니코드 값은 0x61('a') 0x62('b') 0x63('c'), 즉 0x616263 3바이트로 표현됩니다.

유니코드 값도 바이트이므로, 이 유니코드 값 0x616263 그대로 디스크에 저장되어 있다고 생각해 봅니다.

프로그램에서 사용되는 문자열이 영문자로만 되어 있을 경우에는 문제가 없지만, 여러 나라 문자를 동시에 사용하고 있는 경우에는 영문자는 1바이트만 읽어서 문자로 변환해야 하고, 한글의 경우 2바이트를 읽어서 문자로 변환해야 하고, 특수 기호 같은 경우 3바이트를 읽어서 문자로 변환해야 하는 문제가 있습니다.

디스크에 저장된 0x616263을 1바이트씩 읽으면 'abc'로 변환 가능하지만, 2바이트 또는 3바이트씩 읽으면 문제가 생깁니다.

이런 문제를 해결하기 위해 유니코드 값을 디스크에 저장할 때는 특수한 방식으로 변환해서 디스크에 저장합니다. 예를 들어 "UTF-8"이라는 방식은 문자셋에 따라 한 문자에 대해 읽어야 할 바이트 크기 정보를 추가해서 유니코드 값을 저장해 줍니다.

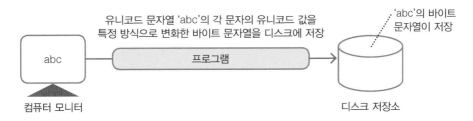

이와 같이 유니코드 문자열을 디스크에 저장하기 위해 유니코드 값을 특정 방식으로 변환하는 것을 유니코드 문자열 인코딩(encoding)이라 합니다. 반대로 디스크에 저장된 바이트 문자열을 인코딩한 방식에 따라 유니코드 문자열로 올바르게 변환하는 것을 바이트 문자열 디코딩(decoding)이라 합니다. 따라서, 유니코드 문자열 인코딩은 유니코드 문자열을 바이트 문자열로 변환하는 것이고, 바이트 문자열 디코딩은 바이트 문자열을 유니코드 문자열로 변환하는 것입니다.

유니코드 문자열 인코딩 방법에는 여러 가지가 있는데 그 중 가장 보편적으로 사용하고 있는 것은 UTF-8입니다.

한글의 경우, UTF-8뿐만 아니라 CP949, EUC-KR과 같은 방식으로 인코딩된 경우도 많습니다. 따라서 프로그램에서 문자열을 처리할 때 오류가 발생하는 대부분의 이유는 인코딩과 디코딩 방법이 일치하지 않아서 발생하는 경우이므로, 인코딩 방식을 찾아서 그에 맞는 디코딩으로 유니코드 문자열로 변환하면 오류가 나지 않고 처리 가능하게 됩니다.

유니코드 문자열 인코딩에 대한 내용은091, 바이트 문자열 디코딩에 대한 내용은 095를 참고하세요.

073 문자 코드값 구하기: ord( )

학습내용 문자에 대응하는 코드 값을 구하는 방법을 배웁니다.

파이썬 내장 함수 ord()는 문자를 컴퓨터가 인식하는 코드값으로 변환합니다.

셀 073-1

```
1  while True:
2      ch = input('문자 1개를 입력하세요[끝내려면 엔터를 치세요]: ')
3      if len(ch) == 0:
4          break
5      ch = ch[0]
6      code = ord(ch)
7      print(f'--> 문자 "{ch}"의 코드값: {hex(code)}')
```

```
문자 1개를 입력하세요[끝내려면 엔터를 치세요]: A
--> 문자 "A"의 코드값: 0x41
문자 1개를 입력하세요[끝내려면 엔터를 치세요]: 가
--> 문자 "가"의 코드값: 0xac00
문자 1개를 입력하세요[끝내려면 엔터를 치세요]: @
--> 문자 "@"의 코드값: 0x40
문자 1개를 입력하세요[끝내려면 엔터를 치세요]:
```

셀 073-1은 input()으로 입력받은 문자에 대해 유니코드 값으로 변환하여 16진수로 출력하는 코드입니다. 코드 실행을 끝내려면 Enter 를 치면 됩니다.

영문자 'A'의 코드값은 0x41, 한글 '가'의 코드값은 0xAC00, 기호 '@'의 코드값은 0x40임을 알 수 있습니다.

유니코드 값을 문자로 변환하는 파이썬 내장 함수는 chr()입니다. chr()에 대한 내용은 074에서 자세히 다룹니다.

074 코드값에 대응하는 문자 얻기: chr()

학습내용 코드값을 알고 있을 때 대응하는 문자를 얻는 방법에 대해 배웁니다.

파이썬 내장 함수 chr()는 ord()의 반대 기능을 수행합니다. chr()의 인자로 정수 유니코드 값을 입력하면 이에 대응하는 문자를 리턴합니다.

셀 074-1

```
1   while True:
2       code = input('0x로 시작하는 16진수 문자 코드값을 입력하세요[끝내려면 엔터를 치세요]: ')
3       if len(code) == 0:
4           break
5       unicode = int(code, 16)
6       try:
7           ch = chr(unicode)
8           print(f'--> 코드값: {code}, 문자:"{ch}"')
9       except ValueError:
10          print(f'코드값 {code}에 해당하는 문자가 존재하지 않습니다.')
```

```
0x로 시작하는 16진수 문자 코드값을 입력하세요[끝내려면 엔터를 치세요]: 0x61
--> 코드값: 0x61, 문자:"a"
0x로 시작하는 16진수 문자 코드값을 입력하세요[끝내려면 엔터를 치세요]: 0x03b2
--> 코드값: 0x03b2, 문자:"β"
0x로 시작하는 16진수 문자 코드값을 입력하세요[끝내려면 엔터를 치세요]: 0xac00
--> 코드값: 0xac00, 문자:"가"
0x로 시작하는 16진수 문자 코드값을 입력하세요[끝내려면 엔터를 치세요]:
```

셀 074-1은 input()으로 입력받은 0x로 시작하는 16진수 코드값을 chr()을 이용해 대응하는 문자로 변환하는 코드입니다. 코드 실행을 끝내려면 Enter를 치면 됩니다. 입력한 코드값에 대응하는 문자가 없으면 문자가 존재하지 않는다는 메시지를 출력합니다.

코드에 사용된 try~except문은 예외처리를 위한 것으로, 15장에서 자세히 다룹니다.

075 이스케이프 문자

학습내용 문자 출력을 제어하거나 특정 문자를 출력하기 위한 이스케이프 문자에 대해 배웁니다.

이스케이프 문자(escape character)란 문자 출력을 제어하거나 ', ", \ 등과 같은 문자를 인용부호 안에서 표현할 때 역슬래쉬(\)로 시작하는 문자를 말합니다. 파이썬에서 자주 사용되는 이스케이프 문자는 다음과 같습니다.

표 075-1 **파이썬 이스케이프 문자**

이스케이프 문자	설명
\n	줄 바꾸기
\ Enter	줄 계속(다음 줄도 계속되는 내용이라는 표시)
\\	'\' 문자 자체
\' 또는 \"	' 문자 또는 " 문자 자체

▌ \n 활용 예시

셸 075-1

```
1  print('파이썬은 자바보다 쉽습니다.\n그래서 나는 파이썬을 사랑합니다.')
```
파이썬은 자바보다 쉽습니다.
그래서 나는 파이썬을 사랑합니다.

▌ \엔터키 활용 예시

셸 075-2

```
1  text = '파이썬은 자바보다 쉽습니다.\<엔터키>
2   그래서 나는 파이썬을 사랑합니다.'
3  print(text)
```
파이썬은 자바보다 쉽습니다. 그래서 나는 파이썬을 사랑합니다.

▌ \\ 활용 예시

셸 075-3

```
1  print( '이스케이프 문자 "\\t"는 탭을 의미합니다.')
```
이스케이프 문자 "\t"는 탭을 의미합니다.

▌ \' 활용 예시 (\" 도 마찬가지로 활용됨)

셸 075-4

```
1  print('\'파이썬\'은 뱀의 한 종류입니다.')
```
'파이썬'은 뱀의 한 종류입니다.

076 문자열 포맷팅 방법 ①: f''

학습내용 변수를 포함하는 문자열을 다양한 형태로 출력하는 기본적인 방법에 대해 배웁니다.

문자열 포맷팅이란 변수를 포함하는 문자열을 표현하기 위해 문자열을 하나의 양식으로 만드는 것입니다.

파이썬은 아주 편리하게 문자열 포맷팅을 할 수 있는 방법을 제공하는데, 인용부호(' ' 또는 " ") 앞에 f 또는 F를 붙이고, 변수는 인용부호 안에서 { }로 묶기만 하면 됩니다.

셀 076-1

```
1  title = '원주율'
2  pi = 3.141592
3  print(f'{title}의 근사값은 {pi} 입니다.')
```
원주율의 근사값은 3.141592 입니다.

변수 title과 pi를 f로 시작하는 인용부호 안에서 {title}, {pi}로 표현함으로써 변수값을 출력할 수 있습니다.

셀 076-2

```
1  print(f'{title}의 근사값은 {pi:.2f} 입니다.')
```
원주율의 근사값은 3.14 입니다.

{pi:.2f}에서 콜론(:)은 변수에 대해 부가 처리 정보가 있다는 것을 나타냅니다. .2f는 실수 변수 pi를 소수점 2자리까지 표현하라는 의미입니다. 마찬가지로 .3f .4f는 각각 소수점 3자리, 소수점 4자리까지 표현하라는 의미입니다.

셀 076-3

```
1  city = '서울'
2  population = 8789911
3  print(f'{city}: {population:,d} 명')
```
서울: 8,789,911 명

{population:,d}에서 ,d는 정수 자료를 3자리마다 ,를 붙여서 출력하라는 의미입니다.

셀 076-4

```
1  print(f'{city}: {population=:,d} 명')
```
서울: population=8,789,911 명

{population=:,d}에서 변수 다음의 "="는 "변수명=변수값"으로 출력하라는 의미입니다. 따라서 변수명인 population에 =를 붙이고 변수값을 출력하게 됩니다.

077 문자열 포맷팅 방법 ②: *str.format( )*

학습내용 문자열의 format( ) 메서드를 활용한 문자열 포맷팅의 기본 방법에 대해 배웁니다.

문자열 포맷팅을 위한 또 다른 방법은 문자열의 `format()` 메서드를 활용하는 것입니다. 076에서 배운 f' ' 문자열 포맷팅 방법과 비슷한 방법으로 문자열 포맷팅이 수행됩니다.

셀 077-1

```
1   pi = 3.141592
2   text = '{ }의 근사값은 { } 입니다.'.format('원주율', pi)
3   print(text)
```
원주율의 근사값은 3.141592 입니다.

{ }를 포함하는 문자열의 `format()` 메서드 인자로 { }에 대응하는 값 또는 변수를 입력하여 문자열 포맷팅을 수행합니다. 첫 번째 { }에는 '원주율', 두 번째 { }에는 `pi`가 대응됩니다.

셀 077-2

```
1   print('{ }의 근사값은 {:.2f} 입니다.'.format('원주율', pi))
```
원주율의 근사값은 3.14 입니다.

f' ' 문자열 포맷팅과 마찬가지로 `{:.2f}`는 실수 자료를 소수점 2자리까지 출력하라는 의미입니다.

셀 077-3

```
1   population = 8789911
2   text = '{ }: {:,d} 명'.format('서울', population)
3   print(text)
```
서울: 8,789,911 명

f' ' 문자열 포맷팅과 마찬가지로 `{:,d}`는 정수 자료를 3자리마다 ,로 구분하여 출력하라는 의미입니다.

078 문자열에서 특정 문자열 위치 찾기: *str*.find( )

학습내용 문자열에서 특정 문자나 문자열의 위치를 찾는 방법에 대해 배웁니다.

str.find(*target*)은 *str*에서 *target*이 위치하는 최초 인덱스를 리턴합니다. 만약 *target*이 발견되지 않으면 −1을 리턴합니다.

셀 078-1

```
1  sample = 'A lot of things occur each day, it\'s very dynamical every day.'
2  pos = sample.find('day')
3  print(pos)
```
```
27
```

문자열 sample에서 'day'가 위치하는 최초 인덱스는 27입니다.

셀 078-2는 sample에서 'day'가 위치하는 모든 인덱스를 출력하는 코드입니다.

셀 078-2

```
1  spos = 0              # find( )가 대상을 찾기 시작할 인덱스
2  idx = 0               # 대상이 위치하는 인덱스
3  count = 1
4  while idx != -1:
5      idx = sample.find('day', spos)
6      print(f'"day"가 발견된 [{count}]번째 인덱스 {idx}')
7      spos = idx + 1    # find( )가 대상을 찾기 시작할 인덱스 수정
8      count += 1
```
```
"day"가 발견된 [1]번째 인덱스 27
"day"가 발견된 [2]번째 인덱스 58
"day"가 발견된 [3]번째 인덱스 -1
```

5······ sample의 spos에서 시작해서 'day'를 탐색하여 'day'의 인덱스를 찾아 idx에 할당합니다.

while문 최초 실행 시 sample.find('day', 0)이므로 sample의 맨 처음부터 'day'를 탐색합니다.

7······ 탐색을 시작할 인덱스 spos를 'day'를 찾은 인덱스에 1을 더한 것으로 업데이트합니다.

두 번째 while문을 실행할 때, spos의 값은 28이 되고, sample.find('day', 28)은 인덱스 28부터 시작하여 'day'를 탐색하므로, sample에서 두 번째 'day'를 찾게 됩니다.

이런 식으로 계속 'day'를 찾고, 'day'가 더 이상 발견되지 않으면 idx가 −1이 되어 while문을 종료하게 됩니다.

079 문자열이 언어 문자로만 구성되었는지 확인: *str.isalpha()*

학습내용 문자열의 모든 요소가 알파벳이나 한글과 같은 언어 문자로 구성되어 있는지 확인하는 방법을 배웁니다.

문자열은 문자나 숫자, 기호들로 구성됩니다. 코드를 작성하다 보면 특정 문자열이 한글이나 알파벳과 같이 사람의 언어를 표현하기 위해 사용되는 문자로만 구성되어 있는지 확인해야 할 경우가 있습니다. 문자열 메서드인 isalpha()는 주어진 문자열이 사람의 언어 문자로만 구성되어 있는지 확인해 줍니다. 문자열의 모든 요소가 사람의 언어 문자로만 구성되어 있으면 True를 리턴하고 아니면 False를 리턴합니다.

다음과 같이 5개의 문자열을 요소로 가진 리스트를 정의합니다.

셀 079-1

```
1    strList = ['Hello', '오징어게임', '파이썬 lover', '안녕!', '제3세계']
```

islpha()로 리스트의 각 문자열이 언어 문자로만 구성되어 있는지 확인해 봅니다.

셀 079-2

```
1    for text in strList:
2        print(f'"{text}" \t--> {text.isalpha()}')
```

```
"Hello"        --> True
"오징어게임"     --> True
"파이 lover"    --> False
"안녕!"         --> False
"제3세계"       --> False
```

'Hello'와 '오징어게임'은 모두 언어 문자로만 구성되어 있어, isalpha()의 값이 True입니다. 나머지 3개 문자열이 False인 이유는 다음과 같습니다.

- '파이썬 lover'는 파이썬과 lover 사이에 공백 문자가 있음
- '안녕!'은 문장 기호 !가 있음
- '제3세계'는 숫자 3이 있음

참고로 2라인의 \t는 탭을 의미하는 이스케이프 문자입니다.

080 문자열이 숫자로만 구성되었는지 확인: *str.isdecimal()*, *str.isdigit()*, *str.isnumeric()*

학습내용 문자열을 구성하는 요소가 숫자인지 확인하는 방법을 배웁니다.

str.isdecimal(), *str.isdigit()*, *str.isnumeric()*은 *str*이 숫자로만 구성되어 있는지 체크하는 것들이고, 각각 기능들에 약간의 차이가 있습니다.

다음과 같이 숫자 형식의 문자열을 요소로 하는 리스트를 선언합니다. 리스트의 각 요소는 차례대로 정수, 음수, 소수, 로마숫자, 분수, 지수, 백분율 형태의 문자열입니다.

셸 080-1

```
1   numbers = ['1004', '-1', '3.14', 'IX', '⅞', '5²', '50%']
```

*str.isdecimal()*은 *str*이 10진수로만 구성되어 있는지 체크하고 True 또는 False로 리턴합니다.

셸 080-2

```
1   for number in numbers:
2       print(f'"{number}" \t--> {number.isdecimal()}')
```
```
"1004"  --> True
"-1"    --> False
"3.14"  --> False
"IX"    --> False
"⅞"     --> False
"5²"    --> False
"50%"   --> False
```

1004를 제외한 나머지는 isdecimal()의 리턴값은 False입니다. isdecimal()이 True로 리턴되는 문자열은 int()에 의해 정수 자료로 변환될 수 있는 문자열입니다.

isdigit()은 십진수 숫자와 지수형태의 숫자에 대해 True를 리턴합니다.

셸 080-3

```
1   for number in numbers:
2       print(f'"{number}" \t--> {number.isdigit()}')
```
```
"1004" --> True
"-1"   --> False
"3.14" --> False
"IX"   --> False
"⅞"    --> False
"5²"   --> True
"50%"  --> False
```

1004와 5²을 제외한 나머지는 isdigit()의 리턴값이 False입니다.

isnumeric()은 숫자형태의 모든 문자에 대해 True를 리턴합니다.

셀 080-4
```
1  for number in numbers:
2      print(f'"{number}" \t--> {number.isnumeric()}')
```
```
"1004"  --> True
"-1"    --> False
"3.14"  --> False
"IX"    --> True
"⅞"     --> True
"5²"    --> True
"50%"   --> False
```

isnumeric()이 False로 리턴한 문자열은 -1, 3.14, 50% 입니다. -1은 음수 기호, 3.14는 소수점, 50%는 %라는 숫자 이외의 문자가 있어서 isnumeric()의 리턴값이 False로 나옵니다.

081 문자열로 리스트 요소 연결하기: *str*.join()

학습내용 문자열이 요소인 리스트의 모든 요소를 특정 문자로 연결해서 새로운 문자열로 만드는 방법에 대해 배웁니다.

str.join(*list*)는 인자로 입력된 *list*의 모든 요소를 *str*로 연결하여 새로운 문자열을 만듭니다. 단, *list*의 모든 요소는 문자열이어야 합니다.

셀 081-1

```
1  profile = ['홍길동', '남자', '18세', '도적', '초능력자']
2  logData = ';'.join(profile)
3  print(logData)
```
```
홍길동;남자;18세;도적;초능력자
```

';'.join(profile)은 profile의 모든 요소를 ;로 연결하여 새로운 문자열을 생성합니다.

str.join(*list*)에서 리스트 자료 *list*에 문자열이 아닌 요소가 있으면 TypeError 오류가 발생합니다.

셀 081-2

```
1  profile = ['홍길동', '남자', 18, '도적', '초능력자']
2  logData = ';'.join(profile)
```
```
...
  logData = ';'.join(profile)
TypeError: sequence item 2: expected str instance, int found
```

082 문자열을 구분자로 분리하기: *str*.split()

학습내용 문자열을 특정 구분자로 여러 개의 문자열로 분리하는 방법을 배웁니다.

코드를 작성할 때 가장 많이 접하게 되는 경우 중 하나가 구분자(separator)로 구분되어 있는 문자열을 파싱(parsing)하는 일입니다. *str*.split(*sep*)은 *str*을 구분자 *sep*으로 쉽게 분리하여 파싱할 수 있습니다.

셀 082-1

```
1    logData = '홍길동;남자;18세;도적;초능력자'
2    profile = logData.split(';')
3    print(profile)
```
```
['홍길동', '남자', '18세', '도적', '초능력자']
```

logData.split(';')은 logData를 ';'로 분리하고, 분리된 문자열을 요소로 하는 리스트를 리턴합니다.

split()에 인자가 없으면 공백으로 분리합니다.

셀 082-2

```
1    text = '나는 파이썬을 사랑합니다.'
2    print(text.split())
```
```
['나는', '파이썬을', '사랑합니다.']
```

셀 082-3은 두 가지 이상 구분자를 가진 문자열을 파싱하는 예시입니다.

셀 082-3

```
1    profile = '이름:홍길동 나이:18세 성별:남자 국적:조선 직업:도적 특기:초능력'
2    for data in profile.split():
3        key, val = data.split(':')
4        print(f'{key} --> {val}')
```
```
이름 --> 홍길동
나이 --> 18세
성별 --> 남자
국적 --> 조선
직업 --> 도적
특기 --> 초능력
```

먼저 **profile**을 공백으로 분리하고, 분리된 모든 문자열을 ':'로 분리한 결과를 출력하는 코드입니다.

083 문자열에서 좌우 문자/공백 제거하기:
str.strip(), *str*.lstrip(), *str*.rstrip()

학습내용 문자열에 왼쪽 또는 오른쪽에 있는 공백을 제거하는 방법에 대해 배웁니다.

str.strip(), *str*.lstrip(), *str*.rstrip() 메서드는 각각 *str*의 좌우 공백, 왼쪽 공백, 오른쪽 공백을 제거합니다.

셀 083-1

```
1  text = '   이 문장의 양쪽에는 공백이 있습니다.   '
2  print(f'<{text.strip()}>')
3  print(f'<{text.lstrip()}>')
4  print(f'<{text.rstrip()}>')
```

```
<이 문장의 양쪽에는 공백이 있습니다.>
<이 문장의 양쪽에는 공백이 있습니다.   >
<   이 문장의 양쪽에는 공백이 있습니다.>
```

셀 083-2 코드를 봅니다.

셀 083-2

```
1  url = 'www.python.com'
2  print(url.strip('cmow.'))
```

```
python
```

url.strip('cmow.')은 url의 좌우에 'cmow.'에 해당하는 문자가 있으면 다음과 같은 순서로 문자를 제거합니다.

1. 먼저 url의 좌우가 w와 m이고 이 문자들은 'cmow.'에 포함되어 있으므로 w와 m을 제거합니다.
2. w와 m을 제거한 text는 ww.python.co가 됩니다. 여기서 또 url의 좌우 문자가 'cmow.'에 포함된 문자가 있으면 또 제거합니다. 그러면 w.python.c가 됩니다.
3. 이런 식으로 계속 좌우 문자 제거를 반복하면 최종적으로 python만 남게 됩니다.

동일한 방법으로 url.lstrip('cmow.'), url.rstrip('cmow.')에 대해 결과를 출력해 보면 셀 083-3과 같습니다.

셀 083-3

```
1  print(url.lstrip('cmow.'))
2  print(url.rstrip('cmow.'))
```

```
python.com
www.python
```

084 문자열에서 특정 문자열을 다른 문자열로 바꾸기: *str.replace( )*

학습내용 문자열에서 특정 문자열을 문자열로 바꾸는 방법에 대해 배웁니다.

str.replace(*target*, *strval*)은 *str*에서 발견되는 모든 *target*을 *strval*로 변경합니다.

셀 084-1

```
1  text = '문자열: 파이썬에서 시퀀스 자료 중 하나임'
2  ret = text.replace('문자열', '텍스트')
3  print(ret)
```
텍스트: 파이썬에서 시퀀스 자료 중 하나임

text.replace('문자열', '텍스트')는 text에서 '문자열'을 찾아 '텍스트'로 변경한 문자열을 리턴합니다.

셀 084-2

```
1  text = '매일 많은 일들이 일어납니다.'
2  ret = text.replace('일', '사건')
3  print(ret)
```
매사건 많은 사건들이 사건어납니다.

text.replace('일', '사건')은 text에 있는 '일'을 '사건'으로 바꿉니다. text에는 '일'이라는 글자가 3개 있고 모두 '사건'으로 변경됩니다.

replace()로 문자열을 다른 문자열로 바꾸고자 할 때, 위의 예제처럼 변경된 문장이 의도하지 않은 결과가 나오지 않도록 유의해야 합니다.

085 문자열의 왼쪽을 0으로 채우기: *str*.zfill()

str.zfill(*width*)는 *str*의 길이가 *width*가 되도록 *str*의 왼쪽에 0으로 채운 문자열을 만듭니다.

셀 085-1

```
1    numData = ['5', '27', '342', '1004']
2    for numstr in numData:
3        ret = numstr.zfill(4)
4        print(ret)
```
```
0005
0027
0342
1004
```

numstr.zfill(4)는 numData의 요소 '5', '27', '342', '1004'에 대해 왼쪽에 0으로 채워 폭이 4가 되는 문자열로 만듭니다. '1004'는 폭이 4이므로 왼쪽에 0을 채울 수 없습니다.

셀 085-2

```
1    numData = ['-5', '-27', '-342', '-1004']
2    for numstr in numData:
3        ret = numstr.zfill(4)
4        print(ret)
```
```
-005
-027
-342
-1004
```

str.zfill()은 *str*이 음수인 문자열인 경우에도 동일하게 적용할 수 있습니다. 다만 마이너스 기호도 문자열 폭에 포함되므로 주의하세요.

086 숫자 왼쪽에 0을 채워서 문자열로 만들기: format( )

학습내용 정수 왼쪽에 0을 채운 문자열을 만드는 방법에 대해 배웁니다.

파이썬 내장 함수 format()을 이용하면 정수 자료의 왼쪽에 0을 채우고 그 결과를 문자열로 생성할 수 있습니다.

format(i, '0n')은 정수 i의 왼쪽을 0으로 채워 n 자리가 되는 문자열로 만듭니다.

셀 086-1

```
1   names = ['유비', '관우', '장비', '조운', '제갈량']
2   for idx, name in enumerate(names, start=1):
3       order = format(idx, '03')
4       print(f'{order}-{name}')
```

```
001-유비
002-관우
003-장비
004-조운
005-제갈량
```

format(idx, '03')은 정수 idx의 왼쪽에 0을 채워 3자리가 되도록 문자열을 만듭니다.

087 문자열에서 대소문자 변환하기: *str.upper( )*, *str.lower( )*

학습내용 문자열의 모든 문자를 대문자 또는 소문자로 바꾸는 방법에 대해 배웁니다.

str.upper()는 문자열 *str*에 있는 모든 알파벳을 대문자로 변환한 문자열을 리턴합니다.

str.lower()는 문자열 *str*에 있는 모든 알파벳을 소문자로 변환한 문자열을 리턴합니다. 원본 문자열 *str*은 변경되지 않습니다.

셀 087-1

```
1  lyrics = 'A lot of Things occur Each Day!'
2  print(lyrics.upper())
3  print(lyrics.lower())
4  print(lyrics)
```

```
A LOT OF THINGS OCCUR EACH DAY!
a lot of things occur each day!
A lot of Things occur Each Day!
```

088 문자열 정렬하기: sorted(), ''.join()

학습내용 문자열을 정렬하는 방법에 대해 배웁니다.

044에서 다룬 파이썬 내장 함수 sorted(*iterable*)은 반복 가능 자료 *iterable*의 요소를 정렬한 결과를 리스트로 리턴한다고 했습니다.

셀 088-1

```
1  randstr = 'nk315nnkakkavnzrit'
2  ret = sorted(randstr)
3  print(ret)
```

['1', '3', '5', 'a', 'a', 'i', 'k', 'k', 'k', 'k', 'n', 'n', 'n', 'n', 'r', 't', 'v', 'z']

sorted()를 이용하여 randstr을 정렬하면 정렬 결과가 리스트로 나오는데, 우리는 정렬된 문자열을 원하기 때문에 이는 우리가 바라는 결과가 아닙니다.

sorted()로 나온 문자열 정렬 결과와 ''.join()을 활용하면 우리가 원하는 정렬된 문자열을 얻을 수 있습니다.

셀 088-2

```
1  final = ''.join(ret)
2  print(final)
```

135aaikkkknnnnrtvz

''.join(ret)은 sorted(randstr)의 결과인 ret의 요소들을 공백없이 연결하라는 의미입니다. 결과는 우리가 원하는 정렬된 문자열임을 알 수 있습니다.

089 문자열로 된 식 실행하기: eval()

파이썬 코드로 실행 가능한 문자열을 실제로 실행하는 방법에 대해 배웁니다.

코드를 작성하다 보면 파일에서 읽은 수식이나 문자열을 그대로 실행해야 하는 경우가 있습니다. 예를 들어 "2+3"과 같이 두 개의 숫자를 더하는 문자열을 텍스트 파일에서 읽어 이를 실행하여 이 수식의 결과인 5를 구하는 경우입니다.

파이썬 내장 함수 eval()은 파이썬 코드로 실행 가능한 문자열을 인자로 받아 실행하는 함수입니다.

셀 089-1

```
1  expression = '123 + 456'
2  answer = eval(expression)
3  print(f'{expression} = {answer}')
```
```
123 + 456 = 579
```

123 + 456은 파이썬이 실행 가능한 식이므로, eval(expression)이 유효하게 동작합니다.

셀 089-2

```
1  expression = 'round(3.14)'
2  print(f'{expression} = {eval(expression)}')
```
```
round(3.14) = 3
```

round(3.14)는 파이썬이 실행 가능한 식이므로, eval(expression)이 유효하게 동작합니다.

eval(*str*)에서 *str*이 파이썬이 실행 불가능한 식이면, NameError가 발생합니다.

셀 089-3

```
1  ret = eval('안녕하세요')
```
```
ret = eval('안녕하세요')
  File "<string>", line 1, in <module>
NameError: name '안녕하세요' is not defined
```

090 문자열에서 주어진 접두어/접미어 제거하기: *str*.removeprefix( ), *str*.removesuffix( )

학습내용 문자열에서 지정된 접두어, 접미어를 삭제하여 새로운 문자열로 만드는 방법에 대해 배웁니다.

str.removeprefix(*prefix*)는 *str*에서 *prefix*와 일치하는 접두어가 있으면 이를 삭제한 문자열을 리턴합니다.

셀 090-1

```
1  strData = '[info]Seoul is the captial of Korea.'
2  cityinfo = strData.removeprefix('[info]')
3  print(cityinfo)
```
Seoul is the Captial of Korea.

str.removesuffix(*suffix*)는 *str*에서 *suffix*와 일치하는 접미어가 있으면 이를 삭제한 문자열을 리턴합니다.

셀 090-2

```
1  strData = '이것으로 문장을 마무리합니다.<EOD>'
2  ret = strData.removesuffix('<EOD>')
3  print(ret)
```
이것으로 문장을 마무리합니다.

091

문자열을 바이트 문자열로 변환하기: *str.encode( )*

학습내용 문자열을 2진 스트림 데이터인 바이트 문자열로 바꾸는 방법에 대해 배웁니다.

str.encode(*enc*)는 유니코드 문자열 *str*을 인코딩 방식 *enc*로 인코딩하여 바이트 문자열로 변환합니다. *str*.encode()에 인자가 없으면 디폴트로 UTF-8로 인코딩한 바이트 문자열로 변환합니다.

셀 091-1

```
1  strData = 'python'
2  byteData = strData.encode( )
3  print(byteData)
```

b'python'

strData는 유니코드 문자열 'python'입니다. byteData는 strData를 UTF-8로 인코딩한 바이트 문자열입니다. 파이썬에서 바이트 문자열은 **b**''로 표현됩니다. b'python'은 유니코드 문자열 'python'을 UTF-8로 인코딩한 코드값의 나열을 사람이 알아볼 수 있도록 표현한 것입니다.

먼저 strData를 한 글자씩 출력해보면 다음과 같습니다.

셀 091-2

```
1  for idx, c in enumerate(strData):
2      print(f'strData[{idx}] = {c}')
```

```
strData[0] = p
strData[1] = y
strData[2] = t
strData[3] = h
strData[4] = o
strData[5] = n
```

이제 byteData를 같은 방식으로 출력해 봅니다.

셀 091-3

```
1  for idx, c in enumerate(byteData):
2      print(f'byteData[{idx}] = {c}, {hex(c)}')
```

```
byteData[0] = 112, 0x70
byteData[1] = 121, 0x79
byteData[2] = 116, 0x74
byteData[3] = 104, 0x68
byteData[4] = 111, 0x6f
byteData[5] = 110, 0x6e
```

byteData를 한 글자씩 출력해보면 문자가 아니라 UTF-8로 인코딩된 코드값으로 출력됨을 알 수 있습니다.

유니코드 문자열을 파일로 저장하거나 네트워크로 전송할 경우, 바이트 문자열로 변환해서 수행해야 합니다.

> **NOTE** 한글을 위한 인코딩 방식
>
> 유니코드 문자열을 바이트 문자열로 인코딩하는 기본 방식은 UTF-8입니다. 하지만 한글의 경우 종종 UTF-8이 아닌 CP949나 EUC_KR과 같은 방식으로 인코딩한 경우가 있습니다. EUC_KR이나 CP949로 인코딩한 한글을 UTF-8로 디코딩하여 유니코드 문자열로 변환하게 되면 프로그램에서 제대로 처리될 수 없어, 오류가 발생합니다.

셀 091-4

```
1   strData = '파이썬'
2   byteData = strData.encode()
3   print(byteData)
```
```
b'\xed\x8c\x8c\xec\x9d\xb4\xec\x8d\xac'
```

한글의 경우, 바이트 문자열을 출력해보면 16진수로 출력됩니다. "\x"는 16진수를 표현하는 접두사로 보면 됩니다. 출력된 결과를 보면 총 9바이트 문자열인데, 한글 한 글자는 UTF-8로 인코딩하면 3바이트가 된다는 것을 알 수 있습니다.

셀 091-5

```
1   strData = '파이썬'
2   byteData = strData.encode('CP949')
3   print(byteData)
```
```
b'\xc6\xc4\xc0\xcc\xbd\xe3'
```

'파이썬'을 CP949 방식으로 인코딩하면 6바이트가 되며, 이를 통해 한글 한 글자는 2바이트로 인코딩된다는 것을 알 수 있습니다.

10

바이트(Bytes) 문자열

092 바이트 문자열 이해하기

학습내용 2진 데이터 스트림인 바이트 문자열에 대해 배웁니다.

파이썬에서 모든 자료형은 객체로 취급되므로 바이트 문자열은 바이트 객체이며, b''로 표현합니다.

셀 092-1

```
1  strData = 'python'
2  bytesData = b'python'
3  print(strData[0]==bytesData[0])
```
```
False
```

유니코드 문자열 strData의 첫글자 'p'와 바이트 문자열 bytesData의 첫글자 b'p'가 같은지 확인해보니 False로 나옵니다. 즉, 'p'와 b'p'는 서로 다른 값이라는 것입니다. 이는 바이트 문자열은 2진 데이터이기 때문입니다.

유니코드 문자 중 1바이트로 표현이 가능한 문자들(이러한 문자들을 ASCII 문자라고 합니다)은 b'python'과 같이 b''안에 문자 그대로 쓸 수 있습니다.

하지만 한글처럼 ASCII 문자가 아닌 경우, b'파이썬'과 같이 바이트 문자열을 정의하게 되면 SyntaxError가 발생합니다.

셀 092-2

```
1  bytesData1 = b'python'
2  bytesData2 = b'파이썬'
```
```
...
    bytesData2 = b'파이썬'
                 ^
SyntaxError: bytes can only contain ASCII literal characters
```

바이트 문자열을 정의하는 다른 방법은 유니코드 문자열을 인코딩하는 것입니다.

셀 092-3

```
1  bytesData = '파이썬'.encode()
2  print(bytesData)
```
```
b'\xed\x8c\x8c\xec\x9d\xb4\xec\x8d\xac'
```

바이트 문자열을 정의하는 마지막 방법은 **bytes()** 클래스를 이용하는 것입니다.

셀 092-4

```
1   bytesData = bytes('사랑해요 python!', 'utf-8')
2   print(bytesData)
```

```
b'\xec\x82\xac\xeb\x9e\x91\xed\x95\xb4\xec\x9a\x94 python!'
```

bytes('사랑해요 python!', 'utf-8')은 '사랑해요 python!'을 UTF-8로 인코딩한 바이트 문자열을 생성합니다.

출력 결과를 보면 b'' 내부의 한글 부분은 16진수로 표현되지만, ASCII문자인 "공백문자", 'python!'은 문자 그대로 표현되고 있습니다.

093 16진수 표시 문자열을 바이트 문자열로 변환: *bytes.fromhex( )*

학습내용 16진수로 표시된 문자열을 바이트 문자열로 변환하는 방법에 대해 배웁니다.

바이트 문자열은 2진 스트림 데이터이므로, 1바이트 단위로 표시되는 16진수 표시 문자열은 바이트 문자열로 변환 가능합니다.

bytes.fromhex(*hexdata*)는 *hexdata*를 바이트 문자열로 변환합니다.

쉘 093-1

```
1  bytesData = bytes.fromhex('50 79 74 68 6f 6e f8 fa')
2  print(bytesData)
```
b'Python\xf8\xfa'

bytes.fromhex()의 인자로 입력된 1바이트 단위 16진수 표시 문자열에서 공백문자는 무시합니다. '50 79 74 68 6f 6e F8 fa'는 '507974686f6ef8fa'와 같습니다.

ASCII 문자에 해당하는 16진수 "7f" 이하의 값은 바이트 문자열로 변환하여 출력할 때 사람이 알아볼 수 있는 ASCII 문자로 출력되며, 16진수 "80" 이상인 값에 대해서는 "\x80"과 같이 16진수 문자열로 표현됩니다.

094 바이트 문자열을 16진수 표시 문자열로 변환: *bytes.hex()*

학습내용 바이트 문자열을 1바이트 단위 16진수 표시 문자열로 변환하는 방법에 대해 배웁니다.

바이트 문자열은 1바이트 단위 16진수로 표시되는 문자열로 변환 가능합니다.

bytes.hex()는 바이트 문자열 *bytes*를 1바이트 단위로 표시되는 16진수 문자열로 변환합니다.

셀 094-1

```
1    hexData = b'Python\xf8\xfa'.hex()
2    print(hexData)
```
507974686f6ef8fa

b'Python\xf8\xfa'.hex()는 바이트 문자열 b'Python\xf8\xfa'를 '507974686f6ef8fa'로 변환합니다. 출력 결과를 1바이트 단위로 보기가 어렵습니다.

셀 094-1 코드를 봅니다.

셀 094-2

```
1    hexData = b'Python\xf8\xfa\x80'.hex('-')
2    print(hexData)
```
50-79-74-68-6f-6e-f8-fa-80

bytes.hex(*sep*)은 *bytes*의 16진수 표시 결과를 1바이트 단위의 sep으로 구분하여 생성합니다. hex('-')는 16진수 표시 결과를 '-'로 구분하여 생성합니다.

셀 094-3

```
1    hexData = b'Python\xf8\xfa\x80'.hex('-', 2)
2    print(hexData)
```
50-7974-686f-6ef8-fa80

hex('-', 2)는 16진수 표시 결과를 하위 바이트에서 시작해서 2바이트 단위로, '-'로 구분하여 생성합니다.

095

바이트 문자열을 유니코드 문자열로 변환: *bytes*.decode( )

학습내용 2진 스트림 데이터인 바이트 문자열을 유니코드 문자열로 바꾸는 방법에 대해 배웁니다.

str.encode()가 문자열을 지정된 인코딩 방식으로 인코딩한 바이트 문자열로 변환하는 것이라면 *bytes*.decode()는 *bytes*를 유니코드 문자열로 변환해 줍니다. decode()에 인자를 입력하지 않을 경우, 디폴트 디코딩 방식은 UTF−8입니다.

파일을 바이너리 모드로 읽거나 네트워크를 통해 읽어들인 데이터는 2진 데이터 스트림인 바이트 문자열입니다. 이 데이터를 파이썬에서 문자열로 활용하려면 decode() 메서드를 이용해 유니코드 문자열로 변환해야 합니다.

셀 095-1

```
1  bytesData = b'\xec\x82\xac\xeb\x9e\x91\xed\x95\xb4\xec\x9a\x94'
2  strData = bytesData.decode( )
3  print(strData)
```
사랑해요

`bytesData`는 한글 '사랑해요'를 UTF−8로 인코딩한 바이트 문자열입니다. `bytesData.decode()`는 bytesData를 UTF−8로 디코딩하여 유니코드 문자열로 변환합니다.

셀 095−2 예제를 봅니다.

셀 095-2

```
1  bytesData = b'\xbb\xe7\xb6\xfb\xc7\xd8\xbf\xe4'
2  strData = bytesData.decode( )
3  print(strData)
...
   strData = bytesData.decode( )
UnicodeDecodeError: 'utf-8' codec can't decode byte 0xbb in position 0: invalid
 start byte
```

프로그래밍을 하다보면 바이트 문자열을 디코딩할 때, 특히 한글을 다룰 때 위와 같은 `Unicode DecodeError`가 발생하는 경우가 많습니다.

한글의 경우 바이트 문자열로 인코딩할 때 UTF−8뿐만 아니라, CP949나 EUC−KR과 같은 방식으로 인코딩하는 경우가 있습니다. 예제와 같이 `UnicodeDecodeError`가 발생하는 경우 decode('cp949')나 decode('euc_kr')과 같이 decode() 인자로 한글 인코딩 방식을 명시하고 유니코드 문자열로 변환하면 됩니다.

셀 095-3

```
1  bytesData = b'\xbb\xe7\xb6\xfb\xc7\xd8\xbf\xe4'
2  strData = bytesData.decode('cp949')
3  print(strData)
```
사랑해요

096 바이트 문자열 주요 메서드들

학습내용 바이트 문자열에서 활용할 수 있는 주요 메서드들에 대해 배웁니다.

바이트 문자열도 유니코드 문자열과 유사한 역할을 가진 메서드들을 활용할 수 있습니다. 여기서는 주요한 몇 가지 메서드만 알아보도록 하겠습니다.

▌*bytes*.replace(b'src', b'target')
바이트 문자열 *bytes*에서 src를 target으로 바꿉니다.

셀 096-1
```
1   bytesData = b'abcdef'
2   data = bytesData.replace(b'ab', b'AB')
3   print(data)
```
```
b'ABcdef'
```

▌bytes.find(b'target')
바이트 문자열 *bytes*에서 target이 위치하는 인덱스를 구합니다.

셀 096-2
```
1   bytesData = b'abcdefabcdef'
2   idx1 = bytesData.find(b'e')
3   idx2 = bytesData.find(b'e', idx1+1)
4   print(idx1, idx2)
```
```
4 10
```

bytesData.find(b'e')는 bytesData의 맨 처음부터 탐색해서 b'e'가 위치하는 인덱스를 리턴합니다. idx1은 b'e'가 첫 번째로 위치하는 인덱스이므로 4가 됩니다.
bytesData.find(b'e', idx1+1)은 bytesData의 idx1+1에서부터 탐색해서 b'e'가 위치하는 인덱스를 리턴합니다.

▌*bytes*.strip( )
바이트 문자열 *bytes*에서 좌우 공백 문자를 제거합니다. *bytes*.lstrip(), *bytes*.rstrip()도 문자열과 마찬가지로 각각 좌측 공백, 우측 공백을 제거합니다.

셀 096-3
```
1   bytesData = b'  abcdef  '
2   bytesData = bytesData.strip( )
3   print(bytesData)
```
```
b'abcdef'
```

11

set(집합) 자료형

097 set 자료 이해하기

학습내용 set 자료의 개념과 특성에 대해 배웁니다.

set 자료는 우리가 흔히 알고 있는 집합과 개념이 비슷합니다. set 자료의 특성을 요약하면 다음과 같습니다.

set 자료의 특성

- *set* 자료는 반복 가능이므로 반복 자료형의 특성을 가짐
- *set* 자료는 요소들의 순서가 없음
- *set* 자료의 요소는 중복이 허용되지 않음
- 수학의 집합과 마찬가지로 합집합, 교집합, 차집합, 부분집합 등 집합 연산이 가능함

set 자료는 그 특성으로 인해 요소들의 테스트나 중복 제거에 주로 활용됩니다.

set 자료는 { }안에 요소를 콤마(,)로 분리하여 나열하여 정의할 수 있습니다. 중복되는 요소가 있을 경우 중복 요소를 제거합니다.

셀 097-1

```
1  setData = {'사과', '배', '사과', '수박', '오렌지'}
2  print(setData)
```
```
{'배', '수박', '오렌지', '사과'}
```

참고로 set 자료는 요소들의 순서가 없기 때문에, set 자료를 출력할 때 요소들의 순서가 무작위로 나열됩니다. 따라서 위 코드에서 print(setData)를 호출할 때마다 요소들의 순서가 다르게 출력될 수 있습니다.

셀 097-2

```
1  print(setData)        # 한 번 더 호출
```
```
{'사과', '배', '오렌지', '수박'}
```

set 자료는 set() 클래스를 이용해 정의할 수도 있습니다. set(*iterable*)은 반복 가능 자료 *iterable*을 set 자료로 생성합니다.

셀 097-3

```
1  strData = 'abcabccdef'
2  setData = set(strData)
3  print(setData)
```
```
{'e', 'a', 'b', 'd', 'f', 'c'}
```

set(strData)는 문자열 strData의 개별 문자를 요소로 하는 set 자료를 생성합니다.

셀 097-4

```
1    fruits = ('사과', '배', '수박', '배', '사과', '오렌지')
2    setData = set(fruits)
3    print(setData)
```
{'오렌지', '사과', '수박', '배'}

set(fruits)는 튜플 자료 fruits를 set 자료로 생성합니다.

098 set 연산: |, &, -, ^

학습내용 set 자료는 수학의 집합 연산을 지원합니다.

set 자료는 합집합(A∪B), 교집합(A∩B), 차집합(A−B), 부분집합(A⊂B) 등 수학의 집합 연산을 지원합니다.

다음과 같이 두 개의 set 자료를 정의합니다.

셀 098-1
```
1   set1 = set('abradacabra')
2   set2 = set('abbreviation')
```

두 set 자료 A, B의 합집합은 A | B입니다.

셀 098-2
```
1   ret = set1 | set2
2   print(ret)
```
```
{'i', 'c', 't', 'n', 'a', 'e', 'o', 'd', 'b', 'r', 'v'}
```

두 set 자료 A, B의 교집합은 A & B입니다.

셀 098-3
```
1   ret = set1 & set2
2   print(ret)
```
```
{'r', 'a', 'b'}
```

두 set 자료 A, B의 차집합은 A − B입니다.

셀 098-4
```
1   ret = set1 - set2
2   print(ret)
```
```
{'c', 'd'}
```

두 set 자료 A, B의 교집합의 여집합((A∩B)^{c})은 A ^ B입니다. 교집합의 여집합은 A, B 어느 한 곳에만 있는 요소로 이루어진 집합입니다.

셀 098-5
```
1   ret = set1 ^ set2
2   print(ret)
```
```
{'o', 'd', 'i', 'e', 'n', 't', 'v', 'c'}
```

두 set 자료 A, B에서 A가 B의 부분집합인 경우, A <= B의 값이 True입니다.

```
1   ret = set1 <= set2
2   print(ret)
```
False

연산자 축약(|=, &=, -=, ^=)을 이용하면 기존 set 자료를 연산한 결과로 업데이트할 수 있습니다.

```
set1 =| set2      # set1 | set2의 결과를 set1으로 업데이트
set1 &= set2      # set1 & set2의 결과를 set1으로 업데이트
set1 -= set2      # set1 - set2의 결과를 set1으로 업데이트
set1 ^= set2      # set1 ^ set2의 결과를 set1으로 업데이트
```

099 set에 요소 추가: *set.add( )*

set.add(*elem*)은 *set*에 *elem*을 추가합니다.

셀 099-1

```
1  fruits = {'사과', '배', '오렌지', '수박'}
2  fruits.add('딸기')
3  print(fruits)
```
{'사과', '배', '수박', '오렌지', '딸기'}

fruits에 이미 존재하는 요소를 추가하더라도 오류가 발생하지 않습니다.

셀 099-2

```
1  fruits.add('배')
2  print(fruits)
```
{'배', '딸기', '오렌지', '수박', '사과'}

100 set에서 요소 제거 ①: *set.remove()*

학습내용 set 자료에서 지정한 요소를 제거하는 방법에 대해 배웁니다.

set.remove(*elem*)은 *set*에서 *elem*을 제거합니다.

셀 100-1

```
1  fruits = {'사과', '배', '오렌지', '수박'}
2  fruits.remove('사과')
3  print(fruits)
```
{'배', '오렌지', '수박'}

set 자료에서 없는 자료를 제거하려고 하면 KeyError 오류가 발생합니다.

셀 100-2

```
1  fruits.remove('딸기')
```
...
```
  fruits.remove('딸기')
KeyError: '딸기'
```

101 set에서 요소 제거 ②: *set.discard()*

학습내용 set 자료에서 지정한 요소를 제거하는 또 다른 방법에 대해 배웁니다.

set.discard(*elem*)은 *set*에서 *elem*이 있을 때 *elem*을 제거하고, *elem*이 없어도 KeyError가 발생하지 않습니다.

셀 101-1

```
1  fruits = {'사과', '배', '오렌지', '수박'}
2  fruits.discard('사과')
3  print(fruits)
4  fruits.discard('딸기')
5  print(fruits)
```
```
{'배', '수박', '오렌지'}
{'배', '수박', '오렌지'}
```

102 set에서 랜덤 요소 추출: *set*.pop( )

학습내용 set 자료에서 무작위로 요소를 추출한 후 해당 요소를 제거하는 방법에 대해 배웁니다.

set.pop( )은 *set*에서 무작위로 요소를 하나 추출하고 해당 요소를 *set*에서 제거합니다.

셀 102-1

```
1    fruits = {'사과', '배', '오렌지', '수박'}
2    choise = fruits.pop( )
3    print(f'++ 추출한 요소: {choise}\n++ fruits: {fruits}')
```

```
++ 추출한 요소: 사과
++ fruits: {'오렌지', '수박', '배'}
```

set 자료에 요소가 하나도 없으면, *set*.pop( )은 KeyError 오류가 발생합니다.

셀 102-2

```
1    for _ in range(len(fruits)):
2        choise = fruits.pop( )
3        print(f'++ 추출한 요소: {choise}\n++ fruits: {fruits}')
4    choise = fruits.pop( )
```

```
++ 추출한 요소: 오렌지
++ fruits: {'배', '수박'}
++ 추출한 요소: 배
++ fruits: {'수박'}
++ 추출한 요소: 수박
++ fruits: set( )
...
   choise = fruits.pop( )
KeyError: 'pop from an empty set'
```

위 코드에서 for문이 끝나면 fruits는 요소가 없는 빈 set 자료가 됩니다. 요소가 없는 set 자료에서 pop( )으로 요소를 추출하려고 하면 KeyError 오류가 발생합니다. 참고로 빈 set 자료는 빈 딕셔너리 { }와 구분하기 위해 set( )으로 표시됩니다.

103 set의 모든 요소 제거: *set.clear()*

학습내용 set 자료의 모든 요소를 한 번에 제거하는 방법을 배웁니다.

set.clear()는 *set*의 모든 요소를 제거합니다.

셀 103-1

```
1  set1 = set('abradacabra')
2  set2 = set('arirangsong')
3  set1 &= set2
4  set2.clear()
5  print(f'set1={set1}, set2={set2}')
```
set1={'a', 'r'}, set2=set()

set1과 set2를 적절하게 처리한 후, set2를 초기화하는 코드입니다.

12

딕셔너리
(Dictionary)

104 딕셔너리 객체: dict( )

파이썬의 딕셔너리(dictionary)는 키:값 쌍이 하나의 요소로 되어 있는 반복 가능 자료이며, 사전 자료로 부르기도 합니다. 이 책에서는 딕셔너리라 부르기로 합니다. 파이썬 3.6 이상부터는 딕셔너리에 추가되는 순서대로 요소들을 저장합니다.

딕셔너리는 { }안에 키:값 쌍을 콤마로 구분해서 나열하여 정의합니다.

셀 104-1

```
1   population = {'서울':9407540, '부산':3320276, '인천':2964820}
```

population은 키:값 쌍이 '도시이름:인구수'로 되어 있는 딕셔너리입니다.

딕셔너리를 정의하는 다른 방법은 dict() 클래스를 이용하는 겁입니다.

셀 104-2

```
1   population = dict(서울=9407540, 부산=3320276, 인천=2964820)
2   print(population)
```
{'서울': 9407540, '부산': 3320276, '인천': 2964820}

dict() 클래스로 딕셔너리를 정의할 때 키가 문자열일 경우, ' ', " "를 사용하지 않음을 유의하세요.

셀 104-3 코드를 봅니다.

셀 104-3

```
1   population = dict([('서울',407540),('부산',3320276),('인천',2964820)])
2   print(population)
```
{'서울': 9407540, '부산': 3320276, '인천': 2964820}

(키, 값) 튜플이 요소인 리스트가 dict()의 인자로 입력되어 딕셔너리가 정의될 수 있습니다.

105 딕셔너리에서 값 추출하기 ①: *d*[*key*]

학습내용 딕셔너리에서 키를 이용하여 값을 추출하는 방법에 대해 배웁니다.

딕셔너리는 반복 가능 자료지만, 인덱싱으로 요소를 얻을 수 없습니다. 키:값 쌍이 요소로 구성된 딕셔너리는 키를 통해 요소의 값에 접근하는 구조를 가집니다.

d[*key*]는 딕셔너리 *d*에서 키가 *key*인 요소의 값을 얻습니다.

셀 105-1
```
1    population = {'서울':9407540, '부산':3320276, '인천':2964820}
2    pnum = population['서울']
3    print(f'2022년 기준 서울의 인구는 {pnum:,d}명 입니다.')
```
2022년 기준 서울의 인구는 9,407,540명 입니다.

population['서울']은 딕셔너리 자료 population에서 '서울'이 키인 요소의 값 9407540을 얻습니다.

셀 105-2는 키가 수치 자료인 경우 딕셔너리에서 값을 추출하는 예제 코드입니다.

셀 105-2
```
1    orddict = {97:'a', 98:'b', 99:'c'}
2    print(f'ASCII 코드 97은 문자 {orddict[97]}에 대응됩니다.')
```
ASCII 코드 97은 문자 a에 대응됩니다.

orddict는 10진 정수가 키이고 문자가 값인 요소로 구성된 딕셔너리입니다.
orddict[97]은 97:'a'에서 값인 'a'를 추출합니다.

딕셔너리에 없는 키로 값을 추출하려고 하면 KeyError 오류가 발생합니다.

셀 105-3
```
1    ret = orddict[95]
...
   ret = orddict[95]
KeyError: 95
```

106 딕셔너리에서 값 추출하기 ②: *d*.get( )

학습내용 딕셔너리에서 값을 추출하는 두 번째 방법에 대해 배웁니다.

d.get(*key*)는 딕셔너리 *d*의 요소에 *key*가 있으면 해당 요소의 값을 리턴하고, *key*가 없으면 KeyError 오류를 발생시키지 않고 None을 리턴합니다.

셀 106-1

```
1   names = {'Mary':10999, 'Cris':2111, 'Aimy':9778, 'Tom':20245}
2   ret1 = names.get('Cris')
3   ret2 = names.get('Sams')
```
ret1 = 2111, ret2 = None

d.get(*key*, *default*)는 딕셔너리 *d*의 요소에 *key*가 있으면 해당 요소의 값을 리턴하고, *key*가 없으면 *default*를 리턴합니다.

셀 106-2

```
1   ret1 = names.get('Cris', 0)
2   ret2 = names.get('Sams', 0)
3   print(f'ret1 = {ret1}, ret2 = {ret2}')
```
ret1 = 2111, ret2 = 0

names.get('Sams', 0)은 딕셔너리 자료 names에 키로 존재하지 않는 'Sams'에 대한 값으로 0을 리턴합니다.

107 딕셔너리의 모든 키를 리스트로 만들기: list(*d*)

학습내용 딕셔너리의 모든 키를 리스트로 만드는 방법에 대해 배웁니다.

파이썬 내장 함수 list()의 인자로 딕셔너리가 입력되면, 딕셔너리의 모든 키로 리스트를 생성합니다.

셀 107-1

```
1  names = {'Mary':10999, 'Cris':2111, 'Aimy':9778, 'Tom':20245}
2  nameList = list(names)
3  print(nameList)
```
['Mary', 'Cris', 'Aimy', 'Tom']

list(*d*)는 list(*d*.keys())와 동일합니다. *d*.keys()에 대한 내용은 117에서 다룹니다.

108 딕셔너리에 요소 추가하기: d[key]=val

학습내용 딕셔너리에 새로운 요소를 추가하는 방법에 대해 배웁니다.

d[key]=val은 딕셔너리 d에 key:val을 요소로 추가합니다.

셀 108-1

```
1   nameList = ['Mary', 'Cris', 'Aimy', 'Tom', 'Bob']
2   population = [10999, 2111, 9778, 20245, 27115]
3   names = { }                    # 빈 딕셔너리 정의
4   for k, v in zip(nameList, population):
5       names[k] = v
6       print(names)
```
```
{'Mary': 10999}
{'Mary': 10999, 'Cris': 2111}
{'Mary': 10999, 'Cris': 2111, 'Aimy': 9778}
{'Mary': 10999, 'Cris': 2111, 'Aimy': 9778, 'Tom': 20245}
{'Mary': 10999, 'Cris': 2111, 'Aimy': 9778, 'Tom': 20245, 'Bob': 27115}
```

nameList와 population은 각각 이름과 인구수를 요소로 가진 리스트입니다. 셀 108-1은 딕셔너리 자료 names에 "이름:인구수"를 요소로 추가하는 코드입니다. 코드에 등장하는 파이썬 내장 함수 zip()에 대한 내용은 042를 참고하세요.

d[key]=val에서 딕셔너리 d에 이미 key가 있을 경우, key에 대응하는 값을 val로 업데이트합니다.

셀 108-2

```
1   names['Mary'] = 20000
2   print(names)
```
```
{'Mary': 20000, 'Cris': 2111, 'Aimy': 9778, 'Tom': 20245, 'Bob': 27115}
```

names['Mary'] = 20000은 names에 'Mary'라는 키가 있으므로, 'Mary'에 대응되는 값 10999를 20000으로 업데이트합니다.

109 딕셔너리에 요소를 추가하고 값을 얻기: *d*.setdefault( )

학습내용 딕셔너리에 키가 있으면 대응되는 값을 얻고, 없으면 지정된 값으로 요소를 추가한 후 대응되는 값을 얻는 방법에 대해 배웁니다.

d.setdefault(*key*, *val*)은 딕셔너리 *d*에서 *key*가 있으면 대응되는 값을 리턴하고, *key*가 없으면 *d*에 *key*:*val*을 요소로 추가한 후, *val*을 리턴합니다. 두 번째 인자 *val*의 디폴트 값은 None입니다. 셀 109-1을 통해 이해해 봅니다.

셀 109-1

```
1   names = {'Mary':10999, 'Cris':2111, 'Aimy':9778}
2   population = names.setdefault('Sams')
3   print(f'names: {names}\npopulation: {population}')
```
```
names: {'Mary': 10999, 'Cris': 2111, 'Aimy': 9778, 'Sams': None}
population: None
```

names.setdefault('Sams')는 딕셔너리 자료 names에 'Sams'가 키로 존재하면 대응되는 값을 리턴하고, 존재하지 않으면 names에 'Sams':None을 요소로 추가한 후, 'Sams'의 대응값인 None을 리턴합니다.

names에는 'Sams'가 키로 존재하지 않으므로 population의 값은 None입니다.

이어서 셀 109-2 코드를 작성하고 실행해 봅니다.

셀 109-2

```
1   population = names.setdefault('Sams', 100)
2   print(f'names: {names}\npopulation: {population}')
```
```
names: {'Mary': 10999, 'Cris': 2111, 'Aimy': 9778, 'Sams': None}
population: None
```

names.setdefault('Sams', 100)은 names에 'Sams'가 키로 존재하고 그 값은 None이므로 population의 값은 None입니다.

이제 names에 없는 키와 유효한 값을 setdefault()에 지정해서 실행해 봅니다.

셀 109-3

```
1   population = names.setdefault('Tom', 1004)
2   print(f'names: {names}\npopulation: {population}')
```
```
names: {'Mary': 10999, 'Cris': 2111, 'Aimy': 9778, 'Sams': None, 'Tom': 1004}
population: 1004
```

names.setdefault('Tom', 1004)는 names에 'Tom'이 키로 존재하지 않으므로, 'Tom':1004를 names의 요소로 추가하고 1004를 리턴합니다. 따라서 population의 값은 1004입니다.

110 딕셔너리의 특정 요소 제거하기: del *d*[*key*]

학습내용 딕셔너리의 특정 키:값 요소를 제거하는 방법에 대해 배웁니다.

del *d*[*key*]는 딕셔너리 *d*에서 키가 *key*인 요소를 제거합니다.

셀 110-1
```
1  names = {'Mary': 10999, 'Cris': 2111, 'Aimy': 9778, 'Tom': 20245}
2  del names['Mary']
3  print(names)
```
```
{'Cris': 2111, 'Aimy': 9778, 'Tom': 20245}
```

del names['Mary']는 딕셔너리 자료 names에서 키가 'Mary'인 요소를 제거합니다.

del *d*[*key*]에서 *key*가 딕셔너리 *d*의 키로 존재하지 않으면 **KeyError** 오류가 발생합니다.

셀 110-2
```
1  del names['Sams']
```
```
...
   del names['Sams']
KeyError: 'Sams'
```

111 딕셔너리에 특정 키가 존재하는지 확인: *key in d*

학습내용 특정 값이 딕셔너리의 키로 존재하는지 확인하는 방법에 대해 배웁니다.

어떤 값이 딕셔너리의 키로 존재하는지 확인하는 방법은 키워드 in을 활용하면 됩니다.
key in *d*의 *key*가 딕셔너리 *d*의 키로 존재하면 True입니다.

셀 111-1

```
1   names = {'Mary': 10999, 'Cris': 2111, 'Aimy': 9778, 'Tom': 20245}
2   name = input('이름을 입력하세요: ')
3   if name in names:
4       print(f'이름이 <{name}>인 출생아수는 <{names[name]:,d}>명입니다.')
5   else:
6       print(f'딕셔너리 names에 <{name}>인 이름이 존재하지 않습니다.')
```

이름을 입력하세요: Cris
이름이 <Cris>인 출생아수는 <2,111>명입니다.

3~4···· name in names는 사용자로부터 입력받은 name이 딕셔너리 자료 names의 키로 존재하면
True가 되고, 4라인이 수행됩니다.

5~6···· 사용자의 입력이 names의 키로 존재하지 않으면 name in names는 False가 되어 6라인이
수행됩니다.

셀 111-1 코드를 다시 실행하고 'Sams'라는 이름을 입력하면 다음과 같은 결과가 출력됩니다.

이름을 입력하세요: Sams
딕셔너리 names에 <Sams>인 이름이 존재하지 않습니다.

112

딕셔너리에 특정 키가 없는지 확인:
key not in *d*

학습내용 특정 값이 딕셔너리의 키로 존재하지 않은지 확인하는 방법에 대해 배웁니다.

어떤 값이 딕셔너리의 키로 존재하지 않은지 확인하는 방법은 키워드 not in을 활용하면 됩니다. *key* not in *d*는 *key*가 딕셔너리 *d*의 키로 존재하지 않으면 True입니다.

셀 112-1

```
1   frequency = {}
2   while True:
3       c = input('알파벳 1자를 입력하세요[끝내려면 엔터를 치세요]: ')
4       if c == '':
5           break
6       if c not in frequency:
7           frequency[c] = 1
8       else:
9           frequency[c] += 1
10      print(frequency)
```

```
알파벳 1자를 입력하세요[끝내려면 엔터를 치세요]: a
{'a': 1}
알파벳 1자를 입력하세요[끝내려면 엔터를 치세요]: b
{'a': 1, 'b': 1}
알파벳 1자를 입력하세요[끝내려면 엔터를 치세요]: c
{'a': 1, 'b': 1, 'c': 1}
알파벳 1자를 입력하세요[끝내려면 엔터를 치세요]: a
{'a': 2, 'b': 1, 'c': 1}
알파벳 1자를 입력하세요[끝내려면 엔터를 치세요]: c
{'a': 2, 'b': 1, 'c': 2}
```

셀 112-1은 사용자로부터 알파벳을 입력받고, 문자별로 입력받은 횟수를 저장하는 코드입니다.

6······ c not in frequency는 딕셔너리 자료 frequency에 사용자가 입력한 문자인 c가 키로 존재하지 않으면 True가 되므로 7라인을 실행하여 frequency에 c:1을 요소로 추가합니다.

8······ frequency에 c가 키로 존재하면 9라인을 실행하여 c에 대응하는 값에 1을 더해줍니다.

셀 112-1 코드를 실행하면 사용자 입력을 기다리게 됩니다. 알파벳 한 글자를 입력한 후 (Enter)를 쳤는데 입력된 문자가 frequency에 없을 경우 frequency에 새로운 요소로 추가되고, 해당 문자에 대응되는 값은 1이 됩니다.

사용자가 입력한 알파벳이 frequency에 키로 존재하고 있으면 해당 키의 값에 1을 더해줍니다.

이를 응용하면 텍스트에서 특정 문자 또는 특정 단어가 등장하는 빈도수를 계산하는 프로그램을 작성할 수 있습니다. 프로그램을 끝내려면 엔터를 입력하면 됩니다.

113 딕셔너리의 모든 키로 이터레이터 생성: iter(d)

학습내용 딕셔너리의 모든 키로 for문에서 활용 가능한 이터레이터를 생성하는 방법에 대해 배웁니다.

파이썬 내장 함수 iter()의 인자로 딕셔너리를 입력하면, 딕셔너리의 키로 이루어진 이터레이터를 생성합니다.

셀 113-1

```
1  greats = {'유비':89, '관우':95, '장비':91, '조운':94}
2  for name in iter(greats):
3      print(name)
```

```
유비
관우
장비
조운
```

iter(greats)는 딕셔너리 자료 greats의 키로 이루어진 이터레이터를 생성합니다. 이터레이터는 메모리를 효율적으로 사용하기 때문에 대용량 데이터를 처리할 때 유용합니다.

iter(d)는 iter(d.keys())와 동일한 이터레이터를 리턴합니다.

114 딕셔너리의 모든 요소 삭제: *d*.clear()

학습내용 딕셔너리의 모든 요소를 한 번에 삭제하는 방법에 대해 배웁니다.

d.clear()는 딕셔너리 *d*의 모든 요소를 삭제합니다.

셀 114-1

```
1  greats = {'유비':89, '관우':95, '장비':91, '조운':94}
2  greats.clear()
3  print(greats)
```
```
{ }
```

참고로 del *d*는 딕셔너리 *d* 자체를 메모리에서 제거합니다.

셀 114-2

```
1  greats = {'유비':89, '관우':95, '장비':91, '조운':94}
2  del greats
3  print(greats)
```
```
...
  print(greats)
NameError: name 'greats' is not defined
```

del greats는 greats 자체를 메모리에서 제거합니다. 따라서 greats는 더 이상 존재하지 않는 변수가 되어, print(greats)가 실행되면 NameError 오류가 납니다.

115 딕셔너리의 모든 요소 복제: *d*.copy( )

학습내용 딕셔너리의 모든 요소를 복제하여 딕셔너리 복사본을 만드는 방법에 대해 배웁니다.

d.copy()는 딕셔너리 *d*의 복사본을 생성합니다.

셀 115-1

```
1  greats = {'유비':89, '관우':95, '장비':91, '조운':94}
2  buffer = greats.copy()
3  del buffer['관우']
4  print(f'greats: {greats}')
5  print(f'buffer: {buffer}')
```

```
greats: {'유비': 89, '관우': 95, '장비': 91, '조운': 94}
buffer: {'유비': 89, '장비': 91, '조운': 94}
```

딕셔너리 *d* 원본을 보존할 필요가 있을 때, *d*.copy()를 활용합니다.

buffer = greats.copy()로 greats의 복사본을 buffer에 두고 buffer를 처리하게 되면, 원본인 greats를 보존할 수 있습니다.

116 딕셔너리의 모든 요소 조회하기: *d*.items()

학습내용 딕셔너리의 모든 요소를 조회하는 방법에 대해 배웁니다.

d.items()는 딕셔너리 *d*의 모든 요소들을 조회할 수 있는 뷰 객체(view object)를 생성합니다. 딕셔너리 *d*의 뷰 객체는 *d*와 연관되어 있어, *d*의 내용이 변경되면 뷰 객체도 변경된 내용이 동적으로 반영됩니다.

셀 116-1을 통해 이해해 봅니다.

셀 116-1

```
1  greats = {'유비':89, '관우':95, '장비':91, '조운':94}
2  generals = greats.items()
3  print(list(generals))
```
[('유비', 89), ('관우', 95), ('장비', 91), ('조운', 94)]

2······ `generals = greats.items()`는 딕셔너리 greats의 모든 요소를 조회할 수 있는 뷰 객체를 생성하여 generals에 할당합니다.

3······ 뷰 객체 generals를 리스트로 변환하여 출력해보면, greats의 요소 key:val이 튜플 (key, val)로 되어 있음을 알 수 있습니다.

셀 116-2 코드는 딕셔너리 greats와 뷰 객체 generals가 연관되어 있음을 보여주는 예제입니다.

셀 116-2

```
1  del greats['관우']
2  print(list(generals))
```
[('유비', 89), ('장비', 91), ('조운', 94)]

`del greats['관우']`는 greats에서 '관우':95를 삭제합니다. 이때 generals를 출력해보면 generals도 변경된 내용이 반영된 결과가 나옴을 알 수 있습니다.

117 딕셔너리의 모든 키 조회하기: *d*.keys()

학습내용 딕셔너리의 모든 키를 조회하는 방법에 대해 배웁니다.

d.keys()는 딕셔너리 *d*의 모든 키들을 조회할 수 있는 뷰 객체(view object)를 생성합니다.
딕셔너리 *d*의 뷰 객체는 *d*와 연관되어 있어, *d*의 내용이 변경되면 뷰 객체도 변경된 내용이 동적
으로 반영됩니다.

셀 117-1을 통해 이해해 봅니다.

셀 117-1

```
1  greats = {'유비':89, '관우':95, '장비':91, '조운':94}
2  general_names = greats.keys()
3  print(list(general_names))
```
['유비', '관우', '장비', '조운']

2······ general_names = greats.keys()는 딕셔너리 greats의 모든 키를 조회할 수 있는 뷰 객
체를 생성하여 general_names로 둡니다.

3······ 뷰 객체 general_names를 리스트로 변환하여 출력해보면, greats의 키로만 이루어진 리
스트임을 알 수 있습니다.

셀 117-2 코드는 딕셔너리 greats와 뷰 객체 general_names가 연관되어 있음을 보여주는 예
제입니다.

셀 117-2

```
1  del greats['관우']
2  for i, name in enumerate(general_names, start=1):
3      print(f'남아 있는 촉나라 장수[{i}]: {name}')
```
남아 있는 촉나라 장수[1]: 유비
남아 있는 촉나라 장수[2]: 장비
남아 있는 촉나라 장수[3]: 조운

greats에서 '관우'가 키인 요소를 삭제하고 general_names를 출력해보면 변경 사항이 반영되어
있음을 알 수 있습니다.

118 딕셔너리의 모든 값 조회하기: *d*.values( )

학습내용 딕셔너리의 모든 값들을 조회하는 방법에 대해 배웁니다.

d.values( )는 딕셔너리 *d*의 모든 값들을 조회할 수 있는 뷰 객체(view object)를 생성합니다. 딕셔너리 *d*의 뷰 객체는 *d*와 연관되어 있어, *d*의 내용이 변경되면 뷰 객체도 변경된 내용이 동적으로 반영됩니다. 예제를 통해 이해해 봅니다.

셀 118-1
```
1   greats = {'유비':89, '관우':95, '장비':91, '조운':94}
2   levels = greats.values()
3   print(list(levels))
```
[89, 95, 91, 94]

2······ levels = greats.values()는 딕셔너리 greats의 모든 값들을 조회할 수 있는 뷰 객체를 생성하여 levels에 할당합니다.

3······ 뷰 객체 levels를 리스트로 변환하여 출력해보면, greats의 값들로만 이루어진 리스트임을 알 수 있습니다.

셀 118-2 코드는 딕셔너리 greats와 뷰 객체 levels가 연관되어 있음을 보여주는 예제입니다.

셀 118-2
```
1   greats['조운'] = 97
2   print(list(levels))
```
[89, 95, 91, 97]

greats에서 키가 '조운'인 요소의 값을 94에서 97로 변경한 내용이 levels에도 반영되어 있음을 알 수 있습니다.

119 딕셔너리에서 모든 키의 순서를 거꾸로 하기: reversed(*d*)

학습내용 딕셔너리의 모든 키의 순서를 거꾸로 하는 방법에 대해 배웁니다.

파이썬 내장 함수 reversed()의 인자로 딕셔너리를 입력하면 딕셔너리의 모든 키의 순서를 거꾸로 한 이터레이터를 리턴합니다.

셀 119-1

```
1  greats = {'유비':89, '관우':95, '장비':91, '조운':94}
2  levels = reversed(greats)
3  print(list(levels))
```
['조운', '장비', '관우', '유비']

reversed(greats)는 딕셔너리 자료 greats의 모든 키의 순서를 거꾸로 한 이터레이터를 리턴합니다.

reversed(*d*)는 reversed(*d*.keys())와 동일한 이터레이터를 리턴합니다.

120

딕셔너리에서 요소를 제거한 후 값 또는 요소 얻기: *d*.pop( ), *d*.popitem( )

학습내용 딕셔너리에서 키가 존재하는 요소를 삭제하고, 키에 대응하는 값 또는 해당 요소를 얻는 방법에 대해 배웁니다.

d.pop( )

d.pop(*key*)는 딕셔너리 *d*에 *key*가 있으면 *key*에 해당하는 요소를 삭제하고 대응되는 값을 리턴합니다. 예제를 통해 이해해 봅니다.

셀 120-1

```
1  greats = {'유비':89, '관우':95, '장비':91, '조운':94}
2  level = greats.pop('관우')
3  print(f'greats: {greats}\nlevel: {level}')
```
```
greats: {'유비': 89, '장비': 91, '조운': 94}
level: 95
```

2······ level = greats.pop('관우')는 딕셔너리 자료 greats에서 '관우'가 키인 요소를 삭제하고, '관우'에 대응되는 값을 리턴합니다. '관우'에 대응되는 값은 95이므로 level의 값은 95입니다.

3······ greats에서 '관우':95가 삭제되었음을 알 수 있습니다.

만약 딕셔너리 *d*에서 *key*가 없으면 KeyError 오류가 발생합니다.

셀 120-2

```
1  level = greats.pop('제갈량')
```
```
...
   level = greats.pop('제갈량')
KeyError: '제갈량'
```

d.pop(*key*, *default*)는 딕셔너리 *d*에서 *key*가 있으면 *key*에 해당하는 요소를 삭제한 후 대응되는 값을 리턴하고, *key*가 없으면 *default*를 리턴합니다.

셀 120-3 코드를 작성하고 실행해 봅니다.

셀 120-3

```
1  level = greats.pop('제갈량', 99)
2  print(f'greats: {greats}\n제갈량의 레벨: {level}')
```
```
greats: {'유비': 89, '관우': 95, '장비': 91, '조운': 94}
제갈량의 레벨: 99
```

greats.pop('제갈량', 99)는 greats에 '제갈량'이 키로 존재하지 않으므로 디폴트 값으로 지정한
99를 리턴합니다.

▎ d.popitem( )

d.popitem( )은 딕셔너리 d에서 맨 마지막으로 추가한 요소를 제거하고, 삭제된 요소를 튜플 (key,
val)로 리턴합니다.

셀 120-4

```
1   greats = {'유비':89, '관우':95, '장비':91, '조운':94}
2   while len(greats) > 0:
3       general = greats.popitem( )
4       print(f'추출한 장군: {general}\ngreats 상태: {greats}')
5       print('-'*50)
```

```
추출한 장군: ('조운', 94)
greats 상태: {'유비': 89, '관우': 95, '장비': 91}
-----------------------------------------------
추출한 장군: ('장비', 91)
greats 상태: {'유비': 89, '관우': 95}
-----------------------------------------------
추출한 장군: ('관우', 95)
greats 상태: {'유비': 89}
-----------------------------------------------
추출한 장군: ('유비', 89)
greats 상태: { }
-----------------------------------------------
```

3······ greats.popitem( )은 딕셔너리 자료 greats의 맨 마지막 요소를 제거하고 해당 요소를 튜
플로 리턴합니다.

예제는 greats가 빈 딕셔너리가 될 때까지 while문을 실행합니다.

빈 딕셔너리에서 popitem( )을 호출하면 KeyError 오류가 발생합니다.

셀 120-5

```
1   general = greats.popitem( )
...
    greats.popitem( )
KeyError: 'popitem( ): dictionary is empty
```

121 딕셔너리 갱신하기 ①: *d.update( )*

d.update(*d1*)은 딕셔너리 *d*에 딕셔너리 *d1*을 통합한 딕셔너리 *d*를 만듭니다. *d1*에 존재하는 키가 *d*에도 존재하면 해당 키의 요소를 *d1*의 요소로 덮어씁니다.

셀 121-1

```
1  greats = {'유비':89, '관우':95, '장비':91, '조운':94}
2  others = {'제갈량':99, '황충':70}
3  greats.update(others)
4  print(greats)
```
```
{'유비': 89, '관우': 95, '장비': 91, '조운': 94, '제갈량': 99, '황충': 70}
```

greats.update(others)는 딕셔너리 greats에 딕셔너리 others를 통합해서 갱신합니다. 3라인은 greats.update(제갈량=99, 황충=70)으로 대체할 수 있습니다.

셀 121-2 코드를 봅니다.

셀 121-2

```
1  greats.update(유비=90, 관우=96)
2  print(greats)
```
```
{'유비': 90, '관우': 96, '장비': 91, '조운': 94, '제갈량': 99, '황충': 70}
```

greats.update(유비=90, 관우=96)은 딕셔너리 자료 greats에 '유비', '관우'가 키로 존재하므로 '유비'인 값을 90, '관우'인 값을 96으로 덮어씁니다. 여기서 문자열이 키인 경우, ' ', " "를 사용하지 않는다는 것에 유의하세요.

122 딕셔너리 갱신하기 ②: *d1 | d2, d1 |= d2*

학습내용 딕셔너리를 다른 딕셔너리와 통합해서 갱신하는 다른 방법에 대해 배웁니다.

*d1 | d2*는 *d1*과 *d2*를 통합하여 새로운 딕셔너리를 생성합니다.

셀 122-1

```
1   greats = {'유비':89, '관우':95, '장비':91, '조운':94}
2   others = {'제갈량':99, '황충':70}
3   updated = greats | others
4   print(updated)
```
{'유비': 89, '관우': 95, '장비': 91, '조운': 94, '제갈량': 99, '황충': 70}

updated = greats | others는 딕셔너리 자료 greats와 others를 통합하여 생성한 새로운 딕
셔너리를 updated로 둡니다.

셀 122-2 코드를 작성하고 실행해 봅니다.

셀 122-2

```
1   updated2 = updated | {'유비':90, '관우':96}
2   print(updated2)
```
{'유비': 90, '관우': 96, '장비': 91, '조운': 94, '제갈량': 99, '황충': 70}

updated2 = updated | {'유비':90, '관우':96}은 딕셔너리 자료 updated와 {'유비':90, '관우':96}를
통합하여 새로 생성한 딕셔너리를 updated2로 둡니다.

updated에는 '유비'와 '관우'가 키로 존재하므로 '유비'의 값은 90, '관우'의 값은 96으로 덮어씁니다.

*d1 |= d2*는 *d1*.update(*d2*)와 동일합니다.

셀 122-3

```
1   greats |= others          # greats.update(others)와 동일
2   print(greats)
```
{'유비': 89, '관우': 95, '장비': 91, '조운': 94, '제갈량': 99, '황충': 70}

123 딕셔너리 요소 정렬하기: sorted( )

딕셔너리의 키나 값을 기준으로 오름차순 또는 내림차순 정렬을 수행하는 방법에 대해 배웁니다.

셀 123-1과 같이 파이썬 내장 함수 sorted()를 이용해서 딕셔너리를 정렬하는 코드를 작성해 실행해 봅니다.

셀 123-1

```
1  greats = {'유비':89, '관우':95, '장비':91, '조운':94}
2  ret = sorted(greats)
3  print(ret)
```
['관우', '유비', '장비', '조운']

sorted(greats)는 딕셔너리 자료 greats의 키에 대해 오름차순으로 정렬한 결과를 리스트로 리턴합니다.

셀 123-2 코드를 작성하고 실행해 봅니다.

셀 123-2

```
1  ret = sorted(greats.items())
2  print(ret)
```
[('관우', 95), ('유비', 89), ('장비', 91), ('조운', 94)]

sorted(greats.items())는 greats.items()를 정렬합니다. greats.items()는 greats의 요소를 튜플 (key, val)로 구성한 이터레이터이며, sorted()에 의해 key 기준 오름차순으로 정렬됩니다. 내림차순으로 정렬하려면 sorted()에 reverse=True를 인자로 추가하면 됩니다.

셀 123-3

```
1  ret = sorted(greats.items(), reverse=True)
2  print(ret)
```
[('조운', 94), ('장비', 91), ('유비', 89), ('관우', 95)]

딕셔너리의 값을 기준으로 정렬하는 코드는 다음과 같습니다. 코드에 등장하는 lambda 함수에 대한 내용은 128을 참고하세요.

셀 123-4

```
1  ret = sorted(greats.items(), key=lambda x: x[1])
2  print(ret)
```
[('유비', 89), ('장비', 91), ('조운', 94), ('관우', 95)]

sorted()는 key 인자를 이용하여 정렬할 기준을 지정해줄 수 있습니다. sorted()의 key 인자로 지정되는 값은 반드시 함수여야 하며, 이 함수의 리턴값이 정렬 기준이 됩니다.

sorted(greats.items(), key=lambda x: x[1])에서 greats.items()의 정렬 기준이 lambda x: x[1]의 리턴값입니다.

lambda x: x[1]은 lambda 함수의 정의에 따라 x는 입력되는 인자이며, x[1]은 리턴값입니다. key=lambda x: x[1]을 해석하면, 정렬할 요소 x가 입력되면 인덱스 1인 값이 정렬 기준이 된다는 의미입니다.

정렬할 요소 greats.items()는 greats의 요소를 (key, val)형태의 튜플로 리턴하는 것이므로 인덱스 1인 값은 val이 됩니다. 따라서 위 코드는 greats의 요소를 요소들의 값을 기준으로 오름차순 정렬하게 됩니다.

딕셔너리의 값을 기준으로 내림차순 정렬은 셀 123-5와 같습니다.

셀 123-5

```
1  ret = sorted(greats.items(), key=lambda x: x[1], reverse=True)
2  print(ret)
```
[('관우', 95), ('조운', 94), ('장비', 91), ('유비', 89)]

셀 123-6 코드는 정렬 결과를 이용한 출력 예시입니다.

셀 123-6

```
1  for name, level in ret:
2      print(f'<{name}>의 레벨은 <{level}>입니다.')
```
<관우>의 레벨은 <95>입니다.
<조운>의 레벨은 <94>입니다.
<장비>의 레벨은 <91>입니다.
<유비>의 레벨은 <89>입니다.

13

함수(Function)

124 함수 정의: def

학습내용 특정 작업을 수행하는 독립된 코드 집합인 함수를 정의하는 방법에 대해 배웁니다.

함수란 특정 작업의 수행을 위한 코드의 집합으로, 독립적으로 호출되어 해당 작업이 언제든 수행될 수 있게 합니다.

파이썬에서 함수를 정의하고 호출하는 방법은 다음과 같습니다.

▌입력값과 리턴값이 없는 함수 정의 및 호출 방법

```
def func():                    # func은 사용자가 정의하는 함수 이름
    코드
    return
# 함수 호출 방법
func()
```

▌입력값은 있지만 리턴값이 없는 함수 정의 및 호출 방법

```
def func(매개변수1, 매개변수2, …):
    코드
    return
# 함수 호출 방법
func(인자1, 인자2, …)
```

▌리턴값은 있지만 입력값이 없는 함수 정의

```
def func():
    코드
    return 리턴값
# 함수 호출 방법
<리턴값을 받을 변수> = func()
```

▌입력값과 리턴값이 있는 함수 정의 및 호출 방법

```
def func(매개변수1, 매개변수2, …)
    코드
    return 리턴값
# 함수 호출 방법
<리턴값을 받을 변수> = func(인자1, 인자2, …)
```

함수는 재사용 목적이 아니더라도, 복잡한 알고리즘을 독립적인 영역에 따로 구현함으로써 소스 코드의 가독성을 높일 수 있게 해줍니다.

다음은 입력값과 리턴값 유무에 따른 함수 정의와 호출에 대한 예시 코드입니다.

▌입력값과 리턴값이 없는 함수 정의 및 호출 예

```
1   def displayFilepath():
2       filepath = 'c:/myworks/pythonstrudy.py'
3       print(f'파일경로: {filepath}')
4       return
5
6   displayFilepath()
```
파일경로: c:/myworks/pythonstrudy.py

▌입력값은 있지만 리턴값이 없는 함수 정의 및 호출 예

```
1   def printFilepath(folder, filename):
2       print(f'파일경로: {folder+filename}')
3       return
4
5   printFilepath('c:/mywork/', 'pythonstudy.py')
```
파일경로: c:/myworks/pythonstrudy.py

▌리턴값은 있지만 입력값이 없는 함수 정의 및 호출 예

```
1   def getFilepath():
2       filepath = 'c:/myworks/pythonstrudy.py'
3       return filepath
4
5   filepath = makeFilepath()
6   print(f'파일경로: {filepath}')
```
파일경로: c:/myworks/pythonstrudy.py

▌입력값과 리턴값이 있는 함수 정의 및 호출 예

```
1   def makeFilepath(folder, filename):
2       return folder + filename
3
4   filepath = getFilepath('c:/mywork/', 'pythonstudy.py')
5   print(f'파일경로: {filepath}')
```
파일경로: c:/myworks/pythonstrudy.py

125 함수의 매개변수와 인자

학습내용 함수에 입력값을 전달하는 매개변수와 입력값 자체인 인자에 대해 배웁니다.

함수의 매개변수(parameter)는 함수를 정의할 때 함수로 전달할 값이 입력될 부분에 명시되는 변수를 말합니다. def func(param)에서 param이 함수 func의 매개변수입니다.

함수의 인자(argument)는 함수를 호출할 때 매개변수 위치에 입력되는 실제 값이나 변수를 말합니다. func(10)이나 func(argdata)와 같이 func()을 호출할 때, 10, argdata가 함수의 인자입니다.

함수의 매개변수가 여러 개일 때 함수에 입력되는 인자는 매개변수의 순서에 대응해서 값이 대입됩니다. 예를 들어 매개변수가 3개인 함수 func(param1, param2, param3)가 있을 경우, func(10, 20, 30)으로 호출하면 함수의 매개변수에 param1=10, param2=20, param3=30으로 할당하고 함수를 실행합니다.

함수 정의 부분   def func(param1, param2, param3)

함수 호출 부분   func(10, 20, 30)

앞에서 설명한 방법 외에 함수로 인자를 전달하는 방법은 다음과 같은 것들이 있습니다.

• 디폴트 인자를 이용해 값을 전달하는 방법: 디폴트 인자 이용
• 매개변수 이름에 직접 인자를 대입해 값을 전달하는 방법: 키워드 인자 이용
• 가변 인자 튜플을 이용해 값을 전달하는 방법: 가변 인자 이용
• 가변 키워드 인자 딕셔너리를 이용해 값을 전달하는 방법: 가변 키워드 인자 이용

함수에 값을 전달하는 이들 방법에 대해 예제를 통해 이해해 봅니다.

▌디폴트 인자를 이용한 인자 전달 방법 예시
셀 125-1에서와 같이 setLevel()을 정의합니다.

셀 125-1
```
1  def setLevel(character, level=1):
2      print(f'{character}의 레벨: {level}')
3      return
```

매개변수가 두 개인 함수 setLevel(character, level=1)은 두 번째 매개변수 'level=1'과 같이 level의 디폴트 인자로 1을 설정하여, setLevel() 호출 시 두 번째 인자가 입력되지 않으면 level을 디폴트 인자 1로 하고 함수를 실행합니다.

셀 125-2 코드를 작성하고 실행해 봅니다.

```
1    setLevel('유비')
2    setLevel('제갈량', 10)
```
유비의 레벨: 1
제갈량의 레벨: 10

`level`의 인자 없이 호출한 `setLevel`('유비')는 `level`의 값을 기본값 1로 설정하고 함수를 실행합니다.

`setLevel`('제갈량', 10)은 `level`의 인자로 10을 지정하여 호출하였으므로, 디폴트 인자로 설정된 1이 아닌 함수 호출 시 지정한 인자 10이 `level`의 값으로 설정됩니다.

디폴트 인자는 반드시 함수 마지막 매개변수로 지정해야 합니다. 디폴트 인자가 설정된 매개변수가 일반 매개변수보다 앞에 있으면 `SyntaxError` 오류가 발생합니다.

```
1    def setLevel(level=1, character):
2        …
```
…
```
  def setLevel(level=1, character):
              ^^^^^^^^
SyntaxError: non-default argument follows default argument
```

▌키워드 인자를 이용한 인자 전달 방법 예시

다음과 같이 `setLevel`()을 정의합니다.

```
1    def setLevel(character, level):
2        print(f'{character}의 레벨: {level}')
3        return
```

다음과 같이 코드를 작성하고 실행해 봅니다.

```
1    setLevel(level=5, character='장비')
```
장비의 레벨: 5

키워드 인자 전달 방법은 "매개변수=인자"와 같이 함수의 매개변수에 직접 값을 대입하여 인자를 전달하는 방식이므로, 함수 호출 시 인자의 순서는 상관없습니다.

▍가변 인자를 이용한 인자 전달 방법 예시

다음과 같이 setLevel()을 정의합니다.

셀 125-6

```
1  def setLevel(*args):
2      print(args)
3      return
```

어떤 함수는 입력값의 개수가 정해지지 않고 가변적이기도 합니다. 이 경우 매개변수를 명확하게 정의할 수 없기 때문에 함수의 매개변수 이름 앞에 *를 붙여 *args와 같이 정의하여 전달받을 인자가 가변적임을 알려줍니다.

함수 정의 부분   def func(*args)

                    (arg1, arg2, arg3, ···)

함수 호출 부분   func(arg1, arg2, arg3, ···)

setLevel(*args)는 setLevel()을 호출할 때 입력되는 인자들을 튜플로 묶어 args로 전달합니다. setLevel()을 호출할 때 입력되는 인자 개수와 무관하게 동작합니다.

다음과 같이 setLevel()을 호출해 봅니다.

셀 125-7

```
1  setLevel('관우', 7)
2  setLevel('조운', 'named', 10)
```

('관우', 7)
('조운', 'named', 10)

setLevel('관우', 7)은 인자의 개수가 2개이며, setLevel('조운', 'named', 10)은 인자의 개수가 3개입니다. setLevel()의 매개변수 args는 호출시 입력되는 가변 인자를 튜플로 전달받습니다.

▍가변 키워드 인자를 이용한 인자 전달 방법 예시

다음과 같이 setLevel()을 정의합니다.

셀 125-8

```
1  def setLevel(**kwargs):
2      print(kwargs)
3      return
```

가변 인자와 마찬가지로 가변 키워드 인자는 "매개변수=인자"의 매개변수 종류 및 개수가 가변적일 수 있습니다. 이 경우 함수의 매개변수 이름 앞에 **를 붙여 **kwargs와 같이 정의하여 전달받을 인자가 가변적 키워드 인자임을 알려줍니다

함수 정의 부분   def func(**kwargs)

{param1:arg1, param2:arg2, param3=:arg3,···}

함수 호출 부분   func(param1=arg1, param2=arg2, param3=arg3,···)

setLevel(**kwargs)는 setLevel()을 호출할 때 입력되는 키워드 인자들을 요소로 하는 딕셔너리를 kwargs로 전달받습니다. setLevel()을 호출할 때 입력되는 키워드 인자 개수와는 무관하게 동작합니다.

다음과 같이 setLevel()을 호출해 봅니다.

셀 125-9
```
1    setLevel(character='조운', level=10)
2    setLevel(character='황충', category='named', level=5)
```
```
{'character': '조운', 'level': 10}
{'character': '황충', 'category': 'named', 'level': 5}
```

setLevel(**kwargs)는 호출시 입력된 키워드 인자들을 kwargs에 딕셔너리로 전달함을 알 수 있습니다.

마지막으로, 명확하게 정의된 인자와 불명확한 가변 인자가 함께 존재하는 경우의 함수를 정의하고 호출하는 방법은 다음과 같습니다.

▌**명확한 인자와 가변 인자가 함께 존재하는 경우 함수 정의 및 호출 방법 예시**
다음과 같이 setLevel()을 정의합니다.

셀 125-10
```
1    def setLevel(character, level, *args):
2        print(f'장수:{character}, 레벨:{level}')
3        if len(args) != 0:
4            print(f'기타 특성: {args}')
5        return
```

setLevel(character, level, *args)에서 character, level은 명확하게 정의된 매개변수이며, args를 통해 추가적인 인자를 전달받을 수 있습니다. args에 인자가 전달되면 '기타 특성'으로 출력합니다.

다음과 같이 setLevel()을 호출해 봅니다.

셀 125-11
```
1    setLevel('조조', 3)
```
```
장수:조조, 레벨:3
```

setLevel('조조', 3)은 args에 전달할 인자가 없으므로 character와 level만 출력합니다.

셀 125-12

```
1    setLevel('유비', 3, 'named', 'leader')
```
장수:유비, 레벨:3
기타 특성: ('named', 'leader')

setLevel('유비', 3, 'named', 'leader')는 args에 ('named', 'leader')가 인자로 전달됩니다.

▌명확한 인자와 가변 키워드 인자가 함께 존재하는 경우 함수 정의 및 호출 방법 예시

다음과 같이 setLevel()을 정의합니다.

셀 125-13

```
1    def setLevel(character, level, **kwargs):
2        print(f'장수:{character}, 레벨:{level}')
3        if len(kwargs) != 0:
4            for k, v in kwargs.items():
5                print(f'{k}: {v}')
6        return
```

setLevel(character, level, **kwargs)에서 character, level은 명확하게 정의된 매개변수이며, kwargs를 통해 추가적인 키워드 인자를 딕셔너리로 전달받을 수 있습니다. kwargs에 키워드 인자들이 전달되면 "매개변수: 값"으로 출력합니다.

다음과 같이 setLevel()을 호출해 봅니다.

셀 125-14

```
1    setLevel('조조', 3)
```
장수:조조, 레벨:3

setLevel('조조', 3)은 kwargs에 전달할 키워드 인자가 없으므로 character와 level만 출력합니다.

셀 125-15

```
1    setLevel('유비', 3, category='named', position='leader')
```
장수:유비, 레벨:3
category: named
position: leader

setLevel('유비', 3, category='named', position='leader')는 kwargs에 딕셔너리 {category='named', position='leader'}가 인자로 전달됩니다.

126 지역변수와 전역변수: global

학습내용 함수 내부에서만 유효한 지역변수와 코드 전반에 걸쳐 유효한 전역변수에 대해 배웁니다.

변수는 변수가 미치는 유효 범위를 기준으로 지역변수(local variable)와 전역변수(global variable)로 구분됩니다. 지역변수는 함수 안에서 정의되어 활용되는 변수로 정의된 함수 안에서만 유효한 변수이고, 전역변수는 함수 바깥에서 정의된 변수로 코드 전반에 걸쳐 유효한 변수입니다.

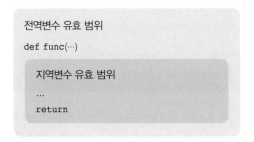

다음 코드로 지역변수와 전역변수를 이해해 봅니다.

셀 126-1

```
1   param = 10
2   def func1(param):
3       localData = 5
4       print(f'param={param}')
5       return
6
7   func1(5)
8   print(f'param={param}')
```
```
param=5
param=10
```

1······ param = 10의 param은 함수 바깥에서 정의된 변수이므로 전역변수입니다.

2~4···· 함수 func1(param)의 매개변수 param과 func1() 안에서 정의된 localData는 지역변수입니다. 따라서 매개변수 param과 locaData는 func1() 바깥에서는 유효한 변수가 아닙니다.

7······ func1(5)를 호출하면 func1(param)의 매개변수 param=5가 됩니다. 4라인의 print (f'param={param}')은 "param=5"를 출력합니다.

8라인의 print(f'param={param}')은 func1() 바깥에서 실행되는 코드이고, 여기서 param은 전역변수로 선언된 param이므로 "param=10"을 출력합니다.

```
1   param = 10
2   def func2():
3       param = 20
4       return param
5
6   ret = func2()  # ret의 값은 20입니다.
7   print(f'param={param}')
```
param=10

2····· func2()는 지역변수 param = 20으로 설정하고 이 값을 리턴하는 함수입니다.

이와 같이 함수 안에서 정의한 지역변수와 함수 바깥에서 정의한 전역변수가 이름이 같을 경우에는 어떻게 될까요? 이런 경우, 함수 안에서는 지역변수가 우선하기 때문에 해당 변수를 지역변수로 취급하고 처리합니다.

3····· func2() 안에서 정의된 param은 지역변수 param으로 취급되므로 전역변수 param에 영향을 주지 않습니다.

7····· 지역변수 param은 함수 바깥에서는 유효하지 않으므로, 함수 바깥에서 실행되는 코드인 print(f'param={param}')에서 {param}은 전역변수 param의 값인 10이 됩니다.

함수 바깥에서 선언한 전역변수를 함수 안에서 사용하려면 다음의 코드와 같이 'global' 키워드를 이용해 전역변수를 사용한다고 명시하면 됩니다.

```
1   param = 10
2   def func3():
3       global param          # 전역변수 param임을 명시함
4       param = 20
5       return
6
7   func3()
8   print(f'param={param}')
```
param=20

3····· global param은 함수 안에서 사용되는 param이 전역변수임을 명시합니다. 따라서 4라인의 param = 20은 전역변수 param의 값을 20으로 바꿉니다.

7~8····· func3()를 호출한 후 전역변수 param의 값을 출력해보면 20임을 알 수 있습니다.

127 함수 처리 결과 리턴: return

학습내용 함수 처리 결과를 리턴하는 방법에 대해 배웁니다.

return은 함수 처리 결과를 함수를 호출한 곳으로 반환하는 키워드입니다. 모든 함수의 처리 결과는 return 키워드로 리턴하며, return으로 돌려줄 수 있는 자료형에 제한은 없습니다.

셀 127-1은 입력된 인자의 순서를 역순으로 만들고 이를 리스트로 리턴하는 함수를 구현한 코드입니다.

셀 127-1

```
1  def reverse(*args):
2      result = [ ]
3      idx = len(args)-1
4      while idx >= 0:
5          result.append(args[idx])
6          idx -= 1
7      return result
```

return result는 args로 전달받은 인자를 역순으로 저장한 result를 리턴합니다.

셀 127-2

```
1  ret = reverse('가', '나', '다', '라')
2  print(ret)
['라', '다', '나', '가']
```

128

이름없는 한 줄짜리 함수 만들기: lambda

학습내용 함수 이름 없이 한 줄로 간단하게 함수를 만드는 방법에 대해 배웁니다.

lambda(람다) 함수는 함수 이름을 정의하지 않고 한 줄로 구현한 함수입니다. lambda 함수는 다음과 같이 정의합니다.

lambda 매개변수1, 매개변수2,…: 리턴 식

예제를 통해 이해해 봅니다. 셀 128-1에서 정의된 lambda 함수는 숫자 하나를 입력받고 그 제곱수를 리턴합니다.

셀 128-1
```
1   f = lambda x: x**2
2   print(f(2))
3   print(f(3))

4
9
```

다음은 인자로 입력받은 문자열 뒤에 '.txt'를 추가한 문자열을 리턴하는 lambda 함수입니다.

셀 128-2
```
1   f = lambda x: x + '.txt'
2   print(f('readme'))

readme.txt
```

마지막 예는 시퀀스 자료를 입력받아 인덱스가 1인 요소를 리턴하는 lambda 함수입니다.

셀 128-3
```
1   f = lambda x: x[1]
2   print(f('readme'))
3   print(f(('장비', 10)))

e
10
```

이와 같이 lambda 함수를 적절하게 사용하면 간결하고 유연한 코드 작성이 가능합니다.

129 함수의 타입 어노테이션

학습내용 함수나 메서드의 인자와 리턴값에 대한 자료형 명시 방법에 대해 배웁니다.

010에서 코드의 가독성 향상을 위해 변수의 자료형에 대해 힌트를 알려주는 방법인 타입 어노테이션에 대해 배웠습니다.

여기서는 함수의 인자나 리턴값의 자료형을 명시하는 타입 어노테이션에 대해 알아봅니다.

셀 129-1

```
1  def setLevel(character: str, level: int) -> dict[str, int]:
2      return {character:level}
```

함수 setLevel()의 매개변수 character, level에 입력되는 인자의 자료형 명시는 010에서 배웠던 일반 변수의 자료형 명시와 동일하게 적용하면 됩니다. 함수 리턴값에 대한 자료형 명시는 셀 129-1에서 보는 바와 같이 -> 다음에 정의합니다.

셀 129-1 코드에서 -> dict[str, int]는 setLevel()의 리턴값 자료형이 키가 문자열, 값이 정수인 딕셔너리라고 명시합니다.

setLevel()을 다음과 같이 수정해 봅니다.

셀 129-2

```
1  def setLevel(character: str, level: int) -> None:
2      global greats
3      greats[character] = level
4      return
```

-> None은 setLevel()의 리턴값이 없음을 명시합니다. 다음의 코드를 작성하고 실행해 봅니다.

셀 129-3

```
1  greats = {'유비':10, '관우':15, '장비':10}
2  setLevel('유비', 13)
3  print(greats)
```
```
{'유비': 13, '관우': 15, '장비': 10}
```

130 데코레이터: @

이미 구현한 함수를 직접 수정하지 않고 함수에 기능을 추가할 수 있는 방법에 대해 배웁니다.

데코레이터(decorator)의 사전적 의미는 장식하는 사람입니다. 먼저 간단한 예제를 통해 함수에서 활용되는 데코레이터가 무엇인지 차근차근 이해해보도록 합니다. 셀 130-1과 같이 간단한 문장을 출력하는 함수를 정의합니다.

셀 130-1

```
1  def report():
2      print('이 부분은 리포트의 본문입니다.')
```

함수를 하나 더 정의합니다.

셀 130-2

```
1  def makeNumber():
2      for i in range(3):
3          print(i)
```

위에서 정의한 두 함수를 실행하면 다음과 같습니다.

셀 130-3

```
1  report()
```
이 부분은 리포트의 본문입니다.

셀 130-4

```
1  makeNumber()
```
0
1
2

각 함수의 출력 결과가 왠지 허전해서 출력물의 아래 위에 점선으로 구분할 수 있도록 하고 싶습니다. 이를 위해 다음과 같이 report(), makeNumber()를 수정합니다.

```
1    def report1():
2        print('-'*50)                # 출력물의 위쪽 점선
3        print('이 부분은 리포트의 본문입니다.')
4        print('-'*50)                # 출력물의 아래쪽 점선
5        return
6
7    def makeNumber1():
8        print('-'*50)                # 출력물의 위쪽 점선
9        for i in range(3):
10           print(i)
11       print('-'*50)                # 출력물의 아래쪽 점선
12       return
```

report1()과 makeNumber1()은 각각 report()와 makeNumber()의 코드에 print('-'*50)을 각각 추가하여 작성한 함수인데 뭔가 아쉬워 보입니다. 코드에 중복 요소가 많고 비효율적인 것 같습니다. print('-'*50) 부분을 호출하는 함수의 종류와 무관하게 모두 적용할 수 있는 방법이 있으면 좋을 것 같습니다.

다음과 같이 조금 복잡해 보이는 함수를 작성합니다.

```
1    def makeForm(func):
2        def drawLine():
3            print('-'*50)
4            func()
5            print('-'*50)
6        return drawLine
```

1~6···· makeForm(func)은 인자로 함수를 입력받습니다. makeForm(func) 함수 안에서 또 다른 함수 drawLine()을 정의하고, drawLine() 함수를 리턴합니다.

2~5···· drawLine()은 인자로 입력받은 func() 실행 전후로 print('-'*50)을 실행하는 함수입니다.

이제 다음 코드를 작성하고 실행해 봅니다.

```
1    report_new = makeForm(report)
2    report_new()
```

```
--------------------------------------------------
이 부분은 리포트의 본문입니다.
--------------------------------------------------
```

1 ······ makeForm(report)는 makeForm() 안에서 정의된 drawLine을 리턴합니다. drawLine()
에서 func는 이제 makeForm()의 인자로 전달받은 report가 됩니다.

2 ······ report_new는 func이 report인 drawLine이므로, 2라인 report_new()를 실행하면 아
래 함수를 실행하는 것과 같습니다.

셀 130-8

```
1  def drawLine():
2      print('-'*50)
3      report()
4      print('-'*50)
```

마찬가지로 makeNumber()에 대해서도 적용해 봅니다.

셀 130-9

```
1  makeNumber_new = makeForm(makeNumber)
2  makeNumber_new()
```

```
--------------------------------------------------
0
1
2
--------------------------------------------------
```

이와 같이 makeForm(func)은 인자로 입력된 모든 함수에 대해 실행 전후 점선을 출력하는 기능을
가집니다.

이제 데코레이터가 무엇인지 설명합니다.

셀 130-10

```
1  @makeForm                       # 이 부분이 데코레이터
2  def report():
3      print('이 부분은 리포트의 본문입니다.')
4      return
```

위 예제는 앞에서 정의한 함수 report()의 정의 부분 바로 윗줄에 @makeForm을 추가한 코드입니
다. 여기서 @makeForm을 아래에 정의된 함수의 데코레이터라 부르고, makeForm을 데코레이터
함수라 부릅니다.

예제의 @makeForm을 해석하면 "바로 아래에 정의된 함수 report()를 실행할 때, 데코레이터 함
수 makeForm(func)의 인자로 report를 입력해서 리턴받은 함수를 실행하시오"입니다.

해석한 문구를 코드로 풀어 쓰면 다음과 같습니다.

```
# report( )를 실행하면 아래의 코드와 같이 수행하세요
ret = makeForm(report)
ret( )
```

이 코드는 앞에서 설명한 report()와 makeNumber()의 실행 전후로 점선을 그리는 로직과 같습니다.

따라서 데코레이터 @makeForm 없이 정의된 report()에 대한 아래 코드의 실행 결과는,

```
report_new = makeForm(report)
report_new( )
```

데코레이터 @makeForm과 함께 정의된 report()를 단순 실행한 결과와 동일합니다.

셀 130-11

```
1   report( )
```
```
------------------------------------------------
이 부분은 리포트의 본문입니다.
------------------------------------------------
```

makeNumber()에 대해서도 데코레이터를 추가해서 정의한 후 실행해 보세요.

데코레이터와 함께 정의된 함수에 인자가 있을 경우, 데코레이터 함수는 다음과 같이 정의하면 됩니다.

```
def decoFunc(func):
    def wrapper(*args, **kwargs):
     # 공통 기능 수행 코드
        func(*args, **kwargs)
     # 공통 기능 수행 코드
    return wrapper
```

14

클래스(Class)

131 클래스 개념

프로그래밍의 세계에서 클래스는 지정된 이름으로 만들어진 하나의 독립 공간으로, 속성을 담을 변수와 특정 기능을 수행하는 함수들의 집합으로 구성됩니다. 특히 클래스 안에서 정의되는 함수를 메서드(method)라 부릅니다.

클래스는 다음과 같이 정의합니다.

```
class 클래스 이름:
    속성을 담기 위한 변수 정의
    메서드 정의
```

클래스에서 정의되는 속성을 담기 위한 변수는 **클래스 변수**와 **인스턴스 변수**로 구분되는데, 이에 대한 내용은 132에서 자세히 다룹니다.

먼저, 클래스를 좀 더 이해하기 쉽게 게임 속 캐릭터를 예로 들어봅니다.
게임에서 캐릭터를 생성할 때 종족을 선택한 후 전사, 마법사, 도적 등과 같이 자신이 원하는 캐릭터의 직업(class)을 선택해야 합니다. 고민 끝에 마법사 직업을 선택했다고 가정합니다.

마법사 직업

능력치	스킬
• 공격력 • 힘 • 지능 • 정신력 • 민첩성	• 화염구 • 불 태우기 • 불덩이 작렬 • 발화 • 얼음창

여기서 마법사 직업은 하나의 클래스가 됩니다. 마법사 직업은 공격력, 힘, 지능, 정신력, 민첩성과 같은 능력치가 있는데, 이를 속성을 담은 변수로 볼 수 있습니다. 마법사 직업의 스킬에는 화염구 발사, 불 태우기, 불덩이 작렬, 발화, 얼음창 등등이 있는데 이는 메서드로 볼 수 있습니다.
마법사 직업을 선택한 후, 마법사 캐릭터의 이름을 "불장난 전문가"라 정하고, 외모 등을 지정해준 후 생성 버튼을 눌러 마법사 캐릭터 생성을 완료합니다.

여기서 생성된 마법사 캐릭터인 "불장난 전문가"는 마법사 클래스의 객체가 됩니다. 즉, 객체 (*object*)란 클래스가 구체적으로 실체화된 것(이를 클래스가 인스턴스화 되었다라고 함)으로 정 의하며, 프로그램에서 클래스는 객체로 인스턴스화해야 활용 가능합니다.

> **NOTE** 인스턴스 객체
> 클래스가 실체화된 것을 객체라고 했는데, 이 객체를 실제 프로그램에서 사용하려면 메모리로 적재되 어야 하고, 메모리에 적재된 객체를 인스턴스(instance)라고 부릅니다. 넓은 의미에서 인스턴스는 객체 에 포함되는 개념입니다. 이 책에서는 메모리에 적재된 인스턴스를 인스턴스 객체로 부르기로 합니다.

다음은 간단한 클래스를 정의하고, 객체를 생성하는 예제입니다. `Wizard`라는 이름을 가진 클래스 를 정의합니다.

셀 131-1

```
1  class Wizard:
2      num_of_generated = 0
3      def setName(self, name):
4          self.name = name
```

3······ setName(self, name)은 클래스 안에서 정의된 메서드입니다. 메서드는 일반 함수처럼 def 키워드로 정의합니다. 메서드에 대한 내용은 133에서 자세히 다룹니다.

클래스 객체를 생성하는 방법은 다음과 같습니다.

객체이름 = 클래스 이름(인자1, 인자2, …)

클래스 이름( ) 안의 인자는 클래스 생성자로 입력되는 인자입니다. 클래스 생성자에 대한 내용은 134에서 자세히 다룹니다.

```
1   player1 = Wizard()
2   player1.setName('FirePlayer')
3   print(player1.name)
```

```
FirePlayer
```

1······ player1 = Wizard()는 Wizard 클래스를 인스턴스화 한 객체를 생성하고 player1이라는 이름으로 둡니다. 이제 player1은 Wizard 클래스의 객체(줄여서 Wizard 객체라 부름)입니다.

2······ player1.setName('FirePlayer')는 Wizard 객체의 setName()을 실행합니다. setName()은 객체 내의 인스턴스 변수 self.name에 'FirePlayer'로 설정합니다.

3······ Wizard 객체 player1의 인스턴스 변수 self.name 값을 출력하면 'FirePlayer'가 출력됩니다.

132 클래스 변수와 인스턴스 변수

학습내용 클래스에서 정의되는 속성을 담기 위한 변수인 클래스 변수와 인스턴스 변수에 대해 배웁니다.

클래스에서 정의되는 속성을 담기 위한 변수는 **클래스 변수**(class variable)와 **인스턴스 변수**(instance variable)로 구분됩니다.

클래스 변수는 메서드 바깥에서 정의되어 클래스 범위에서 유효한 속성이나 값을 저장하는 용도로 사용됩니다. **인스턴스 변수**는 "self.변수 이름"으로 정의되어 객체 범위에서 유효한 속성이나 값을 저장하는 용도로 사용됩니다.

클래스 변수와 인스턴스 변수의 이해를 돕기 위해, 131에서 예로 든 마법사 직업을 좀 더 확장 정의해 봅니다.

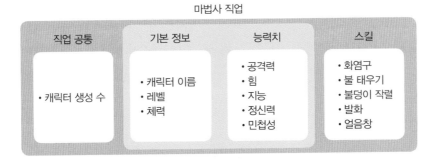

직업 공통 항목의 "캐릭터 생성 수"는 게이머가 이 직업을 선택해서 캐릭터를 생성한 수를 저장하는 속성입니다. 따라서 캐릭터 생성 수는 마법사 직업이라는 클래스 범위에서 유효한 변수이므로 클래스 변수로 정의해야 합니다.

파란색 박스 안의 기본 정보와 능력치는 생성한 마법사 캐릭터에 의존적으로 저장되는 속성입니다. 그러므로 파란색 박스 안의 속성들은 생성한 객체 범위에서 유효한 인스턴스 변수로 정의해야 합니다.

앞에서 예로 든 마법사 직업에 대한 클래스를 다음과 같이 간단히 구현해 봅니다.

```
 1   class Wizard:
 2       generated = 0                  # 마법사 캐릭터 생성 수, 클래스 변수로 정의
 3
 4       def __init__(self, name):      # 클래스 생성자
 5           Wizard.generated += 1      # 캐릭터가 생성되면 클래스 변수 1증가
 6           self.name = name           # 캐릭터 이름 설정
 7           self.level = 1             # 최초 레벨 1로 설정
 8           self.hp = 100             # 최초 체력 10으로 설정
 9           self.initAbility()         # 능력치 초기화
10
11       def initAbility(self):         # 능력치 초기화 메서드
12           self.strength = 1
13           self.offense_power = 1
14           self.intelligence = 10
15           self.mentality = 10
16           self.agility = 1
```

2······ generated = 0은 마법사 캐릭터 생성 수를 저장하는 용도의 클래스 변수입니다.

4······ def __init__(self, name)은 Wizard 클래스 생성자입니다. 클래스 생성자는 클래스가 인스턴스화 될 때 자동으로 실행되는 특별한 메서드입니다. 클래스 생성자에 대한 내용은 134에서 자세히 다룹니다.

5······ generated는 Wizard 클래스 생성자에서 1을 증가해줍니다. 클래스 변수는 Wizard. generated += 1과 같이 '클래스 이름.클래스변수'로 참조해서 처리해야 합니다.

6~8···· self.name, self.level과 같이 'self.변수 이름'으로 정의되는 변수들은 모두 인스턴스 변수입니다.

이제 Wizard 객체 player1을 생성하고, 마법사 캐릭터 생성 수와 캐릭터 이름을 출력해 봅니다.

```
 1   player1 = Wizard('FirePlayer')
 2   print(f'마법사생성 수: {player1.generated}\n캐릭터이름: {player1.name}')
```
```
마법사생성 수: 1
캐릭터이름: FirePlayer
```

2······ player1.generated는 player1 객체의 인스턴스 변수 generated를 참조해야 하는데, Wizard 객체에서 인스턴스 변수 generated가 없으므로, 클래스 변수 generated를 참조하게 됩니다.

다시 Wizard 객체 player2를 생성하고, 마법사 생성 수와 캐릭터 이름을 출력해 봅니다.

셀 132-3

```
1  player2 = Wizard('GodGo')
2  print(f'마법사생성 수: {player2.generated}\n캐릭터이름: {player2.name}')
```
```
마법사생성 수: 2
캐릭터이름: GodGo
```

2⸱⸱⸱⸱⸱⸱ player2.generated 역시 player1.generated와 마찬가지로 클래스 변수 generated
를 참조할 것이므로 값은 2가 됩니다.

다음과 같이 player1.level = 2로 설정하고, player2.level의 값과 함께 출력해 봅니다.

셀 132-4

```
1  player1.level = 2
2  print(f'player1.level={player1.level}, player2.level={player2.level}')
```
```
player1.level=2, player2.level=1
```

1~2⸱⸱⸱⸱ 인스턴스 변수인 level은 객체 범위에서 유효하기 때문에, player1의 level과
player2의 level은 서로 독립적인 변수가 됩니다.

다시 player3을 생성하고, player1.generated를 출력해 보면 어떤 값이 나올지 생각해 봅니다.

셀 132-5

```
1  player3 = Wizard('StormBaby')
2  print(player1.generated)
```
```
3
```

133 메서드(Method)

학습내용 클래스 안에서 정의되는 함수인 메서드와 그 종류에 대해 배웁니다.

메서드는 클래스 안에서 정의되는 함수입니다. 메서드는 인스턴스 메스드, 정적 메서드, 클래스 메서드 3종류로 구분됩니다.

인스턴스 메서드(Instance Method)

인스턴스 메서드는 클래스 내의 인스턴스 멤버(인스턴스 변수, 인스턴스 메서드를 말함)들을 다루고 처리하는 용도로 사용되는 메서드입니다.

인스턴스 메서드는 클래스 안에서 다음과 같이 정의합니다.

```
def 메서드이름(self, 매개변수1, 매개변수2, …):
    코드
```

인스턴스 메서드의 첫 번째 매개변수는 self로 시작합니다. self는 이 클래스의 인스턴스 객체(줄여서 객체)를 지시하는 참조자입니다. 인스턴스 메서드에 매개변수가 필요하면 두 번째 매개변수부터 정의하면 됩니다. 인스턴스 메서드는 self 매개변수로 인해 클래스 안의 인스턴스 변수나 다른 인스턴스 멤버에 대한 접근이 가능합니다.

인스턴스 메서드를 호출하는 방법은 다음과 같습니다.
클래스 안에서 인스턴스 메서드를 호출하는 경우 self.메서드이름(인자,…)로 호출합니다.

```
self.메서드이름(인자1, 인자2, …)
```

객체에서 인스턴스 메서드를 호출하는 경우, 객체이름.메서드이름(인자1, 인자2,…)로 호출합니다.

```
객체이름.메서드이름(인자1, 인자2, …)
```

클래스 메서드(Class Method)

클래스 메서드는 인스턴스 멤버에 대한 접근은 필요 없이, 클래스 변수를 다루고 처리하는 용도로 사용되는 메서드입니다.

클래스 메서드는 클래스 안에서 다음과 같이 정의합니다.

```
@classmethod
def 메서드이름(cls, 매개변수1, 매개변수2, …):
    코드
```

클래스 메서드는 @classmethod 데코레이터를 이용해 정의합니다. 클래스 메서드의 첫 번째 매개변수는 cls로 시작합니다. cls는 이 클래스를 지시하는 참조자입니다. 클래스 메서드에 매개변수가 필요하면 두 번째 매개변수부터 정의하면 됩니다. 클래스 메서드는 cls 매개변수를 이용해 클래스 안의 클래스 변수에 대한 접근이 가능합니다.

클래스 메서드를 호출하는 방법은 다음과 같습니다.

```
클래스 이름.메서드이름(인자1, 인자2, …)
```

▌정적 메서드(Static Method)

정적 메서드는 인스턴스 멤버나 클래스 변수와 관련없는 작업을 위해 사용되는 메서드입니다. 메서드의 역할 관점에서 보면 정적 메서드는 클래스와 관련없는 작업을 수행하는 메서드일 수 있습니다.

정적 메서드는 클래스 안에서 다음과 같이 정의합니다.

```
@staticmethod
def 메서드이름(매개변수1, 매개변수2, ...):
    코드
```

정적 메서드는 @staticmethod 데코레이터를 이용해 정의합니다. 정적 메서드의 파라미터는 self, cls 없이 바로 매개변수로 시작합니다. 정적 메서드는 인스턴스 참조자인 self가 매개변수로 존재하지 않으므로, 클래스 안에서 인스턴스 멤버에 대한 접근이 불가합니다.

정적 메서드를 호출하는 방법은 클래스 메서드의 호출 방법과 동일합니다.

```
클래스 이름.메서드이름(인자1, 인자2, …)
```

예제를 통해 이해해 봅니다.

셀 133-1

```
1   class Wizard:
2       generated = 0
3
4       # 인스턴스 메서드
5       def setFireballLevel(self, power=1):
6           self.fireballLevel = power
7           print(f'화염구 강도를 {power}로 설정합니다.')
8
9       # 클래스 메서드
10      @classmethod
11      def addGenerated(cls, count):
```

```
12              cls.generated += count
13              print(f'생성된 총 캐릭터 수: {cls.generated}')
14
15      # 정적 메서드
16      @staticmethod
17      def static1():
18              print('Wizard 클래스에서 정의된 정적 메서드입니다.')
```

2······ 클래스 변수 generated를 0으로 초기화합니다.

5~6····· 인스턴스 메서드 setFireballLevel()을 정의합니다. 이 메서드는 인스턴스 변수 fireballLevel의 값을 인자로 입력된 power로 설정합니다.

10~13··· 클래스 메서드 addGenerated()를 정의합니다. 이 메서드는 클래스 변수 generated를 인자로 입력된 count로 설정합니다. 클래스 참조자 cls를 이용해 클래스 변수에 접근하여 처리할 수 있습니다.

16~18··· 정적 메서드 static1()을 정의합니다. static1은 매개변수가 없고, 이 메서드가 호출되면 단순 메시지만 출력합니다.

셀 133-2

```
1   player1 = Wizard()
2   player1.setFireballLevel(8)
3   Wizard.addGenerated(2)
4   Wizard.static1()
```
```
화염구 강도를 8로 설정합니다.
생성된 총 캐릭터 수: 2
Wizard 클래스에서 정의된 정적 메서드입니다.
```

1······ Wizard 객체 player1을 생성합니다.

2······ Wizard 객체 player1에서 인스턴스 메서드의 호출은 player1.setFireballLevel(8)과 같이 수행합니다.

3······ 클래스 메서드 addGenerated()를 호출하려면 클래스 이름을 이용해 참조합니다. Wizard.addGenerated()는 Wizard 클래스의 클래스 메서드 addGenerated()를 호출합니다.

4······ 정적 메서드 static1()을 호출하려면 클래스 이름을 이용해 참조합니다. Wizard.static1()은 Wizard 클래스의 정적 메서드 static1()을 호출합니다.

134 클래스 생성자(Constructor)

클래스의 인스턴스 객체가 생성될 때 호출되는 클래스 생성자에 대해 배웁니다.

클래스 생성자는 클래스의 인스턴스 객체가 생성되는 시점에 자동으로 실행되는 특별한 메서드입니다. 클래스 생성자는 다음과 같이 정의됩니다.

```
def __init__(self, 매개변수1, 매개변수2, …):
    코드
```

다음과 같이 Wizard 클래스에서 클래스 생성자를 정의합니다.

셀 134-1

```
1  class Wizard:
2      def __init__(self):
3          print('마법사 캐릭터가 생성되었습니다.')
```

클래스 생성자 __init__(self)는 매개변수 없이 정의되었습니다.

Wizard 객체를 생성합니다.

셀 134-2

```
1  player1 = Wizard()
```
마법사 캐릭터가 생성되었습니다.

Wizard 클래스 생성자가 인자를 가지지 않으므로 클래스 객체 생성은 Wizard()와 같이 인자 없이 수행합니다. Wizard 객체가 생성될 때 클래스 생성자가 자동 실행됨을 알 수 있습니다.

다음과 같이 인자가 있는 클래스 생성자를 정의합니다.

셀 134-3

```
1  class Wizard:
2      def __init__(self, name=None):
3          self.name = name
4          print(f'마법사 이름이 <{self.name}>인 캐릭터가 생성되었습니다.')
```

2······ Wizard 클래스 생성자가 name이라는 매개변수를 1개 가지므로 Wizard 객체 생성시 name에 입력할 인자를 지정해야 합니다.

3~4···· Wizard 클래스의 생성자는 인스턴스 변수 'self.name = name'으로 설정하고, 설정한 마법사 이름을 출력합니다.

```
1  player1 = Wizard('StormBaby')
```
마법사 이름이 〈StormBaby〉인 캐릭터가 생성되었습니다.

Wizard 객체 player1을 생성할 때 생성자에 전달할 인자로 'StormBaby'를 입력합니다.

클래스 생성자는 인스턴스 객체가 생성되는 시점에 자동 실행되는 특징이 있기 때문에, 객체에 대한 속성이나 값들의 초기화를 수행하는 로직은 클래스 생성자에서 구현합니다.

135 클래스 소멸자(Destructor)

학습내용 클래스의 인스턴스 객체가 메모리에서 제거될 때 자동으로 호출되는 클래스 소멸자에 대해 배웁니다.

클래스 소멸자는 클래스의 인스턴스 객체가 메모리에서 제거되는 시점에 자동으로 실행되는 특별한 클래스 메서드입니다. 클래스 소멸자는 다음과 같이 정의됩니다.

```
def __del__(self):
    코드
```

134에서 작성한 Wizard 클래스에 소멸자 코드를 다음과 같이 추가해 봅니다.

셀 135-1

```
1   class Wizard:
2       def __init__(self, name=None):
3           self.name = name
4           print(f'마법사 이름이 <{name}>인 캐릭터가 생성되었습니다.')
5
6       def __del__(self):
7           print('Wizard 객체가 메모리에서 제거됩니다.')
```

Wizard 객체를 생성한 후, del 키워드를 이용해 생성한 객체를 제거하는 코드를 작성하고 실행해 봅니다.

셀 135-2

```
1   player1 = Wizard('StormBaby')
2   del player1                    # player1 객체를 메모리에서 제거함
```
마법사 이름이 <StormBaby>인 캐릭터가 생성되었습니다.
Wizard 객체가 메모리에서 제거됩니다.

del player1은 player1 객체를 메모리에서 제거합니다. player1 객체가 메모리에서 제거되는 시점에 클래스 소멸자가 실행됨을 알 수 있습니다.

136 클래스 상속

클래스의 상속(inheritance)이란 A 클래스가 가진 모든 속성이나 메서드를 B 클래스로 물려주어, B 클래스에서 A 클래스의 속성 및 메서드를 활용할 수 있게 하는 것입니다.

여기서 상속을 해주는 A 클래스를 **부모클래스** 또는 **슈퍼클래스**라 하고, 상속을 받는 B 클래스를 **자식클래스** 또는 **서브클래스**라 부릅니다.

클래스 상속 방법은 클래스를 정의할 때 다음과 같이 선언하면 됩니다.

`class 자식클래스(부모클래스):`

자식클래스는 부모클래스에 정의된 모든 속성이나 메서드들을 그대로 상속받습니다. 만약 자식클래스에 부모클래스로부터 상속받은 속성 또는 메서드와 동일한 이름의 속성, 메서드가 존재하면 자식클래스에서 정의된 것이 우선합니다.

앞에서 다룬 게임의 예를 상기시켜 봅니다. 게임 속에는 여러 가지 캐릭터가 있고, 캐릭터는 전사, 마법사, 도적 등 다양한 직업군으로 구분됩니다. 게임 캐릭터는 모두 힘, 공격력, 지능, 정신력, 민첩성이라는 다섯 가지 공통 능력을 가진다고 가정합니다.

먼저 게임 캐릭터를 위한 클래스를 다음과 같이 정의합니다.

셀 136-1

```
1  class Character:
2      def __init__(self):        # 생성자에서 캐릭터의 공통 능력치를 1로 초기화
3          self.strength = 1
4          self.offense_power = 1
5          self.intelligence = 1
6          self.mentality = 1
7          self.agility = 1
```

3~7···· Character 클래스의 생성자에 게임 캐릭터의 공통 능력에 대한 값을 모두 1로 설정합니다.

이제 마법사를 위한 클래스를 다음과 같이 정의합니다. 마법사는 게임 캐릭터이므로, Character 클래스에서 정의한 속성을 그대로 물려받아 쓰면 됩니다.

```
1   class Wizard(Character):
2       def setBasic(self, name=None, level=1, hp=100):
3           self.name = name
4           self.level = level
5           self.hp = hp
```

Wizard 클래스에서 Character 클래스에 없는 메서드 setBasic()을 정의합니다.

1······ class Wizard(Character)는 Character 클래스로부터 상속을 받아 Wizard 클래스를 정의한다는 의미입니다. Character 클래스에는 캐릭터 능력치를 초기화하는 생성자만 구현되어 있습니다. 그러므로 Wizard 클래스는 Character 클래스의 생성자와 초기화되는 능력치를 상속받게 되며, Wizard 객체가 생성되는 시점에 상속받은 Character 클래스의 생성자가 실행됩니다.

```
1   player1 = Wizard()
2   player1.setBasic('StormBaby')
3   print(f'[{player1.name}] 레벨: {player1.level}')
4   print(f'정신력: {player1.mentality}')
```

[StormBaby] 레벨: 1
정신력: 1

1······ Wizard 객체 player1을 생성하고,

2······ setBasic() 메서드로 캐릭터 이름을 설정합니다.

3······ player1.name과 player1.level은 Wizard 클래스에서 정의한 변수입니다.

4······ player1.mentality는 Character 클래스에서 상속받은 속성 mentality입니다.

Wizard 클래스에 다음과 같이 생성자를 추가하고 setBasic() 메서드를 제거한 코드로 수정해 봅니다.

```
1   class Wizard(Character):
2       def __init__(self, name=None):
3           self.name = name
4           self.level = 1
5           self.hp = 100
```

다시 Wizard 객체 player1을 생성하고 주요 정보를 출력해 봅니다.

셀 136-5

```
1   player1 = Wizard('StormBaby')
2   print(f'[{player1.name}] 레벨: {player1.level}')
3   print(f'정신력: {player1.mentality}')
```
```
[StormBaby] 레벨: 1
...
    print(f'정신력: {player1.mentality}')
AttributeError: 'Wizard' object has no attribute 'mentality'
```

3······ player1.mentality에서 오류가 납니다. Wizard 객체에 mentality 속성이 없다고 합니다.

이 오류가 발생한 이유는, 부모클래스에 생성자가 있는데 자식클래스에서 생성자를 다시 정의했기 때문입니다. 생성자의 이름이 __init__()__ 으로 동일하므로, 부모클래스의 생성자보다 자식클래스의 생성자가 우선합니다.

따라서 player1 객체가 생성되는 시점에 자식클래스의 생성자를 수행하므로, 부모클래스의 생성자에서 정의되고 초기화되는 능력치들이 player1 객체에 존재하지 않습니다.

Wizard 클래스의 생성자 코드 셀 136-4의 3라인에 코드 한 줄을 다음과 같이 추가해 봅니다.

셀 136-6

```
1   class Wizard(Character):
2       def __init__(self, name=None):
3           super().__init__()
4           self.name = name
5           self.level = 1
6           self.hp = 100
```

3······ super().__init__()에서 super()는 부모클래스를 의미합니다. 따라서 3라인은 부모클래스의 생성자를 실행합니다.

자식클래스에서 부모클래스의 속성이나 메서드를 직접 사용하고자 하면, 'super().속성', 'super().메서드이름'으로 접근하거나 호출하면 됩니다. 앞에서 오류가 발생했던 코드를 다시 실행해 봅니다.

셀 136-7

```
1   player1 = Wizard('StormBaby')
2   print(f'[{player1.name}] 레벨: {player1.level}')
3   print(f'정신력: {player1.mentality}')
```
```
[StormBaby] 레벨: 1
정신력: 1
```

자식클래스는 여러 개의 부모클래스로부터 상속받을 수 있습니다. 이를 **다중상속**이라 합니다. 다중상속 클래스를 정의하는 방법은 다음과 같습니다.

```
class 자식클래스(부모클래스1, 부모클래스2, …):
```

다중상속 클래스의 경우, 자식클래스의 생성자를 정의하지 않았다면 자식클래스 객체를 생성할 때 "부모클래스1"의 생성자를 호출합니다.

셀 136-8

```
1   class Parent1:
2       def __init__(self):
3           print('부모클래스1 생성자')

4   class Parent2:
5       def __init__(self):
6           print('부모클래스2 생성자')

7   class Child(Parent1, Parent2):
8       pass
9
10  obj = Child()
```

부모클래스1 생성자

만약 부모클래스1의 생성자도 정의되어있지 않으면, 그 다음 상속 순서인 부모클래스2의 생성자를 호출하는 식으로 진행됩니다.

15

예외처리

137 예외처리 ①: try~except

학습내용 코드에서 예외상황이 발생했을 때 프로그램을 종료시키지 않고 예외를 처리하는 방법에 대해 배웁니다.

컴퓨터 프로그램이 동작하다가 예상치 못한 오류로 인해 프로그램이 잘못된 동작을 하거나, 심각할 경우 프로그램이 중지되는 경우가 있습니다. 이런 현상이 발생하는 대부분의 원인은 프로그램의 논리적인 오류나 알 수 없는 오류로 인한 것입니다.

이런 상황을 통칭하여 예외(exception)라 하며, 이를 처리하는 행위를 예외처리(exception handling)라 합니다.

소프트웨어 개발자가 코드를 완벽하게 작성하여 오류나 예외 없이 동작하는 프로그램을 만들면 좋겠지만, 완벽한 프로그램을 만드는 것이 쉬운 일은 아닙니다.

셀 137-1의 코드는 "파일 이름.확장자" 형식의 파일에서 파일 이름과 확장자를 분리해서 출력하는 로직을 구현한 것입니다.

셀 137-1
```
1  fileList = ['file01.jpg', 'file02.jpg', 'file03', 'file04.jpg']
2  for file in fileList:
3      fname = file.split('.')              # 파일 이름과 파일확장자 분리
4      print(f'파일 이름: {fname[0]}, 파일확장자: {fname[1]}')
```
```
파일 이름: file01, 파일확장자: jpg
파일 이름: file02, 파일확장자: jpg
...
  print(f'파일 이름: {fname[0]}, 파일확장자: {fname[1]}')
IndexError: list index out of range
```

코드를 실행하면 확장자가 없는 'file03'을 처리하다가 IndexError 예외가 발생하고 프로그램이 종료됩니다.

3······ 'file03'에 대해 3라인을 실행한 결과는 fname = ['file03']이 되며,

4······ IndexError가 발생한 이유는 fname = ['file03']인데, fname에 없는 인덱스 1인 요소(두 번째 요소)에 접근하려는 fname[1] 때문입니다.

이 코드를 다음과 같이 <try ~ except>를 추가한 후 실행해 봅니다.

셀 137-2

```
1   for file in fileList:
2       try:
3           fname = file.split('.')                    # 파일 이름과 파일확장자 분리
4           print(f'파일 이름: {fname[0]}, 파일확장자: {fname[1]}')
5       except:
6           print(f'ERROR!! <{file}> 처리중 예외 발생!')
```

파일 이름: file01, 파일확장자: jpg
파일 이름: file02, 파일확장자: jpg
ERROR!! <file03> 처리중 예외 발생!
파일 이름: file04, 파일확장자: jpg

위 코드는 예외가 발생하더라도 프로그램을 종료하지 않고, 예외 발생에 대한 메시지를 출력한 후 프로그램 동작을 계속 수행합니다.

2~6···· <try ~ except>는 프로그램에서 논리적 오류나 예외가 발생할 확률이 높은 곳에 사용합니다. 예외가 발생했을 때 적절한 예외처리를 하고, 프로그램이 실행을 멈추지 않고 계속 동작할 수 있게 합니다.

try ~ except 적용 방법은 다음과 같습니다.

```
try:
    잠재적으로 오류 및 예외가 발생할 수 있는 코드
except:
    예외가 발생했을 때 예외를 처리하는 코드
```

138 예외처리 ②: try~except~else

학습내용 코드에서 예외가 발생하지 않았을 때만 실행해야 하는 코드 처리 방법에 대해 배웁니다.

어떤 로직을 수행했을 때 예외가 발생하지 않았을 경우에만 특정 작업을 수행하는 코드를 작성해야 할 때가 있습니다. 이 경우 <try ~ except ~ else> 구문을 활용합니다.

```
try:
    잠재적으로 오류 및 예외가 발생할 수 있는 코드
except:
    예외가 발생했을 때 예외를 처리하는 코드
else:
    <try ~ except>로 감싸진 코드에서 예외가 발생하지 않았을 때 수행되는 코드
```

137의 셀 137-1을 다음과 같이 수정해서 실행해 봅니다.

셀 138-1
```
1  fileList = ['file01.jpg', 'file02.jpg', 'file03', 'file04.jpg']
2  try:
3      for file in fileList:
4          fname = file.split('.')              # 파일 이름과 파일확장자 분리
5          print(f'파일 이름: {fname[0]}, 파일확장자: {fname[1]}')
6  except:
7       print(f'ERROR!! <{file}> 처리중 오류 발생!')
8  else:
9      print('모든 파일을 성공적으로 처리했습니다.')
```
```
파일 이름: file01, 파일확장자: jpg
파일 이름: file02, 파일확장자: jpg
ERROR!! <file03> 처리중 오류 발생
```

이 코드는 셀 137-1의 코드에서 try ~ except로 감싼 부분을 for문 전체로 변경한 것입니다. 실행 결과를 보면 'file03'을 처리하다가 오류가 발생하면 for문의 로직이 종료되고 except문의 print()를 출력하기 때문에 'file04.jpg'는 처리되지 않은 채 로직이 끝나버립니다.

8······ try ~ except에서 예외가 발생했으므로 else문은 실행되지 않습니다.

코드에서 fileList의 요소 'file03'을 'file03.jpg'로 수정해서 코드를 실행해 봅니다.

셸 138-2

```
1  fileList = ['file01.jpg', 'file02.jpg', 'file03.jpg', 'file04.jpg']
2  try:
3      for file in fileList:
4          fname = file.split('.')                # 파일 이름과 파일확장자 분리
5          print(f'파일 이름: {fname[0]}, 파일확장자: {fname[1]}')
6  except:
7      print(f'ERROR!! <{file}> 처리중 오류 발생!')
8  else:
9      print('모든 파일을 성공적으로 처리했습니다.')
```

```
파일 이름: file01, 파일확장자: jpg
파일 이름: file02, 파일확장자: jpg
파일 이름: file03, 파일확장자: jpg
파일 이름: file04, 파일확장자: jpg
모든 파일을 성공적으로 처리했습니다
```

try ~ except로 감싸진 부분에서 예외가 발생하지 않았으므로 except문이 아니라 else문이 실행됩니다.

139 예외처리 ③: try~except~finally

학습내용 코드에서 예외 발생 유무와 상관없이 무조건 실행해야 하는 코드 처리 방법에 대해 배웁니다.

try ~ except로 감싼 부분에서 예외 발생 유무와 상관없이 어떤 코드를 무조건 실행시키려면 try ~ except ~ finally 구문을 활용합니다.

```
try:
    잠재적으로 오류 및 예외가 발생할 수 있는 코드
except:
    예외가 발생했을 때 예외를 처리하는 코드
finally:
    무조건 수행되는 코드
```

138의 셀 138-1에서 다른 예외가 발생하는 코드를 다음과 같이 수정해서 실행해 봅니다.

셀 139-1

```
1   fileList = ['file01.jpg', 'file02.jpg', 'file03', 'file04.jpg']
2   try:
3       for file in fileList:
4           fname = file.split('.')              # 파일 이름과 파일확장자 분리
5           print(f'파일 이름: {fname[0]}, 파일확장자: {fname[1]}')
6   except:
7       print(f'ERROR!! <{file}> 처리중 오류 발생!')
8   else:
9       print('모든 파일을 성공적으로 처리했습니다.')
10  finally:
11      print('무조건 수행되는 코드!')
```

```
파일 이름: file01, 파일확장자: jpg
파일 이름: file02, 파일확장자: jpg
ERROR!! file03 처리중 오류 발생!
무조건 수행되는 코드!
```

이 코드에서 fileList의 요소 'file03'을 'file03.jpg'로 수정해서 예외가 생기지 않도록 하고 코드를 다시 실행해 보세요.

140 예외처리 ④: try~except Exception as e

학습내용 코드에서 예외 내용을 확인하고자 하는 경우 코드 처리 방법에 대해 배웁니다.

코드에서 예외가 발생하면 이에 대한 자세한 내용을 파악하는 것이 중요합니다.

셀 140-1

```
1   intList = range(10)
2   idx = 10
3   try:
4       print(intList[idx])
5   except Exception as e:
6       exceptionClass = e.__class__.__name__
7       exceptionDetail = e.__str__()          # print(e) = print(e.__str__())
8       print(f'예외종류: {exceptionClass}, 예외내용: {exceptionDetail}')
```

예외종류: IndexError, 예외내용: range object index out of range

4······ 범위를 벗어난 인덱스 10으로 intList의 요소에 접근하려고 하면 오류가 발생합니다.

5······ <except Exception as e:>는 '발생한 예외 Exception을 e로 둔다'라는 의미입니다. 파이썬에서 발생 가능한 모든 예외에 대해 Exception 클래스로 미리 정의해두고 있습니다.

6······ e.__class__.__Name__은 발생한 예외 클래스의 이름을 가져옵니다.

7······ e.__str__()은 발생한 예외 내용을 가져옵니다. 예외 내용은 단순하게 print(e)로 출력해도 되므로 print(e.__str__()) = print(e) 입니다.

8······ 다음과 같이 수정해도 동일한 결과가 출력됩니다.

```
8      print(f'예외종류: {exceptionClass}, 예외내용: {e}')
```

<try ~ except Exception as e>로 둘러 싸인 코드에서 오류가 발생하면, 발생한 오류는 Exception으로 참조 가능합니다.

Exception으로 참조 가능한, 프로그램에서 자주 발생하는 예외는 다음과 같습니다.

표 140-1 자주 발생되는 예외들

예외클래스	설명
AssertionError	assert문에서 값이 False일 때 발생
AttributeError	속성 참조 또는 할당이 실패했을 때 발생
EOFError	input( ) 함수가 파일을 읽지 않고 파일 끝에 도달할 때 발생
GeneratorExit	제너레이터나 코루틴이 닫힐 때 발생
ImportError	import문에서 모듈 로드에 문제가 있을 때 발생
IndentationError	SyntaxError의 서브클래스로 들여쓰기 오류가 발견되었을 때 발생
IndexError	시퀀스 인덱스가 범위를 벗어날 때 발생
KeyboardInterrupt	사용자가 Ctrl+C를 눌렀을 때 발생
KeyError	딕셔너리에서 키를 찾을 수 없을 때 발생
MemoryError	메모리가 부족할 때 발생
ModuleNotFoundError	importError의 서브클래스로 import할 모듈을 찾을 수 없을 때 발생
NameError	변수 이름, 함수 이름 등 이름을 찾을 수 없을 때 발생
OSError	시스템 관련 함수가 시스템 연관 오류를 리턴했을 때 발생
OverflowError	산술 연산의 결과가 출력 범위를 넘어설 때 발생
SyntaxError	구문 오류가 발견될 때 발생
SystemError	파이썬 인터프리터 자체 내부 오류가 발견될 때 발생
TypeError	함수 등에 자료형이 맞지 않은 자료를 입력하거나 적용할 때 발생
UnicodeError	유니코드 관련 인코딩 또는 디코딩 오류가 생겼을 때 발생
ValueError	함수 등에 자료형은 맞으나 부적절한 값을 입력하거나 적용할 때 발생
ZeroDivisionError	0으로 나누었을 때 발생

141 예외처리 ⑤: try~except 특정예외

학습내용 코드에서 특정 예외가 발생했을 때만 코드를 처리하는 방법에 대해 배웁니다.

코드에서 특정 예외가 발생했을 때만 except문에서 처리할 수 있는 방법이 있는데, except 다음에 특정 예외 클래스를 명시해주는 것입니다.

```
try:
    잠재적으로 오류 및 예외가 발생할 수 있는 코드
except 예외클래스1:
    예외1이 발생했을 때 예외를 처리하는 코드
except 예외클래스2:
    예외2가 발생했을 때 예외를 처리하는 코드
...
```

140에서 설명한 "자주 발생되는 예외들" 표에 나열된 예외클래스들이 except 다음에 명시될 수 있습니다.

다음 코드를 작성하고 실행해 봅니다. 프로그램이 실행되면 'a'를 입력합니다.

셀 141-1

```
1   intList = range(10)
2   try:
3       idx = int(input('숫자를 입력하세요: '))
4       print(intList[idx])
5   except ValueError:
6       print('입력한 내용이 숫자가 아닙니다!')
7   except IndexError as e:
8       print(f'인덱스 오류가 발생: {e}')
```
```
숫자를 입력하세요: a
입력한 내용이 숫자가 아닙니다!
```

3······ int()의 인자로 숫자가 아닌 문자가 입력되면 ValueError가 발생합니다.

5~6···· 발생한 예외가 ValueError이므로 6라인을 실행하게 됩니다.

다시 코드를 실행시키고 숫자 12를 입력한 후 결과를 확인해 보세요.

142 예외 발생시키기 ①: assert

학습내용 어떤 조건이 참이 아닐 경우, 예외를 발생시키는 방법에 대해 배웁니다.

assert문은 assert 뒤에 놓이는 조건이 참이 아닐 경우, AssertionError 예외를 발생시킵니다.

> assert 조건, 예외 메시지

assert는 조건이 거짓이면 예외 메시지와 함께 AssertionError 오류를 발생시킵니다. assert는 주어진 조건이 참임을 보증하고자 할 때 사용됩니다. 그래서 조건이 참이 아닌 거짓이면 AssertionError 오류를 발생시켜 알리라는 것이죠.

'assert 조건, 예외 메시지'는 다음 코드와 기능적으로 동일한 역할을 수행합니다.

```
if __debug__:
  if not 조건: raise AssertionError(예외 메시지)
```

__debug__ 값은 파이썬 내장 변수로 True로 설정되어 있습니다. __debug__ 값은 인위적으로 변경할 수 없으며, 파이썬을 실행할 때 __debug__의 값을 다음과 같이 인자 -0으로 설정해주어야 합니다.

```
> python -0 pythontest.py
```

다음 코드를 봅니다.

```
셀 142-1
1  data = ['a', 'bc', 1234, 'def', 'ghij']
2  try:
3      for d in data:
4          assert type(d) is str, f'문자열이 아닌 데이터 <{d}> 있음!'
5          print(d)
6  except AssertionError as e:
7      print(e)
```
```
a
bc
문자열이 아닌 데이터 <1234> 있음!
```

4······ 'type(d) is str'은 d의 자료형이 문자열이면 True, 문자열이 아니면 False입니다. d의 값이 정수 1234가 되면 AssertionError('문자열이 아닌 데이터 <1234>가 있음!') 예외를 발생시킵니다.

6······ AsssertionError 예외가 발생하면 for문 실행을 종료하고 except문에서 예외를 처리하게 됩니다.

143 예외 발생시키기 ②: raise

학습내용 프로그래머가 특정 예외를 강제로 발생시킬 수 있는 raise문에 대해 배웁니다.

프로그래머가 코드에서 특정 예외를 강제로 발생시키는 방법은 다음과 같습니다.

raise 예외클래스('프로그래머가 지정한 예외 메시지')

raise문은 지정된 예외클래스를 강제로 발생시킵니다. 여기서 예외클래스는 파이썬이 지원하는 예외클래스여야 하며, 예외 메시지는 프로그래머가 지정한 메시지입니다.

다음과 같은 RuntimeError를 발생시키는 함수를 정의합니다.

셀 143-1

```
1  def makeException():
2      raise RuntimeError('뭔가 잘못되었음')
```

이 함수를 호출하는 코드를 작성하고 실행해 봅니다.

셀 143-2

```
1  try:
2      makeException()
3  except Exception as e:
4      print(e)
```
뭔가 잘못되었음

except문 안에서 raise를 단독 호출하면 현재 처리 중인 오류를 다시 발생시킵니다.

셀 143-2 코드에 다음과 같이 raise를 추가하고 실행해 봅니다.

셀 143-3

```
1  try:
2      makeException()
3  except Exception as e:
4      print(e)
5      raise
```
뭔가 잘못되었음
Traceback (most recent call last):
 ...
  makeException()
    ... line 2, in makeException
  raise RuntimeError('뭔가 잘못되었음')
RuntimeError: 뭔가 잘못되었음

그럼 except문 안에서 특정 예외를 강제 발생시키면 어떻게 될까요? 앞의 코드를 약간 수정해서 실행해 봅니다.

셸 143-4

```
1  try:
2      makeException()
3  except Exception as e:
4      raise ValueError('값이 잘못된 것 같음')
```

```
Traceback (most recent call last):
  ...
  raise RuntimeError('뭔가 잘못되었음')
RuntimeError: 뭔가 잘못되었음
During handling of the above exception, another exception occurred:
Traceback (most recent call last):
  ...
  raise ValueError('값이 잘못된 것 같음')
ValueError: 값이 잘못된 것 같음
```

2······ makeException( )을 호출하면 raise RuntimeError('뭔가 잘못되었음') 예외를 강제 발생 시킵니다.

3~4···· RuntimeError 예외처리를 위해 except문의 예외처리 코드를 수행하는데, 여기서도 ValueError('값이 잘못된 것 같음') 예외를 강제 발생시킵니다.

강제 발생시킨 ValueError('값이 잘못된 것 같음')에 대한 예외처리 코드는 없기 때문에 예제와 같은 출력 결과가 나옵니다.

16

파이썬 모듈과
패키지

144 모듈 이해하기

학습내용 파이썬 모듈을 이해하고 자신의 코드에 모듈을 포함시키는 방법에 대해 배웁니다.

코드를 작성할 때 이미 만들어져 있는 함수들을 활용하면 보다 효율적이고 빠르게 개발할 수 있습니다. 이미 만들어져 있고 안정성이 검증된 함수들을 성격에 맞게 분류해서 하나의 파이썬 파일(확장자가 .py)에 묶어 만들어놓은 것을 **모듈**(module)이라 부릅니다. 모듈 이름은 저장한 파이썬 파일 이름이 됩니다.

파이썬 모듈 = 모듈 이름.py

모듈에 있는 함수들을 활용하려면, 먼저 이 모듈을 우리 코드로 가져와서 자유롭게 사용할 수 있도록 해야 하는데, 이런 작업을 "**모듈을 임포트**(import)**한다**"라고 합니다. import와 관련한 대한 내용은 146에서 자세히 다룹니다.

이 책에서는 주피터 노트북을 이용해서 코드를 작성하고 실행한다고 가정하고 있습니다. 모듈에 대한 예제를 위해 주피터 노트북은 잠시 접어두고, IDLE이나 다른 텍스트 에디터를 이용해 다음 코드를 작성하고 "python200" 폴더에 "splitfilename.py"로 저장합니다.

splitfilename.py
```
def splitFilename(file):
    buf = file.split('.')
    if len(buf) > 1:
        ext = buf[-1]
        fname = '.'.join(buf[:-1])
    else:
        fname = buf[0]
        ext = None
    return (fname, ext)
```

splitFilename(file)은 인자로 입력된 파일 이름을 순수 파일 이름으로 확장자로 분리한 결과를 튜플로 리턴하는 함수입니다. 이 함수를 모듈로 만들어 다른 코드에서 재사용할 수 있도록 해 봅니다.

주피터 노트북에서 다음 코드를 작성합니다.

셀 144-1

```
1    import splitfilename        # splitfilename 모듈을 임포트
2
3    filename = 'python.200.study.py'
4    ret = splitfilename.splitFilename(filename)
5    print(f'파일 이름: {ret[0]}, 파일확장자: {ret[1]}')
```
파일 이름: python.200.study, 파일확장자: py

1······ splitfilename.py에 저장된 함수를 활용하기 위해 splitfilename을 임포트합니다.

4······ 모듈에 있는 함수를 활용하려면 다음과 같이 호출합니다.

모듈 이름.함수

splitfilename.splitFilename(filename)은 splitfilename 모듈의 splitFilename() 함수
를 실행합니다.

145 패키지 이해하기

파이썬 모듈을 계층적인 디렉토리 형태로 구성한 것을 **파이썬 패키지**라 합니다. 디렉토리를 파이썬 패키지로 인식하게 하려면 계층적으로 이루어져 있는 각 디렉토리마다 **__init__.py** 라는 이름의 파일이 있어야 합니다. __init__.py 의 내용은 보통 *version=1.0* 과 같이 텍스트 한 줄이면 충분합니다.

다음은 가상의 sound 패키지 구조를 계층적 구조로 도식화한 것입니다.

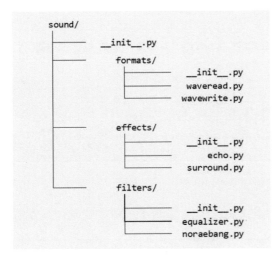

	최상위 패키지
__init__.py	sound 패키지 초기화
formats/	사운드 파일 패키지 포맷 변화 관련 하위 패키지
__init__.py	formats 패키지 초기화
waveread.py	모듈
wavewrite.py	
effects/	사운드 효과 관련 하위 패키지
echo.py	
surround.py	
filters/	사운드 필터 관련 하위 패키지
__init__.py	
equalizer.py	
noraebang.py	

sound 디렉토리가 최상위 패키지를 위한 것이고, 그 아래에 formats, effects, filters 패키지를 위한 3개의 디렉토리로 구성되어 있습니다. sound를 포함한 각 디렉토리에는 __init__.py 파일이 있으므로 각 디렉토리를 파이썬 패키지로 인식하게 됩니다.

실제 우리가 활용할 모듈들은 formats, effects, filters 3개의 디렉토리에 .py 파일로 저장되어 있습니다.

filters 패키지의 noraebang.py 모듈을 임포트하려면 다음과 같이 계층 구조를 '.'으로 분리해서 임포트합니다.

```
import sound.filters.noraebang
```

이 책에서는 특별한 경우를 제외하면 패키지와 모듈을 따로 구분하지 않고 모두 모듈로 부르기로 합니다.

146 모듈 임포트: import, import~as, from~import

학습내용 모듈을 임포트해서 우리가 작성하는 코드에서 활용하는 방법에 대해 배웁니다.

모듈을 임포트하는 일반적인 방법은 다음과 같습니다.

---
import

```
import 모듈 이름
import 패키지 계층.모듈 이름
```

여기서 패키지 계층은 모듈이 있는 곳까지 '.'으로 구분된 계층구조를 말합니다.
모듈은 파이썬 내장 모듈과 외부 모듈이 있습니다.

파이썬 내장 모듈은 모듈을 따로 설치할 필요 없이 import 키워드를 이용해 해당 모듈을 임포트
하여 코드에서 활용하면 됩니다.

셀 146-1

```
1   import math
2   print(f'sqrt(2) = {math.sqrt(2):.3f}')
```
sqrt(2) = 1.414

1······ 수학 관련 파이썬 내장 모듈인 math를 임포트합니다.

2······ math 모듈에서 제곱근을 계산하는 함수인 sqrt()를 이용해 2의 제곱근을 소수점 3자리까
        지 출력합니다.

모듈 이름이 길거나 다소 복잡할 경우 다음과 같이 임포트할 모듈의 별명을 지정할 수 있습니다.

---
import ~ as

```
import 모듈 as 별명
```

다음 코드를 봅니다.

셀 146-2

```
1   import math as m
2   print(f'sqrt(2) = {m.sqrt(2):.3f}')
```
sqrt(2) = 1.414

1······ math 별명을 m으로 지정합니다. 이제 math 모듈은 m으로 참조할 수 있습니다.

2······ m.sqrt(2)는 math.sqrt(2)와 같습니다.

모듈에서 원하는 함수만, 또는 패키지에서 원하는 모듈만 특정하여 임포트하는 방법은 다음과 같습니다.

```
from ~ import ~
from 모듈 import 함수1, 함수2, …
from 패키지 import 모듈1, 모듈2, …
from 패키지 계층 import 함수1, 함수2, …
```

다음 코드를 봅니다.

셀 146-3

```
1   from math import sqrt, log
2   print(f'sqrt(2) = {sqrt(2):.3f}')
3   print(f'log(2) = {log(2):.3f}')
sqrt(2) = 1.414
log(2) = 0.693
```

1······ math 모듈에서 sqrt, log 함수만 임포트합니다.

2······ sqrt(2), log(2)와 같이 모듈 이름 없이 임포트한 함수 이름 그대로 사용할 수 있습니다.

임포트한 모듈을 찾을 수 없을 경우, ModuleNotFoundError 예외가 발생합니다.

셀 146-4

```
1   import mymodule
Traceback (most recent call last):
  …
  import mymodule
ModuleNotFoundError: No module named 'mymodule'
```

147 파이썬 내장 모듈 vs. 외부 모듈

학습내용 따로 설치하지 않고 바로 활용할 수 있는 파이썬 내장 모듈과 설치가 필요한 외부 모듈에 대해 배웁니다.

파이썬 인터프리터를 설치하면 내장된 모듈도 함께 설치됩니다. 사용자가 따로 설치할 필요 없이 파이썬에 내장된 모듈을 파이썬 내장 모듈(built-in module)이라 합니다.

파이썬 내장 모듈 이외의 모듈들은 외부 모듈이며, 필요시 사용자가 따로 설치해야 모듈에 포함된 여러 가지 함수들을 사용할 수 있습니다.

파이썬 내장 모듈들은 매우 많으므로 자주 사용되는 파이썬 내장 모듈을 몇 개만 나열하면 다음과 같습니다.

표 147-1 자주 활용되는 파이썬 내장 모듈 - 알파벳 순

모듈 이름	설명
asyncio	비동기 I/O 관련 모듈
base64	base64 암호화 복호화 관련 모듈
bz2	bzip2 압축 기능 지원 모듈
csv	csv 파일 지원 모듈
datetime	날짜와 시간 관련 클래스들을 제공하는 모듈
ftplib	FTP 클라이언트 모듈
glob	UNIX 스타일의 경로명 탐색과 관련된 기능을 제공하는 모듈
gzip	gzip 파일 지원 모듈
hashlib	보안 해쉬 관련 모듈
html	HTML 관련 모듈. 서브 모듈이 있음
http	HTTP 관련 모듈
io	I/O 관련 모듈
json	JSON 인코더 디코더 관련 모듈
math	수학 관련 함수들을 제공하는 모듈
multiprocessing	프로세스 기반 병렬 수행 지원 모듈
os	OS에 종속된 여러 가지 기능들을 제공하는 모듈
os.path	OS파일 경로와 관련된 여러 가지 함수들을 구현한 모듈
queue	동기 큐(synchronized queue) 관련 모듈
random	유사 난수 생성기를 구현한 모듈

re	정규표현식 관련 모듈
shutil	파일, 디렉토리 관련 고차원 운영 기능을 제공하는 모듈
signal	비동기 이벤트 처리 관련 모듈
socket	네트워크 소켓 관련 모듈
socketserver	네트워크 서버 프레임워크 모듈
ssl	소켓 객체를 위한 TLS/SSL 랩퍼 모듈
sys	파이썬 인터프리터와 관련된 변수 및 함수에 대한 모듈
tarfile	tar 압축 파일 지원 모듈
threading	스레드 기반 병렬 수행 지원 모듈
time	시간 관련 모듈
urllib	URL 처리를 위한 여러 가지 기능 제공 모듈
winsound	윈도우 OS에서 사운드 기능 관련 모듈
xml	XML 프로세싱 관련 패키지. 패키지 아래 여러 XML 지원 모듈 있음
zipfile	zip 압축 파일 지원 모듈
zlib	gzip 호환 압축 기능 지원 모듈

파이썬에서 기본적으로 제공하지 않는 모듈은 사용자가 따로 설치해야 사용할 수 있습니다. 사용자가 따로 설치하지 않은 외부 모듈을 임포트하려고 하면 모듈을 찾을 수 없다며 ModuleNotFoundError 오류가 발생합니다.

셸 147-1
```
1   import matplotlib
Traceback (most recent call last):
 ...
  import matplotlib
ModuleNotFoundError: No module named 'matplotlib'
```

이 경우, matplotlib 모듈을 설치한 후 임포트하면 됩니다. 파이썬 외부 모듈 설치는 pip를 이용합니다. pip에 대한 내용은 148에서 다룹니다.

148 외부 모듈/패키지 설치 도구: pip

학습내용 파이썬 패키지 관리시스템인 pip 활용에 대해 배웁니다.

pip는 파이썬으로 작성된 각종 라이브러리를 편리하게 설치할 수 있게 해주는 파이썬 패키지 관리 시스템입니다. pip는 파이썬을 설치할 때 같이 설치되므로 따로 설치할 필요는 없습니다.

pip는 설치하고자 하는 패키지 또는 모듈을 파이썬 패키지 인덱스(Python Package Index; PyPI)라는 파이썬 패키지 저장소(Python Package Repository)에서 다운로드 받아 컴퓨터에 설치합니다.

pip 사용법은 다음과 같습니다.

```
> pip install <패키지 이름>    # 패키지 설치
> pip unistall <패키지 이름>   # 설치된 패키지 제거
```

윈도우 명령 프롬프트를 실행하고 다음과 같이 `matplotlib` 패키지를 설치해 봅니다.

```
> pip install matplotlib
```

패키지 설치가 시작되면, `matplotlib`과 의존성이 있는 패키지까지 함께 설치됩니다. 설치가 완료되면 다음과 같이 `matplotlib`을 임포트해 봅니다.

셀 148-1

```
1   import matplotlib
```

`ModuleNotFoundError` 예외가 발생하지 않으면 `matplotlib` 패키지가 잘 설치된 것입니다.
pip로 설치된 패키지 목록을 조회하려면 윈도우 명령 프롬프트에서 다음과 같이 실행합니다.

```
> pip list
```

149 if __name__ == '__main__':

학습내용 파이썬의 특별한 변수 __name__ 에 대해 살펴보고, 이 변수가 유용하게 쓰이는 활용처에 대해 배웁니다.

파이썬에는 __name__ 이라는 특별한 변수가 있습니다. 파이썬 인터프리터가 코드를 실행하거나 임포트하기 위해 코드를 읽는 시점에 __name__ 변수에 값을 채웁니다.

다음 그림을 보면서 이해해 봅니다.

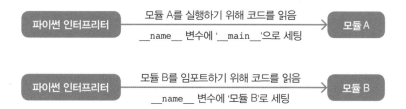

파이썬 인터프리터가 모듈 A를 실행하기 위해 코드를 읽는 시점에 __name__ 변수를 '__main__' 으로 설정합니다. 파이썬에서 '__main__'은 파이썬 인터프리터가 첫 번째로 실행하는 모듈을 의미합니다. 즉 '__main__'은 프로그램이 구동되는 진입점이라 볼 수 있습니다.

파이썬 인터프리터가 모듈 B를 임포트하기 위해 코드를 읽을 시점에는 __name__ 변수를 임포트하는 모듈 이름인 '모듈 B'로 설정합니다.

실제 코드를 이용해 확인해 봅니다. 텍스트 에디터에서 다음 코드를 작성하고 주피터 노트북에서 작성한 코드가 저장되어 있는 "python200" 폴더에 "module_b.py"로 저장합니다.

module_b.py
```
def printName():
    print(f'module_b의 __name__ = {__name__}')
```

이제 주피터 노트북에서 다음의 코드를 작성하고 실행해 봅니다.

셀 149-1
```
1  from module_b import printName
2
3  printName()
4  print(f'실행 모듈인 이 모듈의 __name__ = {__name__}')
```
module_b의 __name__ = module_b
실행 모듈인 이 모듈의 __name__ = __main__

실행 결과를 보면, 임포트되는 module_b의 __name__은 모듈 이름인 'module_b'로 설정되어 있고, 실행되는 코드의 __name__은 '__main__'으로 설정되어 있음을 알 수 있습니다.

▌ if __name__ == '__main__':

이 의미는 "모듈의 __name__이 '__main__'과 같으면"이므로 이 모듈이 처음으로 실행되는 모듈이면 다음 코드를 실행하라는 의미와 같습니다.

앞에서 작성한 module_b.py를 다음과 같이 수정합니다.

```python
def printName():
    print(f'module_b의 __name__ = {__name__}')


if __name__ == '__main__':
    print('이 모듈은 처음 실행되는 코드입니다.')
    printName()
```

셀 149-1을 다시 실행해보면, 그 결과가 동일하게 나오는 것을 볼 수 있습니다. 이유는 module_b.py의 __name__ == '__main__'이 False가 되어 if문 코드가 실행되지 않기 때문입니다.

이제 module_b.py가 저장된 폴더에서 윈도우 명령 프롬프트를 실행하고 다음과 같이 module_b.py를 실행해 봅니다.

```
> python module_b.py
이 모듈은 처음 실행되는 코드입니다.
module_b의 __name__ = __main__
```

module_b가 임포트되는 것이 아니라 실행되는 것이므로 module_b의 __name__이 '__main__'으로 설정되고, __name__ == '__main__'이 True가 되어 if문이 실행되고 위의 결과가 출력됩니다.

17

파일/디렉토리

150 파일 열고 닫기: *f*.open( ), *f*.close( )

학습내용 파일을 읽고 쓰기 위해 파일을 열고 닫는 방법에 대해 배웁니다.

파일은 텍스트 파일과 바이너리 파일 두 가지 종류가 있습니다. 텍스트 파일은 사람이 읽을 수 있는 글자로 저장된 파일이며 바이너리 파일은 이진 데이터 스트림인 바이트 문자열로 저장된 파일입니다. 윈도우의 메모장 프로그램을 이용하여 내용을 작성하고 저장하면 텍스트 파일로 저장됩니다. 이미지 뷰어로 볼 수 있는 JPG 이미지 파일은 바이너리 파일입니다.

텍스트 파일을 읽거나 쓰기 위해서는 텍스트 모드로 파일을 열어야 하고, 바이너리 파일을 읽거나 쓰기 위해서는 바이너리 모드로 파일을 열어야 합니다.

파일을 여는 방법은 다음과 같습니다.

파일객체 = open(파일경로, 모드, encoding=인코딩 방식)

파일객체는 오픈할 파일에 대한 객체입니다. 파일객체는 파일을 다루는 여러 가지 메서드를 제공합니다.

파일경로는 파일 이름을 포함한 파일이 위치하는 절대경로 또는 상대경로입니다. 파일경로에 파일 이름만 입력하면, 프로그램이 구동하는 현재 작업 디렉토리에서 파일을 찾게 됩니다.

모드는 다음 표와 같습니다.

모드	설명
r 또는 rt	텍스트 모드로 읽기
w 또는 wt	텍스트 모드로 쓰기. 기존 파일이 있으면 삭제됨
a 또는 at	텍스트 모드로 파일 마지막에 내용 추가하기
rb	바이너리 모드로 읽기
wb	바이너리 모드로 쓰기. 기존 파일이 있으면 삭제됨
ab	바이너리 모드로 파일 마지막에 내용 추가하기

인코딩 방식은 텍스트 모드로 오픈할 때나 파일의 내용을 읽거나 파일에 내용을 쓰기할 때 적용하는 방식이며, 이 인자를 생략하면 디폴트 값 encoding = 'utf-8'이 적용됩니다.

파일을 열 때 모드와 인코딩 방식을 모두 생략하면, 디폴트 값인 텍스트 읽기 모드로 파일을 엽니다.

```
파일객체 = open(파일경로)          # 텍스트 읽기 모드로 파일을 오픈
```

파일을 열고 파일에 대한 작업을 수행한 후에 오픈한 파일을 닫는 방법은 다음과 같습니다.

```
파일객체.close()
```

파일을 열고 관련 작업을 수행한 후 파일을 닫는 일반적인 로직은 다음과 같습니다.

```
# 텍스트 파일을 'CP949' 인코딩으로 읽거나 쓰기
f = open('myfile.txt', 'w', encoding='cp949')
〈파일 처리 코드〉
f.close()

# 바이너리 이미지 파일 읽기
f = open('image.jpg', 'rb')
〈파일 처리 코드〉
f.close()
```

151 파일을 열고 자동으로 닫기: with open() as *f*

학습내용 파일을 열고 관련 작업을 마무리하면 자동으로 파일이 닫히게 하는 방법에 대해 배웁니다.

파일을 열고 관련 작업을 수행한 후, 자동으로 오픈한 파일이 닫히게 하는 방법은 다음과 같습니다.

```
with open(파일경로, 모드, encoding=인코딩 방식) as 파일객체:
    〈파일 처리 코드〉
```

〈파일 처리 코드〉가 끝나면 오픈한 파일이 자동으로 닫힙니다.

다음 코드는

```
f = open('myfile.txt', 'r')
readData = f.readlines()
f.close()
```

다음 코드와 동일합니다.

```
with open('myfile.txt', 'r') as f:
    readData = f.readlines()
```

이 책에서는 파일을 열고, 관련 작업을 수행하는 코드를 작성할 때, 특별한 경우가 아니면 with open() as 방법을 활용합니다.

152 파일 읽기: **f.read()**

학습내용 오픈한 파일 내용을 읽는 방법에 대해 배웁니다.

f.read(*size*)는 파일 f의 내용을 *size*만큼 읽으라는 의미입니다. *size* 단위는 바이트입니다. *size*가 생략되면 파일객체 f의 모든 내용을 읽습니다.

텍스트 파일 읽기

텍스트 파일은 유니코드 문자열이 지정된 인코딩 방식으로 인코딩된 바이트 문자열이 저장된 파일 입니다. 텍스트 읽기 모드로 파일을 열면, 오픈 시 지정된 인코딩 방식으로 바이트 문자열을 읽어 유니코드 문자열로 변환해서 리턴합니다.

다음 코드를 작성하고 실행해 봅니다.

셀 152-1

```
1  with open('prophet_en.txt', 'r') as f:
2      readData = f.read()
3  print(readData)
```

```
For seven days and seven nights
Man will watch this awesome sight.
The tides will rise beyond their ken
To bite away the shores and then
A fiery dragon will cross the sky
Six times before this earth shall die
Mankind will tremble and frightened be
for the sixth heralds in this prophecy.
The great star will burn for seven days,
The cloud will cause two suns to appear
The big mastiff will howl all night
When the great pontiff will change country.
```

prophet_en.txt는 노스트라다무스의 예언시 중 일부를 영문으로 저장한 파일입니다. prophet_en.txt 파일은 "파이썬 200제 필요 파일 압축파일 python200.zip"에 있습니다.

1······ with open('prophet_en.txt', 'r') as f: 는 prophet_en.txt 텍스트 파일을 읽기 모드, 인코딩 방식 UTF-8로 엽니다.

2······ f.read()는 prophet_en.txt 파일의 모든 내용을 읽어서 유니코드 문자열로 리턴합니다.

다음 코드는 노스트라다무스의 예언시를 한글로 번역한 내용이 저장되어 있는 파일을 열고 읽는 예제입니다.

셀 152-2

```
1  with open('prophet_ko.txt', 'r') as f:
2      readData = f.read()
3  print(readData)
```

```
7일 낮과 7일 밤 동안
인간은 이 놀라운 광경을 지켜보리라.
조수는 그 한계를 넘어 상승할 것이요,
해안을 물어뜯은 다음
불의 용이 하늘을 가로지르리라.
이 땅이 죽기 전 여섯 번
인류는 떨며 두려워하리라.
이 예언의 여섯 번째 전령으로 인해.
큰 별이 7일 동안 불타고,
구름은 두 개의 태양을 나타나게 하리라.
대교황이 나라를 바꿀 때,
큰 마스티프는 밤새도록 울부짖으리라.
```

결과를 보니 한글로 저장된 파일 내용을 잘 읽어들인 것을 알 수 있습니다.

다음은 같은 내용의 한글 데이터가 CP949 인코딩으로 저장된 파일을 열고 읽는 코드입니다.

셀 152-3

```
1  with open('prophet_cp949_ko.txt', 'r') as f:
2      readData = f.read()
3  print(readData)
```

```
Traceback (most recent call last):
  ...
UnicodeDecodeError: 'utf-8' codec can't decode byte 0xc0 in position 1: invalid
start byt
```

1······ 파일을 열 때, `encoding` 인자를 지정해주지 않으면 디폴트 인코딩 방식이 UTF-8로 설정됩니다.

2······ `UnicodeDecodeError` 예외는 CP949로 인코딩된 파일을 UTF-8 방식으로 읽으려고 해서 발생한 것입니다.

이 코드의 1라인을 다음과 같이 수정하고 실행해 보면 결과가 제대로 나오는 것을 확인할 수 있습니다.

```
1  with open('prophet_cp949_ko.txt', 'r', encoding='cp949') as f:
```

바이너리 파일 읽기

바이너리 파일은 이진 데이터 스트림 데이터인 바이트 문자열이 저장된 파일입니다. 바이너리 파일을 텍스트 모드로 열어서 읽으려고 하면 저장된 바이너리 데이터가 유니코드 문자열로 디코딩될 수 없기 때문에 UnicodeDecodeError 예외가 발생합니다.

다음 코드는 이미지 파일 sunrise.jpg의 첫 50바이트를 읽어서 16진수로 화면에 출력하는 예제입니다.

```
1  with open('sunrise.jpg', 'rb') as f:
2      readData = f.read(50)
3  print(readData.hex('-'))
```

```
ff-d8-ff-e1-11-37-45-78-69-66-00-00-49-49-2a-00-08-00-00-00-0f-00-00-01-04-00-01-00-00-
00-c0-0f-00-00-01-01-04-00-01-00-00-00-74-07-00-00-02-01-03-00
```

1······ sunrise.jpg 파일을 바이너리 읽기 모드인 'rb'로 오픈합니다.

2······ f.read(50)은 sunrise.jpg 파일의 첫 50바이트를 읽습니다. 읽은 값은 바이트 문자열로 리턴됩니다.

3······ 바이트 문자열 readData를 '-'로 구분된 1바이트 단위 16진수로 출력합니다.

153 파일 쓰기: *f*.write()

학습내용 오픈한 파일에 내용을 저장하는 방법에 대해 배웁니다.

f.write(*data*)는 파일 *f*에 *data*를 저장합니다. *data*가 텍스트인 경우, *f*를 오픈할 때 지정한 인코딩 방식을 적용하여 저장합니다.

┃ 텍스트 파일에 내용 쓰기

다음 코드는 사용자가 입력한 문장을 사용자의 의향에 따라 `mydata.txt`에 저장하는 예제입니다.

셀 153-1

```
1   data = input('저장할 문장을 입력하세요: ')
2   flag = input('입력한 문장을 저장하시겠습니까? (Y/N)')
3   if flag.lower() == 'y':
4       with open('mydata.txt', 'w') as f:
5           f.write(data)
6       print('입력한 문장을 "mydata.txt"에 저장했습니다.')
7   else:
8       print('입력한 문장을 저장하지 않습니다.')
```

```
저장할 문장을 입력하세요: 많은 일들이 일어나고 있습니다.
입력한 문장을 저장하시겠습니까? (Y/N)y
입력한 문장을 "mydata.txt"에 저장했습니다
```

1...... `input()`으로 사용자가 입력한 문장을 받습니다.

4...... `open('mydata.txt', 'w')`는 `mydata.txt` 파일을 텍스트 쓰기 모드, UTF-8 인코딩 방식으로 오픈합니다. `mydata.txt` 파일이 없으면 이 파일을 생성하고, `mydata.txt` 파일이 있으면 기존 파일을 삭제하고 새로 `mydata.txt` 파일을 생성합니다. 따라서 기존 파일에 내용이 있을 경우, 모든 내용이 사라지게 됨을 유의합니다.

기존 파일을 삭제하지 않고 내용을 추가하려면 `open('mydata.txt', 'a')`와 같이 모드를 텍스트 추가 모드로 변경해서 파일을 오픈하면 됩니다.

5...... `f.write(data)`는 파일 오픈 시 지정한 인코딩 방식으로 `data`를 인코딩해서 저장합니다. 이 코드에서는 `data`를 UTF-8로 인코딩하여 파일에 저장합니다.

▌바이너리 파일에 내용 쓰기

파일에 저장된 모든 데이터는 바이너리 데이터입니다. 유니코드 문자열이 파일에 저장될 때도 UTF-8(또는 다른 인코딩 방식)로 인코딩하여 나온 바이트 문자열입니다. 따라서 모든 바이트 문자열은 바이너리 모드로 파일을 오픈해서 저장하면 됩니다.

셀 153-2

```
1   data = b'A lot of things occur each day'
2   with open('mydata.bin', 'wb') as f:
3       f.write(data)
```

1······ 바이트 문자열 data를 정의합니다.

2······ mydata.bin 파일을 바이너리 쓰기 모드로 오픈합니다.

3······ 바이트 문자열 data를 mydata.bin에 저장합니다.

이제 저장된 파일 내용을 읽어봅니다.

셀 153-3

```
1   with open('mydata.bin', 'rb') as f:
2       data = f.read()
3   print(data)
```
b'A lot of things occur each day'

1······ mydata.bin을 바이너리 읽기 모드로 오픈합니다.

2······ 파일에 저장된 데이터를 읽어 data로 둡니다.

3······ data를 프린트하면 바이트 문자열로 출력됩니다.

154 파일의 특정 부분만 읽고 복사: *f*.seek( )

f.seek(*offset*)은 파일 *f*에서 데이터를 읽고 쓰기 위한 파일포인터의 위치를 *offset*으로 설정합니다. *offset*의 단위는 바이트입니다. 이해를 위해 다음 그림을 봅니다.

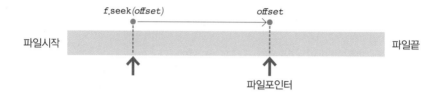

파일을 오픈하면 파일포인터는 파일시작 부분(*offset*=0)에 놓입니다. 파일을 읽거나 쓸 때, 읽은 크기 또는 쓴 크기만큼 파일포인터 위치가 이동합니다. *f*.seek(*offset*)은 파일포인터를 *offset* 바이트 위치로 이동합니다.

f.seek(0)는 파일포인터를 파일의 시작 부분으로 이동합니다.

152에서 다룬 `prophet_en.txt` 파일에서 335바이트 이후의 파일 내용을 출력하는 코드는 다음과 같습니다.

셀 154-1

```
1  with open('prophet_en.txt', 'r') as f:
2      f.seek(335)              # 파일포인터를 335바이트 위치로 이동
3      data = f.read()
4  print(data)
```
```
The cloud will cause two suns to appear
The big mastiff will howl all night
When the great pontiff will change country.
```

2······ **f**.seek(335)는 **f**의 파일포인터를 파일의 335바이트 위치로 이동합니다.

3······ **data = f.read()**는 파일포인터가 위치한 335바이트부터 파일의 끝까지 읽습니다.

155 텍스트 파일 한 라인씩 읽기: *f*.readline(), *f*.readlines()

학습내용 텍스트 파일을 한 라인씩 읽어 화면에 출력하는 방법에 대해 배웁니다.

f.readline()은 텍스트 파일에서 한 라인을 읽고, 파일포인터를 그 다음 라인의 처음으로 이동시 킵니다. 파일에서 더 읽을 라인이 없으면 *f*.readline()은 빈 문자열을 리턴합니다.

셀 155-1

```
1  with open('prophet_en.txt', 'r') as f:
2      line = f.readline()
3      while line != '':
4          print(f'>> {line[:-1]}')
5          k = input('다음 줄: 엔터 입력. 종료: /q 입력: ')
6          if k == '/q':
7              break
8          line = f.readline()
```

```
>> For seven days and seven nights
다음 줄: 엔터 입력. 종료: /q 입력:
>> Man will watch this awesome sight.
다음 줄: 엔터 입력. 종료: /q 입력:
>> The tides will rise beyond their ken
다음 줄: 엔터 입력. 종료: /q 입력:
>> To bite away the shores and then
다음 줄: 엔터 입력. 종료: /q 입력: /q
```

2······ prophet_en.txt 파일 내용의 한 라인을 읽습니다.

3······ line이 빈 문자열일 때까지 while문을 반복합니다.

4······ f.readline()으로 읽은 라인은 맨 마지막 문자가 줄바꿈 문자 '\n'입니다. line[:-1]은 '\n'을 제외한 라인 내용입니다.

5~8······ 엔터를 치면 다음 라인을 읽고, '/q'를 입력하면 while문을 탈출하고 종료합니다.

f.readlines()는 텍스트 파일의 모든 라인을 읽어, 각 라인을 요소로 하는 리스트를 리턴합니다.

```
셸 155-2
1   with open('prophet_en.txt', 'r') as f:
2       lines = f.readlines()
3       for line in lines:
4           print(f'>> {line[:-1]}')
5           k = input('다음 줄: 엔터 입력. 종료: /q 입력: ')
6           if k == '/q':
7               break
```

>> For seven days and seven nights
다음 줄: 엔터 입력. 종료: /q 입력:
>> Man will watch this awesome sight.
다음 줄: 엔터 입력. 종료: /q 입력:
>> The tides will rise beyond their ken
다음 줄: 엔터 입력. 종료: /q 입력: /q

이 코드는 앞의 f.readline() 예제와 동일한 기능을 수행합니다.

2······ f.readlines()는 prophet_en.txt의 모든 라인을 읽어 각 라인을 요소로 하는 리스트를
        리턴합니다.

3~7····· for문을 이용해 lines의 각 요소를 출력합니다. 이 후 로직은 셸 155-1과 동일합니다.

156 텍스트 파일 저장하기: *f*.writelines()

학습내용 파일에 텍스트 데이터를 저장하는 방법에 대해 배웁니다.

f.writelines(*data*)는 텍스트 *data*를 파일에 저장합니다. *data*는 유니코드 문자열이나 문자열이 요소인 리스트가 될 수 있습니다. *data*가 리스트인 경우 리스트 요소를 순서대로 파일에 저장합니다.

셀 156-1
```
1  data1 = 'This is data1'
2  data2 = 'This is data2'
3  with open('mydata.txt', 'w') as f:
4      f.writelines(data1)
5      f.writelines(data2)
```

4~5···· 텍스트 데이터 data1과 data2를 f.writelines()를 이용해 파일에 저장합니다.

mydata.txt 파일을 읽기 모드로 열고 저장된 내용을 출력해 봅니다.

셀 156-2
```
1  with open('mydata.txt', 'r') as f:
2      data = f.read()
3  print(data)
```
This is data1This is data2

mydata.txt에 저장된 텍스트를 출력해 보면 라인으로 나누어져 있지 않고, data1과 data2가 연결되어 저장되어 있음을 알 수 있습니다. 따라서 data1과 data2를 각각 라인 단위로 저장하려면 다음과 같이 data1과 data2의 끝에 줄바꿈 문자 '\n'을 추가해서 파일에 저장해야 합니다.

셀 156-3
```
1  data1 = 'This is data1\n'
2  data2 = 'This is data2\n'
```

f.writelines(*data*)에서 *data*가 리스트인 경우의 예는 다음과 같습니다.

셀 156-4
```
1  data = ['This is data1\n', 'This is data2\n']
2  with open('mydata.txt', 'w') as f:
3      f.writelines(data)
```

1 ······ data는 문자열이 요소인 리스트입니다.

3 ······ f.writelines(data)는 data의 모든 요소를 순서대로 파일에 저장합니다.

mydata.txt 파일을 읽기 모드로 열고 저장된 내용을 출력해 봅니다.

셀 156-5

```
1   with open('mydata.txt', 'r') as f:
2       data = f.read()
3   print(data)
```

```
This is data1
This is data2
```

157 바이너리 파일 복사하기: *f.read()*, *f.write()*

바이너리 파일을 다른 파일로 복사하는 방법에 대해 배웁니다.

바이너리 파일은 용량이 큰 경우가 많습니다. 고화질 동영상 파일의 경우 파일 용량이 10GB가 넘기도 합니다. 대용량 파일을 한 번에 읽고 쓰는 것은 메모리 활용 측면이나 성능면에서 비효율적일 수 있습니다.

다음은 sunrise.jpg 파일을 1024바이트만큼 읽고, sunrise_copied.jpg 파일에 읽은 내용 쓰기를 반복 수행해서, sunrise.jpg를 sunrise_copied.jpg로 복사하는 예제입니다.

셀 157-1

```
1  bufsize = 1024                          # 1K 바이트
2  with open('sunrise.jpg', 'rb') as f:
3      with open('sunrise_copied.jpg', 'wb') as h:
4          data = f.read(bufsize)           # 'sunrise.jpg'를 1KB씩 읽어 들임
5          while data:
6              h.write(data)                # 읽은 1KB 데이터를 씀
7              data = f.read(bufsize)       # 'sunrise.jpg'를 1KB씩 읽어 들임
```

1······ bufsize를 1024바이트, 즉 1KB로 정의합니다.

2······ sunrise.jpg를 바이너리 읽기 모드로 오픈합니다.

3······ sunrise_copied.jpg를 바이너리 쓰기 모드로 오픈합니다.

4······ sunrise.jpg의 데이터를 1024바이트만큼 읽고 data로 둡니다.

5······ data에 내용이 있을 때까지 while문을 반복합니다.

6~7···· 읽은 data를 sunrise_copied.jpg에 쓰고, 다시 sunrise.jpg의 데이터 1024바이트를 읽고 data로 둡니다. data에 내용이 있으면 6라인을 수행합니다.

대용량 파일을 복사하는 경우, 위 코드의 로직대로 구현하는 것이 일반적입니다. bufsize는 1024(1KB), 16×1024(16KB), 256×1024(256KB)와 같이 다양한 크기로 설정할 수 있습니다.

158 파일 크기 구하기: os.path.getsize()

학습내용 파일의 크기를 바이트 단위로 구하는 방법에 대해 배웁니다.

os.path 모듈의 getsize(*file*)은 *file*의 크기를 바이트 단위로 리턴합니다. *file*은 파일명을 포함한 상대경로나 절대경로이며, 파일명만으로 되어 있으면 프로그램이 실행되는 디렉토리에서 해당 파일을 찾아 크기를 리턴합니다.

셀 158-1

```
1    from os.path import getsize
2
3    file1 = 'sunrise.jpg'                    # 파일 이름만
4    file2 = 'C:/data/temp/DJI_0128.MP4'      # 절대경로
5    file3 = '../../temp/DJI_0129.MP4'        # 상대경로
```

1······ os.path 모듈의 getsize()를 임포트합니다.

3~5···· 크기를 구할 파일의 파일 이름만, 절대경로, 상대경로를 각각 file1, file2, file3로 둡니다. file2, file3는 실습하는 컴퓨터에 있는 파일에 대한 상대경로 및 절대경로로 설정하시면 됩니다.

이제 file1, file2, file3의 크기를 출력해 봅니다.

셀 158-2

```
1    print(f'{file1}: {getsize(file1):,} 바이트')
2    print(f'{file2}: {getsize(file2):,} 바이트')
3    print(f'{file3}: {getsize(file3):,} 바이트')
```
```
sunrise.jpg: 240,139 바이트
C:/data/temp/DJI_0128.MP4: 311,245,944 바이트
../../temp/DJI_0129.MP4: 248,904,738 바이트
```

1······ getsize(file1)은 코드가 실행되는 디렉토리에서 file1을 찾아 크기를 리턴합니다.

2~3···· getsize(file2)는 절대경로, getfile(file3)은 상대경로로 지정된 파일의 크기를 리턴합니다.

getsize()의 인자로 입력된 파일 이름 또는 파일경로에 해당 파일이 없으면 FileNotFound Error 예외가 발생합니다.

159 파일 삭제하기: os.remove()

학습내용 파일을 삭제하는 방법에 대해 배웁니다.

os 모듈의 remove(*file*)은 *file*을 삭제합니다. *file*은 파일명을 포함한 상대경로나 절대경로이며, 파일명만으로 되어 있으면 프로그램이 실행되는 디렉토리에서 해당 파일을 찾아 삭제합니다.

os.remove(*file*)을 실행하면 파일을 삭제할 것인지 묻지 않고 바로 삭제하므로, 신중하게 사용해야 합니다.

삭제할 대상 파일을 주피터 노트북에서 작성한 코드가 저장된 "python200" 폴더로 복사한 후 다음 코드를 작성하고 실행해 봅니다.

셀 159-1

```
1    from os import remove
2
3    target = 'mydata.txt'
4    k = input(f'<{target}>을 삭제하시겠습니까? (y/n)')
5    if k.lower() == 'y':
6      remove(target)
7      print(f'<{target}>을 삭제했습니다.')
8    else:
9      print(f'<{target}>을 삭제하지 않았습니다.')
```
```
<mydata.txt>을 삭제하시겠습니까? (y/n)y
<mydata.txt>을 삭제했습니다.
```

예제는 mydata.txt 파일을 삭제할 것인지 사용자에게 묻고, "y"나 "Y"를 입력하면 mydata.txt 를 삭제하는 코드입니다.

직접 실습할 때는 mydata.txt 대신 삭제 대상 파일 이름으로 target을 설정하고 코드를 실행하여 결과를 확인하기 바랍니다.

160 파일 이름 변경/파일 이동: os.rename()

학습내용 파일 이름을 변경하거나 파일을 지정한 디렉토리로 이동하는 방법에 대해 배웁니다.

os 모듈의 rename(*src, dst*)은 *src*를 *dst*로 이동합니다. *src*와 *dst*가 동일 디렉토리에 있으면 단순히 파일 이름만 변경합니다.

예제를 통해 이해해 봅니다.

셀 160-1

```
1  from os import rename
2
3  src = 'sunrise_copied.jpg'
4  dst = 'sunrise2.jpg'
5  rename(src, dst)
```

5······ rename(src, dst)은 sunrise_copied.jpg를 sunrise2.jpg로 변경합니다. dst로 설정한 이름이 이미 파일로 존재하고 있으면 FileExistError 예외가 발생합니다.

코드를 실행하고 파일 이름이 변경되었는지 확인해 봅니다.

> **NOTE**
> 리눅스 계열의 OS에서는 dst로 설정한 이름이 기존 파일로 존재하는 경우 기존 파일을 dst로 덮어쓰므로 rename() 사용에 있어 유의해야 합니다.

주피터 노트북에서 작성한 코드가 저장된 "python200" 폴더에서 "tmp"라는 이름의 폴더를 생성합니다. 그런 후 다음 코드를 작성하고 실행해 봅니다.

셀 160-2

```
1  src = 'sunrise2.jpg'
2  dst = 'tmp/sunrise2.jpg'
3  rename(src, dst)
```

이 코드는 sunrise2.jpg를 tmp 폴더로 이동합니다. 실행한 후 결과를 확인해 봅니다.

161 디렉토리에 존재하는 파일 목록 얻기: os.listdir(), glob.glob()

학습내용 디렉토리에 존재하는 파일 및 하위 디렉토리 목록을 얻는 방법에 대해 배웁니다.

os 모듈의 listdir(*folder*)는 *folder*에 존재하는 모든 파일과 디렉토리를 리스트로 리턴합니다. *folder*는 절대경로, 상대경로로 지정할 수 있습니다.

셀 161-1

```
1    from os import listdir
2
3    folder = './'                    # 현재 작업 디렉토리
4    ret = listdir(folder)
5    print(ret)
```

['__pycache__', 'prophet_ko.txt', 'python200.py', 'sunrise2.jpg', 'tmp', 'splitfilename.py', 'sunrise.jpg', 'prophet_cp949_ko.txt', 'prophet_en.txt']

3······ folder = './'는 코드가 실행되는 현 디렉토리를 folder로 지정합니다.

4~5···· folder에 존재하는 모든 파일과 디렉토리를 리스트로 출력합니다.

독자 여러분들께서는 folder의 경로를 바꿔서 셀 161-1 코드를 실행하고 결과를 확인해 보세요. glob 모듈의 glob(*target*)은 *target*에 해당하는 파일이나 디렉토리를 리스트로 리턴합니다. *target*은 윈도우 명령 프롬프트나 유닉스 쉘 프로그램에서 사용하는 와일드카드(*)를 사용할 수 있습니다.

셀 161-2

```
1    from glob import glob
2
3    target = '*.txt'
4    ret = glob(target)
5    print(ret)
```

['prophet_ko.txt', 'prophet_cp949_ko.txt', 'prophet_en.txt']

3······ target = '*.txt'는 확장자가 "txt"인 파일만 target으로 지정합니다.

4······ glob(target)은 확장자가 "txt"인 파일만 얻어 리스트로 리턴합니다.

다음 코드는 현재 작업 디렉토리 및 하위 디렉토리에 존재하는 모든 파일과 디렉토리를 리스트로 리턴하는 예제입니다.

셀 161-3

```
1   target = '**'
2   ret = glob(target, recursive=True)
3   ret.sort()
4   for r in ret:
5       print(r)
```

```
__pycache__
__pycache__/module_b.cpython-310.pyc
__pycache__/name.cpython-310.pyc
__pycache__/splitfilename.cpython-310.pyc
module_b.py
prophet_cp949_ko.txt
prophet_en.txt
prophet_ko.txt
python200.py
splitfilename.py
sunrise.jpg
tmp
tmp/sunrise2.jpg
```

1······ '**'는 현재 작업 디렉토리에 있는 모든 파일 및 하위 디렉토리를 의미합니다. c:/myfolder 아래 모든 파일과 하위 디렉토리는 'c:/myfolder/**'로 표현됩니다.

2······ glob(target, recursive=True)에서 recursive=True는 target으로 지정된 디렉토리와 그 하위 디렉토리까지 모두 탐색하여 찾은 파일들과 디렉토리들을 리스트로 리턴하라는 의미입니다.

3~5····· 디렉토리 탐색 결과를 정렬하고, 결과를 출력합니다.

162 현재 작업 디렉토리 확인, 작업 디렉토리 변경: os.getcwd( ), os.chdir( )

학습내용 현재 작업 디렉토리를 확인하고 작업 디렉토리를 변경하는 방법에 대해 배웁니다.

os 모듈의 getcwd()는 현재 작업 디렉토리의 절대경로를 리턴합니다.

셀 162-1

```
1  from os import getcwd
2
3  print(f'현재 작업 디렉토리: {getcwd()}')
```
현재 작업 디렉토리: c:/mywork/jupyter

os 모듈의 chdir(path)는 path로 지정된 디렉토리로 이동합니다. path는 절대경로 또는 상대경로로 지정할 수 있습니다.

셀 162-2

```
1  from os import chdir
2
3  print(f'현재 작업 디렉토리: {getcwd()}')
4  chdir('..')                            # 상대경로 지정
5  print(f'현재 작업 디렉토리: {getcwd()}')
6  chdir('c:/mywork/jupyter')             # 절대경로 지정
7  print(f'현재 작업 디렉토리: {getcwd()}')
```
현재 작업 디렉토리: c:/mywork/jupyter

현재 작업 디렉토리: c:/mywork/

현재 작업 디렉토리: c:/mywork/jupyter

4······ '..'은 현재 작업 디렉토리 기준으로 상위 디렉토리의 상대경로를 말합니다. 따라서 chdir('..')은 현재 작업 디렉토리의 상위 디렉토리로 작업 디렉토리를 이동합니다.

6······ chdir('c:/mywork/jupyer')는 인자로 절대경로를 입력받은 예입니다. 절대경로로 지정된 디렉토리로 작업 디렉토리를 이동합니다.

163 디렉토리 생성 및 제거: os.mkdir( ), os.rmdir( )

학습내용 디렉토리를 만들고 제거하는 방법에 대해 배웁니다.

os 모듈의 mkdir(folder)는 folder로 지정된 절대경로 또는 상대경로의 디렉토리를 생성합니다.

셀 163-1

```
1   from os import mkdir
2
3   folder = 'myfolder'
4   mkdir(folder)
```

2~3···· mkdir(folder)는 현재 작업 디렉토리에서 "myfolder"라는 이름의 디렉토리를 만듭니다.

셀 163-2

```
1   folder = 'c:/mywork/jupyter/myfolder2'
2   mkdir(folder)
```

folder에 절대경로를 지정하고, folder를 생성합니다.

os 모듈의 rmdir(folder)는 folder로 지정된 절대경로 또는 상대경로의 빈 디렉토리를 제거합니다. folder에 파일이나 하위 디렉토리가 존재하면 디렉토리를 삭제할 수 없으며, OSError 예외가 발생합니다.

셀 163-3

```
1   from os import rmdir
2
3   folder = 'myfolder'
4   folder2 = 'c:/mywork/jupyter/myfolder2'
5   rmdir(folder)
6   rmdir(folder2)
```

셀 163-3 코드를 실행하고 해당 디렉토리들이 삭제되었는지 확인해 보세요.

164 하위 디렉토리 및 파일 전체 삭제: shutil.rmtree()

학습내용 주어진 디렉토리의 하위 디렉토리와 포함된 모든 파일을 제거하는 방법에 대해 배웁니다.

shutil 모듈의 rmtree(folder)는 folder로 지정된 절대경로 또는 상대경로의 디렉토리와 그 하위 디렉토리 및 모든 파일들을 일괄적으로 삭제합니다. rmtree(folder)는 folder에 포함된 모든 파일과 디렉토리가 제거되므로 신중히 사용해야 합니다.

셀 164-1

```
1   from shutil import rmtree
2
3   folder = 'c:/mywork/jupyter/myfolder'
4   k = input(f'<{folder}>를 완전히 삭제하시겠습니까? (y/n): ')
5   if k.lower() == 'y':
6       rmtree(folder)
7       print(f'<{folder}>를 완전히 삭제했습니다.')
8   else:
9       print(f'<{folder}>를 삭제하지 않습니다.')
```
```
<c:/mywork/jupyter/myfolder>를 완전히 삭제하시겠습니까? (y/n): y
<c:/mywork/jupyter/myfolder>를 완전히 삭제했습니다.
```

6⋯⋯ rmtree(folder)는 folder로 지정된 'c:/mywork/jupyter/myfolder' 디렉토리와 그 하위 디렉토리 및 모든 파일들을 전부 삭제합니다.

사용자 입력에서 "y"를 입력해서 folder로 지정된 디렉토리를 모두 삭제한 후 결과를 확인해 보세요.

165 파일이 존재하는지 체크: os.path.exists()

학습내용 주어진 파일이나 디렉토리가 존재하는지 확인하는 방법에 대해 배웁니다.

os.path 모듈의 exists(*target*)은 *target*이 존재하면 True, 존재하지 않으면 False를 리턴합니다. *target*은 파일이나 디렉토리에 대한 절대경로, 상대경로가 될 수 있습니다.

셀 165-1

```
1   from os.path import exists
2
3   print(exists('sunrise.jpg'))
4   print(exists('tmp'))
5   print(exists('c:/mywork/jupyter/bts.mp4'))
```
```
True
True
False
```

3······ 현재 작업 디렉토리에서 sunrise.jpg가 있는지 확인합니다.

4······ 현재 작업 디렉토리에서 tmp라는 디렉토리가 있는지 확인합니다.

5······ 절대경로로 주어진 파일 bts.mp4가 있는지 확인합니다.

셀 165-2는 사용자가 입력한 이름으로 디렉토리를 만드는 코드입니다. 입력한 이름의 디렉토리가 이미 존재하면 사용자 입력을 다시 유도합니다.

셀 165-2

```
1    from os import mkdir
2    from os.path import exists
3
4    while True:
5      folder = input('생성할 디렉토리 이름을 입력하세요: ')
6      if exists(folder):
7        print(f'<{folder}>가 이미 존재합니다.')
8        continue
9      else:
10       mkdir(folder)
11       print(f'<{folder}>를 생성했습니다.')
12       break
```
```
생성할 디렉토리 이름을 입력하세요: tmp
<tmp>가 이미 존재합니다.
생성할 디렉토리 이름을 입력하세요: tmp2
<tmp2>를 생성했습니다.
```

6~8···· 사용자가 입력한 디렉토리 이름이 이미 존재하면, 메시지를 출력하고 while문을 다시 반복합니다.

9~12···· 사용자가 입력한 디렉토리 이름으로 된 디렉토리가 없으면, 디렉토리를 생성하고 메시지를 출력한 후 while문을 탈출합니다.

166 파일인지 디렉토리인지 체크: os.path.isfile( ), os.path.isdir( )

학습내용 주어진 경로 이름이 파일인지 디렉토리인지 확인하는 방법에 대해 배웁니다.

os.path 모듈의 isfile(*target*)은 *target*이 파일이면 True, 파일이 아니면 False를 리턴합니다. *target*은 절대경로 또는 상대경로로 지정된 값입니다. os.path 모듈의 isdir(*target*)은 *target*이 디렉토리이면 True, 디렉토리가 아니면 False를 리턴합니다. *target*은 절대경로 또는 상대경로로 지정된 값입니다.

isfile(*target*)이나 isdir(*target*)은 리턴값만 다를 뿐, *target*이 파일인지 디렉토리인지 확인한다는 목적은 동일합니다.

셀 166-1 예제는 현재 작업 디렉토리에 존재하는 파일과 디렉토리를 구분하여 오름차순으로 출력하는 코드입니다.

셀 166-1

```
1   from os import listdir
2   from os.path import isdir
3
4   fileList = [ ]
5   dirList = [ ]
6   files = listdir('./')          # 현재 작업 디렉토리의 파일 리스트
7   for file in files:
8       if isdir(file):
9          dirList.append(f'<DIR> {file}')
10      else:
11         fileList.append(file)
12
13  fileList.sort( )
14  dirList.sort( )
15
16  for d in dirList:
17      print(d)
18
19  for f in fileList:
20      print(f)
```

```
<DIR> __pycache__
<DIR> tmp
<DIR> tmp2
module_b.py
prophet_cp949_ko.txt
prophet_en.txt
prophet_ko.txt
python200.py
splitfilename.py
sunrise.jpg
```

4~5···· 파일과 디렉토리 목록을 저장할 리스트를 정의합니다.

6······ 현재 작업 디렉토리에 존재하는 파일과 디렉토리를 리스트로 얻고 **files**로 둡니다.

8~9···· **files**의 요소 **file**이 디렉토리이면 '<DIR> file'을 dirList에 추가합니다.

10~11·· **files**의 요소 **file**이 디렉토리가 아니면(파일이면) 'file'을 fileList에 추가합니다.

13~14·· fileList와 dirList를 오름차순으로 정렬합니다.

16~20·· dirList의 요소들을 모두 출력하고, fileList의 요소들을 모두 출력합니다.

167 JSON 파일 다루기

학습내용 JSON 파일을 읽고, JSON 파일로 내보내는 방법에 대해 배웁니다.

JSON은 JavaScript Object Notation의 약자로, 사람이 읽을 수 있는 텍스트를 이용해 데이터를 저장하고 전송하기 위한 파일 포맷입니다. JSON 파일은 json을 확장자로 가집니다.

JSON은 텍스트임에도 데이터를 간결하게 표현할 수 있어, 텍스트 기반 데이터를 저장하고 교환하기 위한 범용 표준 포맷으로 발전했습니다. 그래서 프로그래머들은 JSON 파일을 접하고 다룰 기회가 많을 수밖에 없습니다.

JSON 파일에 저장되는 데이터는 파이썬의 딕셔너리와 유사하게 { }안에 〈키:값〉 쌍의 배열로 구성됩니다. 키는 반드시 " "로 표현되는 문자열이어야 하고, 값은 다음과 같은 다섯 가지 유형이 될 수 있습니다.

- 숫자
- " "로 표현되는 유니코드 문자열
- true, false, null
- [ ]로 표현되는 배열
- { }로 표현되는 〈키:값〉의 배열

파이썬 내장 모듈인 json은 JSON 파일을 다루는 데 필요한 여러 가지 기능들을 제공합니다. 다음은 어떤 프로그램의 환경 설정을 위한 JSON 파일의 예입니다.

package.json

```
{
 "name": "stable-diffusion-webui",
 "version": "0.0.0",
 "devDependencies": {
  "eslint": "^8.40.0"
 },
 "scripts": {
  "lint": "eslint .",
  "fix": "eslint --fix ."
 }
}
```

package.json 파일을 주피터 노트북에서 작성한 코드가 저장된 "python200" 폴더로 복사하거나 생성합니다.

셀 167−1은 package.json 파일 내용을 읽어 딕셔너리로 저장하는 코드입니다.

셀 167-1

```
1   import json
2
3   with open('package.json') as f:
4       data = json.load(f)
5   print(data)
```
```
{'name': 'stable-diffusion-webui', 'version': '0.0.0', 'devDependencies': {'eslint':
'^8.40.0'}, 'scripts': {'lint': 'eslint .', 'fix': 'eslint --fix .'}}
```

3······ JSON 파일을 텍스트 읽기 모드로 오픈합니다.

4······ json.load(f)는 JSON 파일 f의 내용을 읽어 딕셔너리로 리턴합니다.

이번에는 딕셔너리를 JSON 파일로 저장해 봅니다. 다음 코드를 작성하고 실행합니다.

셀 167-2

```
1   profile = {'name':'조조', 'age':45, 'nationality':'위나라',
                'skill':['집착', '배신'], 'alive':True}
2   with open('profile.json', 'w') as f:
3       json.dump(profile, f, indent=4)
```

1······ profile은 삼국지 '조조'의 간단한 프로파일을 저장한 딕셔너리입니다.

2······ profile.json 파일을 텍스트 쓰기 모드로 오픈합니다.

3······ json.dump(profile, f, indent=4)는 profile을 JSON 파일 f에 저장합니다. indent=4는 profile의 "키:값" 쌍을 한 줄로 저장하고, 하위 수준의 "키:값" 쌍이나 값들은 지정한 인덴 트 4로 들여쓰기해서 한 줄로 저장합니다.

생성된 profile.json의 내용을 확인해 봅니다.

profile.json

```
{
    "name": "\uc870\uc870",
    "age": 45,
    "nationality": "\uc704\ub098\ub77c",
    "skill": [
        "\uc9d1\ucc29",
        "\ubc30\uc2e0"
    ],
    "alive": true
}
```

profile의 내용이 JSON 파일로 잘 저장되어 있지만, 한글로 된 값이 코드로 저장되어 있어 알아볼 수가 없습니다. json.dump()가 profile을 JSON 파일에 저장할 때 ASCII 형태로 변환해서 저장하기 때문입니다.

다음 코드로 profile.json을 읽어 딕셔너리로 변환해 봅니다.

셀 167-3

```
1  with open('profile.json') as f:
2      data = json.load(f)
3  print(data)
```
```
{'name': '조조', 'age': 45, 'nationality': '위나라', 'skill': ['집착', '배신'], 'alive': True}
```

결과를 보니 한글이 제대로 보입니다. 한글이 코드화된 profile.json을 변환하는데는 문제가 없으나, profile.json을 우리가 직접 읽을 때 문제가 발생하는 것입니다.

다음 코드로 profile.json 파일을 새로 생성해 봅니다.

셀 167-4

```
1  with open('profile.json', 'w') as f:
2      json.dump(profile, f, indent=4, ensure_ascii=False)
```

ensure_ascii=False는 profile을 JSON 파일로 저장할 때, ASCII 형태로 변환해서 저장하지 않겠다는 의미입니다.

새로 생성된 profile.json을 열어 읽어봅니다.

profile.json

```
{
    "name": "조조",
    "age": 45,
    "nationality": "위나라",
    "skill": [
        "집착",
        "배신"
    ],
    "tobe": true
}
```

18

시간/날짜

168 프로그램 실행 소요 시간 계산: time.time()

time 모듈의 time()은 GMT 기준 1970년 1월 1일 00시 00분 00초부터 time()이 실행된 현재 시간까지 경과된 초를 리턴합니다.

셀 168-1

```
1  from time import time
2  print(f'1970-01-01 00:00:00 이후 지금 현재까지 경과된 초: {time()}')
```

1970-01-01 00:00:00 이후 지금 현재까지 경과된 초: 1719921853.2107728

실행 결과를 보면 time()의 리턴값은 1/1,000,000초(마이크로초, μs)까지 표시하는 실수임을 알 수 있습니다.

time.time()은 어떤 로직이나 프로그램이 실행되고 결과가 나올 때까지 소요된 시간을 측정할 때 종종 활용됩니다.

다음은 주어진 정수 n까지 누적합을 구해서 리턴하는 함수를 구현한 코드입니다.

셀 168-2

```
1  def cumalativeSum(n):
2      ret = 0
3      for i in range(1, n+1):
4          ret += i
5      return ret
```

다음 코드를 작성하고 실행해 봅니다.

셀 168-3

```
1  from time import time
2
3  n = 10000000
4  stime = time()
5  answer = cumalativeSum(n)
6  etime = time()
7  print(f'1에서 {n:,}까지 누적합 계산 시간: {(etime-stime):.3f}초')
```

1에서 10,000,000까지 누적합 계산 시간: 0.184초

4······ 누적합을 계산하는 함수를 실행하기 전, time()값을 stime으로 둡니다.

5······ 1에서 10,000,000까지 누적합을 계산하는 cumulativeSum()을 수행합니다

6······ cumalativeSum()이 종료하면 time()값을 etime으로 둡니다.

7······ cumalativeSum()이 수행된 소요 시간은 etime-stime이 되며, 소수점 셋째 자리까지 출력합니다.

169 주어진 시간동안 일시정지: `time.sleep()`

학습내용 주어진 시간 동안 코드를 잠시 멈추는 방법에 대해 배웁니다.

`time` 모듈의 `sleep(s)`는 s초동안 코드 실행을 일시정지합니다. s는 실수형 초단위로 입력이 가능합니다.

셀 169-1

```
1   from time import sleep
2
3   for i in range(1, 6):
4       print('*'*i)
5       sleep(0.5)
```

```
*
**
***
****
*****
```

위 코드는 '*'를 출력하고 0.5초동안 일시정지합니다.

170
현재 시간을 연–월–일 시:분:초로 출력하기:
`time.localtime()`, `time.strftime()`

학습내용 현재 시간을 YYYY–MM–DD hh:mm:ss로 출력하는 방법에 대해 배웁니다.

time 모듈의 `localtime()`은 대한민국의 현재시간을 time.struct_time 자료형으로(앞으로 줄여서 struct_time으로 부르기로 함) 리턴합니다. 만약 컴퓨터의 지역 시간을 미국 동부 시간으로 설설정한다면, `localtime()`은 미국 동부 시간을 struct_time으로 리턴합니다. 대한민국의 표준시는 세계협정시 UTC 기준 UTC+9 입니다.

struct_time 자료형은 다음 표와 같이 9개의 속성을 가지고 있으며, 각 속성에 대한 값들은 속성 이름이나 인덱스로 접근 가능합니다.

표 170-1 `time.struct_time` 자료 구조

인덱스	속성 이름	설명
0	tm_year	현재 연도. 예) 2024
1	tm_mon	현재 월. [1~12]
2	tm_mday	현재 날짜. [1~31]
3	tm_hour	현재 시간. [0~23]
4	tm_min	현재 분. [0~59]
5	tm_sec	현재 초. [0~61]. 61은 윤초일 때 사용
6	tm_wday	현재 요일. [0~6]. 0은 월요일을 뜻함
7	tm_yday	1월 1일부터 현재까지 날짜수. [1~366]
8	tm_isdst	섬머타임일 경우 1, 아닐 경우 0, 모를 경우 –1

예를 들어, 2024년 07월 02일 22시 05분 46초의 struct_time은 다음과 같습니다.

```
(tm_year=2024, tm_mon=7, tm_mday=2, tm_hour=22, tm_min=5, tm_sec=46, tm_wday=1,
tm_yday=184, tm_isdst=0)
```

각 값들은 속성 이름이나 인덱스를 이용해 접근할 수 있습니다. 예를 들어 t = localtime()으로 현재 시간을 t로 지정했을 때, 현재 연도를 구하려면 t[0] 또는 t.tm_year와 같이 접근하면 됩니다.

time 모듈의 `strftime()`은 struct_time을 포맷문자열을 이용해 지정된 형식으로 시간을 표현해서 문자열로 리턴합니다. `strftime()`에서 자주 사용되는 포맷문자열은 다음 표와 같습니다.

표 170-2 포맷문자열

포맷문자열	설명
%Y	연도를 나타냄. 예) 2024
%m	월을 나타냄. 예) 9월인 경우 09
%d	일을 나타냄. 예) 15일인 경우 15
%H	시간을 24시간 표시 형식으로 나타냄. 예) 8시인 경우 08
%M	분을 나타냄. 예) 45분인 경우 45
%S	초를 나타냄. 예) 1초인 경우 01
%x	현재 날짜를 월/일/연 으로 나타냄. 예) 2024년 9월 27일은 09/27/24
%X	현재 시간을 시:분:초 로 나타냄. 예) 22시 10분 15초는 22:10:15

다음 코드는 현재 시간을 YYYY-MM-DD hh:mm:ss로 출력하는 예제입니다.

셀 170-1

```
1    from time import localtime, strftime
2
3    time_stamp = strftime('%Y-%m-%d %X', localtime())
4    print(f'현재시간: {time_stamp}')
```
현재시간: 2024-07-02 22:16:11

3 ······ strftime('%Y-%m-%d %X', localtime())은 localtime()을 포맷문자열 %Y, %m, %d, %X에 대응하는 값으로 할당하여 나온 문자열을 리턴합니다.

독자 여러분들께서는 현재 시간을 다른 포맷문자열을 적용해서 다양한 형식으로 출력해 보세요.

171 올해의 경과된 날짜 수 계산: time.localtime( )

학습내용 올해 1월 1일 이후 오늘까지 경과된 날짜 수를 계산하는 방법에 대해 배웁니다.

170에서 살펴본 time 모듈의 localtime( ) 리턴값인 struct_time에서 tm_yday 항목은 당해 년도 1월 1일부터 오늘까지 경과한 날짜수입니다.

셀 171-1

```
1  from time import localtime, strftime
2
3  t = localtime( )
4  today = strftime('%Y-%m-%d', t)
5  print(f'{today}은 {t.tm_year}-01-01 이후 {t.tm_yday}일째 되는 날입니다.')
```
2024-07-02은 2024-01-01 이후 184일째 되는 날입니다.

3······ t는 localtime()의 리턴값을 struct_time 자료형으로 리턴받은 값입니다.

5······ t.tm_yday는 올해 1월 1일부터 오늘까지 경과한 일수가 저장된 값입니다.

172 오늘의 요일 계산하기: `time.localtime()`

학습내용 오늘의 요일을 계산하는 방법에 대해 배웁니다.

170에서 살펴본 time 모듈의 localtime() 리턴값인 struct_time에서 tm_wday 항목은 요일을 저장한 값입니다. tm_wday는 0~6까지 정수값을 가지며, 0이 월요일, 6은 일요일을 뜻합니다.

셀 172-1

```
1   from time import localtime, strftime
2
3   weekdays = ['월요일', '화요일', '수요일', '목요일', '금요일', '토요일', '일요일']
4   t = localtime()
5   today = strftime('%Y-%m-%d', t)
6   print(f'{today}은 {weekdays[t.tm_wday]}입니다.')
```
2024-07-02은 화요일입니다.

3······ '월요일' ~ '일요일'까지 문자열을 요소로 하는 리스트 weekdays를 정의합니다.

6······ t.tm_wday는 0이 월요일, 1이 화요일 … 6이 일요일이므로, t.tm_wday가 weekdays의 인덱스로 입력된 weekdays[t.tm_wday]는 해당 요일을 출력합니다.

19

정규표현식

173 정규표현식 개념

학습내용 정규표현식의 개념을 배웁니다.

정규표현식(Regular Expression; regex)이란 특정 규칙을 가진 문자열의 집합을 표현하기 위해 사용되는 언어 식입니다. 정규표현식을 이용하면 문자열에서 일정한 패턴을 가진 문자열의 탐색, 수정 및 삭제 등의 작업을 빠르고 쉽게 수행할 수 있습니다.

하지만 정규표현식은 표현과 사용 방법이 다소 까다롭기 때문에 모든 정규표현식과 사용 방법을 머리 속에 외우는 것은 힘든 일입니다. 따라서 몇몇 중요한 규칙이나 사용법만 다룰 줄 알면 됩니다. 그리고 프로그래밍을 할 때 정규표현식 활용이 필요한 경우 관련 자료를 참고해서 구현하면 됩니다.

정규표현식을 간단히 정규식이라고도 부릅니다. 이 책에서는 정규식으로 부르도록 합니다.

우선, 파이썬에서 활용 가능한 정규식에 대해 간략하게 살펴보도록 합니다.

표 173-1 반복 표현식

표현식	설명
?	0회 또는 1회
*	0회 이상 반복
+	1회 이상 반복
{m}	m회 반복
{m, n}	m회 이상 n회 이하까지 반복

다음은 반복 표현식 이해를 돕기 위한 예시입니다.

 ab?c : a와 c사이에 b가 0 또는 1회 나타나는 문자열과 매치됨

매치되는 문자열: ac, abc

 ab*c : a와 c사이에 b가 0회 이상 반복으로 나타나는 문자열과 매치됨

매치되는 문자열: ac, abc, abbbc 등

 ab+c : a와 c사이에 b가 1회 이상 반복으로 나타나는 문자열과 매치됨

매치되는 문자열: ac를 제외하면 ab*c와 동일함

 ab{3}c : a와 c사이에 b가 3회 반복으로 나타나는 문자열과 매치됨

매치되는 문자열: abbbc

 ab{1,3}c : a와 c사이에 b가 1~3회 반복으로 나타나는 문자열과 매치됨

매치되는 문자열: abc, abbc, abbbc

표 173-2 매칭 표현식

표현식	설명
.	모든 문자와 매치(단 CRLF는 제외)
^	문자열의 시작과 매치. 단 [^…] 은 not을 의미함
$	문자열의 끝과 매치
|	or
[ ]	괄호 속의 문자 중 하나에 매치. 범위 지정은 '−'을 이용
( )	정규식을 그룹으로 묶음
\d	모든 숫자와 매치. 다른 표현으로는 [0–9]
\D	숫자가 아닌 문자와 매치. 다른 표현으로는 [^0–9]
\s	화이트 스페이스(공백, 탭, CRCF emd) 문자와 매치
\S	화이트 스페이스가 아닌 문자와 매치
\w	숫자 또는 영문자와 매치. 다른 표현으로는 [a–zA–Z0–9]
\W	숫자, 영문자가 아닌 문자와 매치. 다른 표현으로는 [^a–zA–Z0–9]
\b	단어의 경계와 매치
\B	단어의 경계가 아닌 것과 매치
\A	문자열의 처음에만 매치
\Z	문자열의 마지막에만 매치

다음은 매칭 표현식 이해를 돕기 위한 예시입니다.

1.1 : 1 + (한글자로 된 모든 문자) + 1 인 문자열과 매치됨

매치되는 문자열: 1a1, 1%1, 111… 등

<.*> : <>로 둘러싸인 모든 문자열과 매치됨

매치되는 문자열: <>, <1>, <ok>, <href=/>… 등

^\d.* : 숫자로 시작하는 모든 문자열과 매치됨

매치되는 문자열: 24K, 77Lover… 등

^\d.+\d$: 숫자로 시작하고 숫자로 끝나는 문자열과 매치됨

매치되는 문자열: 1python33, 0loverly87… 등

\d{6}-\d{7} : 6개의 숫자-7개의 숫자 인 문자열과 매치됨

매치되는 문자열: 주민번호 형식, 123456−1234567… 등

174 정규표현식 응용

파이썬 내장 모듈인 **re**는 정규식과 관련된 다양한 기능을 제공합니다. 주요 메서드와 그 활용 예시는 다음과 같습니다.

re.compile( )

p = re.compile(*pattern*, *flags=0*)

정규식 *pattern*을 컴파일하여 정규식 객체를 리턴합니다. 성능 향상을 위해 정규식을 컴파일해서 사용하는 것을 권장합니다.

*flags*는 정규식 컴파일 옵션인데, 보통 대소문자 구분 없이 매칭 수행을 지시하는 "re.I"로 설정하고 컴파일합니다.

다음 코드를 작성합니다.

셀 174-1

```
1   import re
2   p = re.compile(r'href=".*"', re.I)
```

2····· re.compile(r'href=".*"', re.I)는 정규식 href=".*"를 컴파일한 정규식 객체를 리턴합니다. 따라서 p는 정규식 href=".*"이 컴파일된 정규식 객체입니다.

r'href=".*"'에서 정규식 앞에 r이 붙어 있는데, r은 문자열이 raw string임을 나타냅니다. re.I는 매칭을 수행할 때 대소문자를 구분하지 않겠다는 의미입니다.

> **NOTE** raw string
>
> 파이썬 raw string은 정규식을 표현할 때 매우 유용합니다. 앞서 살펴본 바와 같이 정규식에는 '\'로 시작하는 표현식들이 많기 때문에 일반 문자열로 처리하려면 '\\'와 같이 '\'를 표현해야 합니다. raw string을 사용하면 '\'로 시작하는 표현식을 '\\'이 아닌 '\' 그대로 사용할 수 있습니다. 따라서 정규식을 위한 문자열을 정의할 때 raw string 사용을 추천합니다.

match( )

p.match(*contents*)
re.match(*pattern*, *contents*, *flags=0*)

*contents*의 첫 부분부터 정규식 *pattern*과 일치하는지 검토합니다. 매칭이 성공하면 Match 객체를 리턴하고, 매칭이 실패하면 None을 리턴합니다.

Match 객체는 다음과 같은 메서드를 제공합니다.

표 174-1 **Match 객체 메서드**

메서드	설명
group()	매치된 문자열을 리턴
start()	*contents*에서 매치된 문자열이 시작되는 인덱스를 리턴
end()	*contents*에서 매치된 문자열이 끝나는 인덱스를 리턴
span()	(start, end)를 리턴

다음 코드를 작성하고 실행해 봅니다.

셀 174-2

```
1  contents = """<a href="help.html">도움말을 보려면 여기를 클릭하세요</a><font
   size="15">"""
2  ret = p.match(contents)
3  print(ret)
```
None

2······ p.match(contents)는 패턴 p가 contents의 첫 부분부터 일치하는지 검토합니다. 패턴 p
는 'href=".*"' 이고, contents는 <a href'로 시작하므로 매칭은 실패합니다.

contents2를 다음과 같이 정의한 후 코드를 다시 실행해 봅니다.

셀 174-3

```
1  contents2 = """href="help.html">도움말을 보려면 여기를 클릭하세요</a><font
   size="15">"""
2  ret = p.match(contents2)
3  print(ret.group())
```
href="help.html">도움말을 보려면 여기를 클릭하세요</a><font size="15"

1······ contents2는 contents에서 '<a'를 삭제해서 의도적으로 패턴 p와 매칭에 성공할 수 있도
록 만든 문자열입니다.

3······ ret.group()은 매치된 문자열을 리턴하므로, 매치된 문자열이 출력됩니다.

search( )

```
p.search(contents)
re.search(pattern, contents, flags=0)
```

contents 처음부터 전체를 탐색하면서 정규식 *pattern*과 최초로 매칭되는 결과를 Match 객체
로 리턴합니다. 매칭이 실패하면 None을 리턴합니다.

다음 코드를 작성하고 실행해 봅니다.

```
1   ret = p.search(contents)
2   print(f'Match.group( )={ret.group( )}')
3   print(f'Match.start( )={ret.start( )}')
4   print(f'Match.end( )={ret.end( )}')
5   print(f'Match.span( )={ret.span( )}')
```

```
Match.group( )=href="help.html">도움말을 보려면 여기를 클릭하세요</a><font size="15"
Match.start( )=3
Match.end( )=57
Match.span( )=(3, 57)
```

1 ····· p.search(contents)는 contents에서 p와 최초로 매칭되는 문자열을 Match 객체로 리
턴합니다.

2~5 ····· 패턴이 매치된 Match 객체의 group(), start(), end(), span() 메서드의 리턴값을 출력합니다.

```
p.findall(contents)
re.findall(pattern, contents, flags=0)
```

contents의 처음부터 전체를 탐색하면서 정규식 pattern과 일치하는 모든 문자열을 리스트로
리턴합니다. 매칭에 실패하면 빈 리스트 [ ]를 리턴합니다.

다음 코드를 작성하고 실행해 봅니다.

```
1   ret = p.findall(contents)
2   print(ret)
```

```
['href="help.html">도움말을 보려면 여기를 클릭하세요</a><font size="15"']
```

1 ····· p.findall(contents)는 contents에서 p와 매칭되는 모든 문자열을 요소로 하는 리스트
를 리턴합니다.

2 ····· 매칭되는 결과가 1개이므로 문자열 1개가 요소인 리스트가 출력됩니다.

이상으로 re 모듈에서 자주 활용되는 메서드 4개에 대해 살펴보았습니다. 프로그램을 구현하면서
목적에 맞는 패턴 매치 메서드를 적절하게 활용하면 됩니다.

추가적으로 한 가지를 더 살펴보겠습니다.

앞에서 예로 든 패턴 매치에서 우리가 찾고자 하는 패턴인 href=".*"에 대한 매치 결과로 나온 값은
"href="help.html">도움말을 보려면 여기를 클릭하세요</a><font size="15""입니다. 그런데 만약 우
리가 찾고자하는 문자열이 'href="help.html"' 이었다면 패턴 매치 결과는 문제가 있는 것이겠지요.

정규식이 패턴 매치를 수행할 때는 기본적으로 탐욕적 매칭을 수행합니다. 다음의 그림으로 이해해 봅니다.

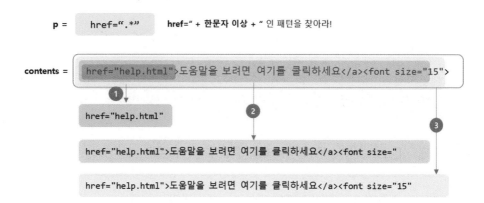

contents에서 정규식 p에 대해 패턴 매치를 수행하면 그림처럼 3개의 결과가 매칭될 수 있습니다. 탐욕적 매칭이란 " "로 둘러싸인 부분을 최대로 하는 ③과 같은 매치를 수행하는 것을 말합니다. 정규식은 탐욕적 매칭이 아닌 최소 매칭을 위한 표현식을 지원합니다. 최소 매칭은 그림에서 ①과 같은 매치를 수행하는 것을 말합니다.

표 174-2 최소 매칭(non-greedy matching) 표현식

표현식	설명
??	?와 동일하나 최소로 매치
*?	*와 동일하나 최소로 매치
+?	+와 동일하나 최소로 매치
{m, n}?	{m, n}과 동일하나 최소로 매치

최소 매칭 표현식은 반복 표현식 바로 뒤에 '?'를 추가하면 됩니다.
셀 174-1의 코드를 다음과 같이 수정합니다.

셀 174-6
```
1   p = re.compile(r'href=".*?"', re.I)
```

href=".*?"는 최소 매칭을 수행하는 정규식입니다.
셀 174-5를 다시 실행해 보면 다음과 같은 결과가 출력됩니다.

```
['href="help.html"']
```

이제, 정규식을 활용해서 웹 페이지에 있는 모든 이미지 링크 URL을 추출하는 코드를 작성해보도록 합니다.

다음은 예제 파일 webpage.html의 파일 내용입니다.

```
webpage.html
<!doctype html>
<html><head>
<meta charset="utf-8">
<meta name="viewport" content="width=device-width"/>
<title>파이썬200제-완전개정판</title>
<link rel="stylesheet" href="/static/css/queries.css" type="text/css" />
</head>
<body>
<h3>PICTURES</h3><br>
<img src="/static/images/2024-08-25_234806.jpg"/>
<img src="/static/images/2024-08-25_234836.jpg"/>
<img src="/static/images/2024-08-25_234910.jpg"/>
</body></html>
```

셀 174-7은 webpage.html 파일을 읽고 모든 이미지 링크 URL을 추출하는 코드입니다.

```
셀 174-7
1   p = re.compile(r'src=\S+"', re.I)
2   with open('webpage.html') as f:
3       contents = f.read()
4
5   imgurls = p.findall(contents)
6   for imgurl in imgurls:
7       imgurl = imgurl.split('"')[1]
8       print(imgurl)
```
```
/static/images/2024-08-25_234806.jpg
/static/images/2024-08-25_234836.jpg
/static/images/2024-08-25_234910.jpg
```

1······ 패턴 매치를 위한 정규식은 src=\S+'' 입니다. 이는 'src=1자 이상의 공백 문자가 아닌 모든 문자+''인 문자열을 추출합니다.

2~3··· contents는 webpage.html의 파일 내용입니다.

5······ p.findall(contents)는 우리가 정의한 정규식을 contents 전체에 적용해서 매치되는 문자열을 리스트로 리턴합니다.

7······ 매치된 문자열은 src="..." 형태일 것이므로, 우리가 원하는 이미지 URL은 따옴표 안에 있는 문자열입니다. imgurl.split("")[1]은 imgurl에서 따옴표 안에 있는 문자열이 됩니다.

20

네트워크

175 에코 서버 만들기: socket

학습내용 네트워크로 메시지를 수신하여 송신자에게 수신한 메시지를 그대로 돌려보내는 서버 프로그램을 작성해 보면서 소켓 프로그래밍에 대해 이해합니다.

네트워크 소켓은 네트워크 통신에 있어서 시작점이자 종점으로, 클라이언트나 서버 프로그램을 구현하기 위한 가장 핵심적인 모듈입니다. 다음 그림은 네트워크 소켓 개념의 이해를 돕기 위한 것입니다.

우리가 전기 제품을 사용하려면 가장 먼저 해야할 일은 전원 공급 콘센트에 전기 플러그를 꽂는 일입니다. 마찬가지로 프로그램에서 네트워크 통신을 하기 위해 가장 먼저 해야할 일은 네트워크 소켓을 설정하는 일인 것입니다.

서버와 클라이언트는 각자 네트워크 소켓을 가지고 있으며, 네트워크 통신을 위해 사용되는 프로토콜의 종류에 따라 소켓은 다음과 같이 분류됩니다.

- TCP 소켓 : TCP를 활용하는 네트워크 소켓
- UDP 소켓 : UDP를 활용하는 네트워크 소켓
- Raw 소켓 : 라우터나 네트워크 장비에 활용되는 소켓

각 소켓은 IP 주소와 포트(port)를 설정함으로써 설정이 마무리됩니다. 포트란 하나의 물리적인 네트워크 선을 통해 들어오는 데이터를 여러 응용프로그램이 나누어 사용할 수 있도록 구분한 출입구와 비슷합니다.

예를 들어, 프로그램 A는 8555번 포트를 사용하고, 프로그램 B는 9555번 포트를 사용하는 것입니다. 동일한 IP로 수신되는 데이터라도 포트 번호에 따라 8555번으로 전송되는 데이터는 프로그램 A가, 9555번으로 전송되는 데이터는 프로그램 B가 수신하게 됩니다.

포트 번호는 0~65535 범위에서 사용가능하지만, 1~4999까지는 잘 알려진 인터넷 서비스들이나 예약되어 있는 포트 번호이므로 독자 여러분의 응용 프로그램에서는 5000번 이상의 포트 번호를 사용하는 것이 좋습니다.

파이썬 내장 모듈 **socket**은 네트워크 통신을 위한 소켓 관련 기능을 제공합니다.

TCP 소켓을 이용한 전형적인 서버 구현을 위한 절차와 사용되는 socket 모듈의 메서드는 다음과 같습니다.

소켓 객체 생성	socket.socket()
생성한 소켓에 서버IP, 포트 설정	socket.bind()
처리 가능 연결수 설정 및 연결 대기	socket.listen()
클라이언트로부터 연결 요청이 오면 수락	socket.accept()
클라이언트로부터 데이터 수신	socket.recv()
수신 데이터 처리	
클라이언트로 데이터 전송	socket.send() 또는 socket.sendall()
서버 종료 시 소켓 객체 제거	socket.close()

이제 앞에서 서술한 서버 로직 구현 절차대로 에코 서버를 구현해 보도록 합니다. 에코 서버(echo server)는 수신한 메시지를 메시지 송신자에게 그대로 재전송해주는 서버입니다. 우리가 카카오톡을 사용할 때 내가 보낸 메시지가 카카오톡 화면에 그대로 보이는데, 이 역할을 하는 것이 바로 에코 서버입니다.

주피터 노트북이 아닌 다른 텍스트 에디터로 다음 코드를 작성한 후, 주피터 노트북에서 작성한 코드가 저장된 "python200/network" 폴더에 "echoserver.py"로 저장합니다.

network/ echoserver.py

```
1   import socket
2
3   HOST = ''      # 빈 문자열이면 서버가 구동되는 컴퓨터의 IP를 자동 할당
4   PORT = 7777
5
6   def echoServer():
7       with socket.socket(socket.AF_INET, socket.SOCK_STREAM) as sock:
8           sock.bind((HOST, PORT))
9           sock.listen()
10          print('클라이언트 연결을 기다리는 중...')
11          conn, addr = sock.accept()
12          with conn:
13              print(f'{addr[0]}와 연결됨')
14              while True:
15                  data = conn.recv(1024)
16                  if not data:
17                      break
```

```
18                    print(f'수신 메시지: {data.decode()}')
19                    conn.sendall(data)
20
21    echoServer()
```

1······ socket 모듈을 임포트합니다.

3~4···· 서버의 IP와 사용할 포트 번호 7777을 HOST와 PORT에 설정합니다. 설정된 HOST와 PORT
       는 8라인에서 socket.bind()의 인자로 입력됩니다. HOST의 값으로 빈 문자열을 지정하면
       socket.bind()는 서버가 구동되는 컴퓨터의 IP를 자동으로 할당합니다.

6······ 에코 서버를 echoServer() 함수로 구현합니다.

7······ with socket.socket(socket.AF_INET, socket.SOCK_STREAM) as sock은 TCP 소켓
       을 생성하고, 이에 대한 socket 객체를 sock으로 둡니다. 'with ~ as'문은 파일 오픈과 마
       찬가지로, 로직이 마무리되면 오픈한 sock을 자동으로 닫습니다.

8······ sock.bind((HOST, PORT))는 지정된 IP와 포트 번호를 소켓에 설정하는 함수입니다. 이를
       다른 말로 "소켓을 지정된 IP와 포트에 바인딩한다"고 합니다.

9······ sock.listen()은 클라이언트로부터 연결을 기다립니다.

11····· sock.accept()는 클라이언트로부터 연결 요청이 오면, 이 클라이언트와 데이터를 주고받
       을 새로운 소켓 객체를 생성하고, 생성된 소켓 객체와 클라이언트 주소(IP, 포트)를 리턴합
       니다. conn은 연결된 클라이언트와 통신할 소켓 객체이며, addr는 연결한 클라이언트 주소
       (IP, PORT)입니다.

12~13·· 클라이언트가 연결되었다는 메시지를 클라이언트의 IP 주소와 함께 화면에 출력합니다.

14····· 무한 루프를 시작합니다.

15····· conn.recv(1024)는 클라이언트로부터 1024바이트를 수신하고 수신한 데이터를 data로
       둡니다. conn.recv(buffsize)에서 buffsize는 소켓이 데이터를 한 번에 수신할 버퍼의 크
       기이며 1024~4096사이의 값이 권장됩니다. conn.recv(1024)는 소켓의 수신할 데이터
       를 위한 버퍼사이즈가 1024바이트이며, 클라이언트가 보낸 데이터를 모두 수신할 때까지
       1024바이트씩 반복해서 수신하게 됩니다.

16~17·· 수신한 데이터가 없으면 while문을 빠져나와 서버를 종료합니다.

18····· 수신한 데이터가 있으면 data를 출력합니다. 네트워크 소켓을 통해 수신한 데이터는 이진
       바이트 스트림입니다. 문자열의 경우, 바이트 문자열이므로 data.decode()로 유니코드 문
       자열로 디코딩해서 출력합니다.

19······ `conn.sendall(data)`는 data를 모두, 메시지를 보낸 클라이언트로 전송합니다. `conn.sendall(data)`는 data를 모두 전송하면 `None`을 리턴합니다.

`conn.send(data)`를 이용해서 데이터를 전송할 수도 있습니다. `conn.send(data)`는 성공적으로 전송한 데이터 전송 양을 리턴합니다. 따라서 `conn.send(data)`로 전송하는 경우, `conn.send()`가 리턴하는 값인 데이터 전송 양을 지속적으로 체크하는 로직을 추가해야 합니다.

20······ `echoServer`를 호출해서 에코 서버를 구동합니다. `echoserver.py`에서 구현된 에코 서버는 클라이언트로부터 수신된 메시지 1개만 처리하고 종료됩니다.

아직 서버를 구동하지 말고, 176의 에코 클라이언트를 만들어 봅니다.

176 에코 클라이언트 만들기: socket

학습내용 네트워크를 통해 메시지를 서버로 보내고 서버로부터 메시지를 그대로 수신하는 클라이언트 프로그램을 작성해보면서 소켓 프로그램에 대해 이해합니다.

TCP 소켓을 이용한 전형적인 클라이언트 구현 로직과 사용되는 socket 모듈의 메서드는 다음과 같습니다.

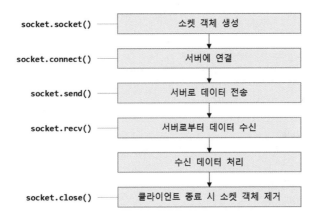

위에서 도식화한 클라이언트 구현 로직과 175의 서버 구현 로직을 연계해서 도식화하면 전형적인 서버–클라이언트 구현 로직이 됩니다.

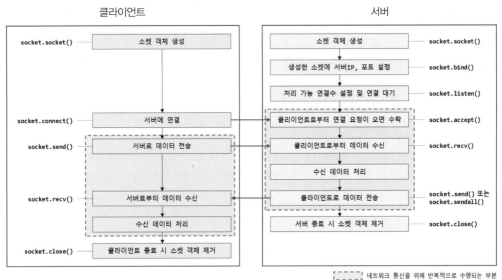

이제 주피터 노트북에서 에코 서버로 메시지를 주고받는 클라이언트를 작성해 봅니다.

```
1   import socket
2
3   HOST = 'localhost'
4   PORT = 7777
5   def echoclient():
6       with socket.socket(socket.AF_INET, socket.SOCK_STREAM) as sock:
7           try:
8               sock.connect((HOST, PORT))
9               print(f'[{HOST}]와 연결되었습니다.')
10              msg = input('메시지 입력: ')
11              sock.sendall(msg.encode())
12              print(f'에코 서버로 전송한 데이터: {msg}')
13              data = sock.recv(1024)
14              print(f'에코 서버로부터 수신한 데이터: {data.decode()}')
15          except Exception as e:
16              print(e)
17
18  echoclient()
```

```
[localhost]와 연결되었습니다.
메시지 입력: 사랑해요 파이썬!!
에코 서버로 전송한 데이터: 사랑해요 파이썬!!
에코 서버로부터 수신한 데이터: 사랑해요 파이썬!!
```

1······ socket 모듈을 임포트합니다.

3~4···· HOST에는 연결할 서버 IP 주소를, PORT에는 서버 포트 번호를 각각 지정합니다. 에코 클라이언트가 서버와 동일한 컴퓨터에서 실행되면 HOST='localhost'로 설정하고, 서버가 다른 컴퓨터에서 실행되고 있으면 서버의 IP 주소로 설정합니다.

5······ 에코 클라이언트를 echoclient() 함수로 구현합니다.

6······ TCP 소켓을 생성하고, 이에 대한 socket 객체를 sock으로 둡니다.

8······ sock.connect((HOST, PORT))는 (HOST, PORT)로 지정된 원격 호스트로 연결을 시도합니다. 서버의 accept()에서 연결을 수락하면 클라이언트와 서버가 연결된 상태가 됩니다.

10···· 사용자로부터 메시지를 입력받습니다.

11···· sock.sendall(msg.encode())는 사용자로부터 입력받은 메시지를 UTF-8로 인코딩한 바이트 문자열을 전송합니다. 네트워크로 전송하는 문자열은 반드시 바이트 문자열이어야 합니다.

13····· sock.recv(1024)는 서버가 전송하는 데이터를 수신합니다. sock.recv(*buffsize*)에서 *buffsize*는 소켓이 데이터를 한 번에 수신할 버퍼의 크기이며 1024~4096사이의 값이 권장됩니다. sock.recv(1024)는 소켓의 수신할 데이터를 위한 버퍼사이즈가 1024바이트이며, 서버가 보낸 데이터를 모두 수신할 때까지 1024바이트씩 반복해서 수신하게 됩니다.

14····· 수신한 데이터를 화면에 출력합니다. 네트워크 소켓을 통해 수신받은 데이터는 이진 바이트 스트림이므로 문자열의 경우, 바이트 문자열입니다. data.decode()로 유니코드 문자열로 디코딩해서 출력합니다.

18····· echoclent()를 호출해서 에코 클라이언트를 실행합니다.

셀 176-1을 실행하기 전에 175에서 작성한 echoserver.py를 윈도우 명령 프롬프트에서 실행하면 그림 176-1과 같은 연결 대기 화면이 나타납니다.

그림 176-1 echoserver.py(에코 서버) 실행 화면

echoserver.py 실행 후, 에코 클라이언트 코드인 셀 176-1을 실행하면 다음과 같은 화면이 출력되고, 에코 서버는 그림 176-2와 같이 화면이 출력됩니다.

에코 클라이언트 실행 후 출력되는 화면은 다음과 같습니다.

[localhost]와 연결되었습니다.
메시지 입력:

그림 176-2 에코 클라이언트 실행 후 에코 서버 화면

에코 클라이언트에서 "사랑해요 파이썬!!"을 입력하고 엔터를 누르면 다음과 같은 화면이 출력됩니다.

[localhost]와 연결되었습니다.
메시지 입력: 사랑해요 파이썬!!
에코 서버로 전송한 데이터: 사랑해요 파이썬!!
에코 서버로부터 수신한 데이터: 사랑해요 파이썬!!

에코 서버는 다음과 같이 출력됩니다.

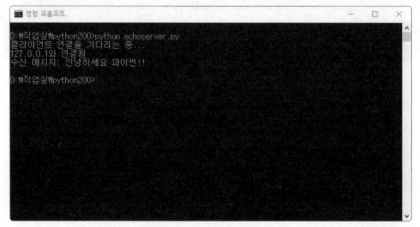

그림 176-3 에코 서버 최종 출력 화면

177 향상된 에코 서버 만들기: socketserver

학습내용 socketserver 클래스를 이용하여 기능이 향상된 에코 서버를 만들어 봅니다.

socketserver 모듈은 네트워크 서버를 위한 프레임워크로, 서버를 구현하는 작업을 단순화해 줍니다.

175에서 구현한 에코 서버는 클라이언트에서 전송하는 단 1개의 메시지에 대해 에코 처리한 후 종료하는 서버입니다. 이번에는 socketserver 모듈이 제공하는 기능을 이용해 보다 향상된 에코 서버를 구현해 봅니다.

socketserver는 4개의 서버 클래스를 가지고 있으며, 다음과 같은 2개의 서버 클래스를 많이 사용합니다.

    socketserver.TCPServer(서버주소, 클라이언트 요청 처리 클래스)

TCP 프로토콜을 사용하는 서버를 구현할 때 활용하는 클래스입니다. 서버주소는 (IP, Port)이며, 클라이언트 요청 처리 클래스는 연결된 클라이언트의 요청을 처리하는 로직을 구현한 클래스입니다.

    socketserver.UDPServer(서버주소, 클라이언트 요청 처리 클래스)

UDP 프로토콜을 사용하는 서버를 구현할 때 활용하는 클래스입니다. 서버주소와 클라이언트 요청 처리 클래스는 위에서 설명한 내용과 같습니다.

socketserver.TCPServer와 socketserver.UDPServer는 클라이언트 요청에 대해 동기적으로 처리합니다. 동기 처리란 각 요청에 대해 모두 응답을 한 후 다음 요청에 대한 처리를 수행하는 것입니다. 만약 클라이언트의 요청에 대한 처리에 많은 시간이 소요되는 작업인 경우, 다른 클라이언트의 요청 처리를 수행할 수 없기 때문에 동기 처리 방식은 서버로서 적합하지 않은 처리 방식입니다.

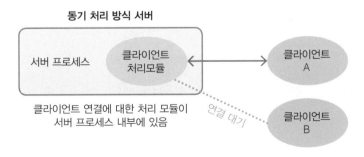

동기 처리 방식 서버

서버 프로세스 — 클라이언트 처리모듈 ←→ 클라이언트 A

클라이언트 연결에 대한 처리 모듈이 서버 프로세스 내부에 있음

연결 대기 ···· 클라이언트 B

서버는 클라이언트의 요청 처리를 위해 독립적인 프로세스나 스레드를 생성하여 비동기 처리하는 것이 바람직합니다. socketserver.ForkingMixIn, socketserver.ThreadingMixIn은 클라이언트의 요청에 대한 비동기 처리를 수행할 수 있도록 해줍니다. 이에 대한 내용은 '198. 채팅 서버 만들기'에서 다루도록 합니다.

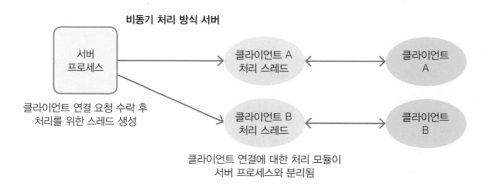

비동기 처리 방식 서버

우리가 구현하고자 하는 에코 서버는 클라이언트의 요청에 대한 비동기 처리가 필요 없으므로 socketserver.TCPServer만 활용하도록 합니다.

텍스트 에디터를 열고 다음 코드를 작성한 후, "python200/network" 폴더에 "echoserver2.py"로 저장합니다.

network/echoserver2.py

```
1    import socketserver
2
3    HOST = ''
4    PORT = 7777
5
6    # 이 클래스는 서버 하나당 단 한 번 초기화됩니다.
7    class MyTcpHandler(socketserver.BaseRequestHandler):
8        # handle()에서 클라이언트 연결 처리를 위한 로직을 구현합니다.
9        def handle(self):
10           print(f'[{self.client_address[0]}] 연결됨')
11
12           try:
13               while True:
14                   self.data = self.request.recv(1024)
15                   if self.data.decode() == '/q':
16                       print(f'[{self.client_address[0]}] 사용자 종료')
17                       return
18
```

```
19                print(f'수신 메시지 [{self.data.decode()}]를 에코 전송')
20                self.request.sendall(self.data)
21          except Exception as e:
22                print(e)
23
24  def runServer():
25      print('+++ 에코 서버를 시작합니다.')
26      print('+++ 에코 서버를 끝내려면 Ctrl-C를 누르세요.')
27
28      try:
29          server = socketserver.TCPServer((HOST, PORT), MyTcpHandler)
30          server.serve_forever()
31      except KeyboardInterrupt:
32          print('--- 에코 서버를 종료합니다.')
33
34  runServer()
```

1····· socketserver 모듈을 임포트합니다.

3~4···· HOST와 PORT를 설정합니다.

7····· MyTcpHandler 클래스는 socketserver.BaseRequestHandler 클래스를 상속
받아 정의됩니다. MyTcpHandler 클래스는 클라이언트의 요청에 대한 처리를 담당
하며, socketserver.TCPServer 객체를 생성할 때 두 번째 인자로 입력됩니다.
MyTcpHandler는 socketserver.TCPServer가 객체화 될 때 단 한 번 초기화됩니다.

9····· 클라이언트의 연결 및 요청에 대한 처리 작업은 상속받은 BaseRequestHandler의 메서
드 handle()에 구현합니다. 우리가 구현하게 될 것은 에코 서버이므로 에코 서버의 기능을
handle()에 구현하면 됩니다. 이와 같이 부모클래스에서 정의된 메서드를 자식클래스에서
재정의하는 것을 메서드 오버라이딩(method overriding)이라 부릅니다.

10···· socketserver.BaseRequestHandler 클래스의 속성인 client_address는 클라이언트
의 (IP, PORT)입니다.

14···· socketserver.BaseRequestHandler 클래스의 속성값 request는 클라이언트 소켓
과 연결된 서버의 TCP 소켓 객체입니다. self.request.recv(1024)는 클라이언트로부
터 1024바이트를 수신합니다. 클라이언트가 전송한 데이터가 1024바이트보다 크면 self.
request.recv(1024)는 모든 데이터를 받을 때까지 1024바이트씩 계속 받게 됩니다. 클라
이언트가 전송한 모든 데이터를 받으면 전송받은 데이터를 self.data로 둡니다.

15~17·· 클라이언트로부터 수신한 메시지가 '/q'이면 해당 클라이언트에 대한 연결을 종료합니다.

19~20 ‥ 수신한 메시지가 '/q'가 아니면 해당 메시지를 화면에 출력하고 클라이언트로 재전송합니다.

24 ‥‥‥ 에코 서버를 구동하는 함수를 정의합니다.

29 ‥‥‥ socketserver.TCPServer((HOST, PORT), MyTcpHandler)는 생성하려는 서버의 IP 와 PORT를 (HOST, PORT)로 바인딩하고, 클라이언트 요청 처리를 위한 클래스는 MyTcpHandler 클래스임을 인자로 전달하여 socketserver.TCPServer 객체를 생성하 고 server로 둡니다.

30 ‥‥‥ server.serve_forever()는 server.shutdown() 호출이나 사용자가 Ctrl + C를 눌러 프 로세스를 강제로 종료하기 전까지 클라이언트 연결을 무기한으로 기다립니다. 클라이언트 연결이 요청되면 socketserver.BaseRequestHandler에서 연결 요청에 대한 기본 처리 를 하고, 우리가 구현한 handle() 메서드를 호출하여 클라이언트 요청에 대한 처리 작업을 수행하게 됩니다.

사용자가 Ctrl + C를 누르면 서버 종료 메시지를 화면에 출력하고 서버를 종료합니다. 윈도우 명령 프롬프트에서 "python200" 폴더로 이동한 다음, echoserver2.py를 실행해 봅니다.

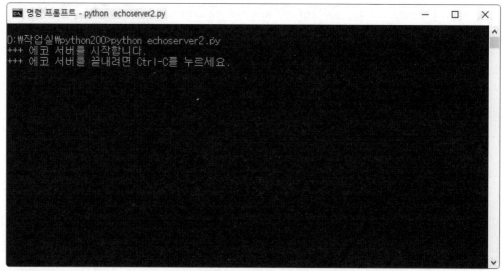

그림 177-1 향상된 에코 서버 echoserver2.py 실행 화면

Ctrl + C를 눌러 에코 서버를 종료합니다.

향상된 에코 서버를 구현한 핵심 로직은 다음의 그림으로 요약할 수 있습니다.

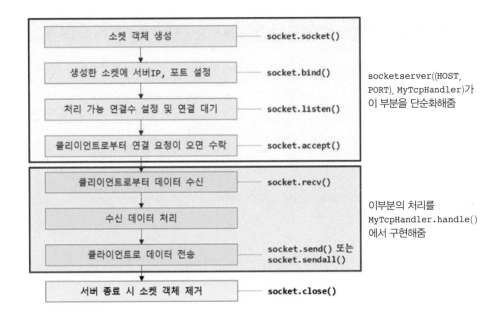

178 향상된 에코 클라이언트 만들기: socket

학습내용 사용자가 '/q'를 입력할 때까지 동작하는 에코 클라이언트를 구현합니다.

176에서 작성한 에코 클라이언트인 셀 176-1 코드에 다음과 같이 while문을 추가하여 수정합니다.

셀 178-1

```python
1  import socket
2
3  HOST = 'localhost'
4  PORT = 7777
5  def echoclient2():
6      with socket.socket(socket.AF_INET, socket.SOCK_STREAM) as sock:
7          sock.connect((HOST, PORT))
8
9          while True:
10             msg = input('메시지 입력: ')
11             if msg == '/q':
12                 sock.sendall(msg.encode())
13                 break
14
15             sock.sendall(msg.encode())
16             data = sock.recv(1024)
17             print(f'에코 서버로부터 받은 메시지 [{data.decode()}]')
18
19         print('클라이언트 종료')
20
21 echoclient2()
```

176에서 구현한 에코 클라이언트와 달라진 부분만 설명합니다.

9······ 사용자가 '/q'를 입력할 때까지 무한 루프를 돕니다.

11~13·· 사용자로부터 입력받은 메시지가 '/q'이면 '/q'를 바이트 문자열로 인코딩해서 에코 서버로 전송하고 무한 루프를 탈출합니다.

15~17·· 사용자 입력 메시지가 '/q'가 아니면 msg를 바이트 문자열로 인코딩해서 에코 서버로 전송하고, 에코 서버로부터 수신한 메시지를 출력한 다음 다시 사용자 입력을 기다립니다.

먼저 윈도우 명령 프롬프트를 실행하고 "python200" 폴더로 이동해서 177에서 구현한 향상된 에코 서버 echoserver2.py를 실행합니다.

에코 서버가 실행된 후, 셀 178-1을 실행하면 다음과 같은 화면이 출력됩니다.

메시지 입력:

이때 에코 서버의 화면은 다음과 같습니다.

그림 178-1 클라이언트 접속 시 향상된 에코 서버 화면

셀 178-1의 실행 화면에서 여러 가지 메시지를 입력해 봅니다.

메시지 입력: 안녕하세요!
에코 서버로부터 받은 메시지 [안녕하세요!]
메시지 입력: 저는 파이썬을 배우고 있는 초보자예요!
에코 서버로부터 받은 메시지 [저는 파이썬을 배우고 있는 초보자예요!]
메시지 입력: /q
클라이언트 종료

에코 서버 화면은 다음과 같습니다.

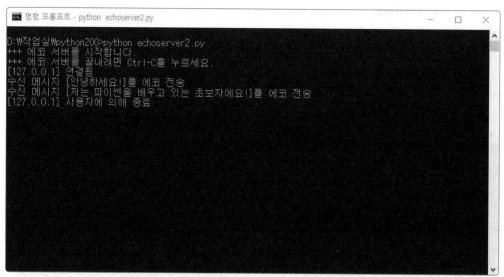

그림 178-2 에코 클라이언트에서 여러 메시지를 선송했을 때 에코 서버의 화면

에코 서버 화면에서 Ctrl + C를 눌러 서버를 종료합니다.

179
웹사이트에 접속하여 HTML 페이지를 파일로 저장: urllib.request.urlopen( )

학습내용 웹사이트의 URL에 접속해 URL의 html 페이지를 파일로 저장하는 방법에 대해 배웁니다.

urllib.requets 모듈은 URL을 이용해 인터넷에 연결하고 처리하기 위한 다양한 함수와 클래스들을 제공합니다.

urllib.request.urlopen(*url*)은 *url*에 접속하여 응답받은 데이터를 리턴합니다. 응답 받은 데이터는 html 페이지와 같은 텍스트일 수 있고, 이미지나 동영상, 음악 파일과 같은 바이너리 데이터일 수도 있습니다.

다음 코드는 https://www.python.org에 접속해서 응답받은 데이터를 로컬 파일로 저장하는 예제입니다.

셀 179-1

```
1  from urllib.request import urlopen
2
3  url = 'https://www.python.org/'
4  with urlopen(url) as f:
5    doc = f.read().decode()
6    with open('pythonhome.html', 'w') as h:
7      h.write(doc)
```

3~4···· https://www.python.org에 접속하여 오픈합니다.

5······ f.read()는 오픈한 URL로부터 데이터를 바이트 스트림으로 읽어옵니다. 우리가 접속한 URL은 "파이썬 홈페이지"이고 홈페이지 URL은 보통 텍스트 파일인 "index.html"을 읽어 리턴합니다. 그러므로 바이트 문자열을 유니코드 문자열로 디코딩한 데이터를 doc로 둡니다.

6~7···· "pythonhome.html" 파일을 텍스트 쓰기 모드로 오픈하고, doc를 파일에 저장합니다.

저장된 "pythonhome.html" 파일을 텍스트 편집기로 열어 내용을 확인해 봅니다.

180 HTTP 헤더 조작하기: requests

학습내용 HTTP 헤더를 조작하여 웹 사이트로 요청하는 방법에 대해 배웁니다.

HTTP 헤더의 종류는 매우 많습니다. 여기서는 HTTP 헤더 중 "User-Agent" 헤더의 값을 우리가 원하는 값으로 수정하여 요청하는 방법에 대해 알아봅니다.

HTTP 헤더의 "User-Agent"는 HTTP 요청을 보내는 디바이스나 브라우저 등과 같이 사용자가 어떤 도구를 사용해 요청을 수행하는지 식별하기 위해 사용됩니다. 우리가 인터넷 웹 서핑을 할 때 가장 많이 사용하는 것이 크롬이나 엣지, 사파리와 같은 웹브라우저입니다. 이들 웹브라우저는 자신들만의 "User-Agent" 값이 있습니다.

우리가 만든 프로그램에서 HTTP 요청을 보낼 때 가끔 서버측에서 거부당할 때가 있습니다. 그 원인 중 하나는 "User-Agent"의 값이 일반 웹브라우저의 값으로 설정되지 않아 서버에서 비정상적 요청으로 보고 요청을 거부해버리기 때문입니다. 이런 경우, 프로그램에서 "User-Agent"의 값을 웹브라우저의 "User-Agent" 값으로 설정하고 요청을 하면 거부당하는 일 없이 해결되기도 합니다.

먼저, 컴퓨터와 웹브라우저에서 사용하는 "User-Agent"의 값을 확인해 봅니다.

크롬 브라우저를 열고, F12키를 누르면 웹브라우저 오른쪽 부분에 개발자 모드 화면이 나타납니다.

그림 180-1 크롬 브라우저 개발자 모드 화면에서 "User-Agent" 헤더값 확인

개발자 모드 화면에서 '콘솔' 탭을 누르고, '〉'표시된 부분에 'navigator.userAgent'를 입력한 후 엔터를 치면 아래에 "User-Agent"의 값이 나옵니다.

코드에서 HTTP 헤더를 손쉽게 변경하려면 외부 모듈인 requests 모듈이 필요합니다. pip를 이용해 requests 모듈을 설치합니다.

```
> pip install requests
```

requests 모듈 설치가 잘 되었다면 이제 다음과 같이 코드를 작성해 봅니다.

셀 180-1

```
1   import requests
2
3   def my_urlopen(url):
4       header={"User-Agent":"Mozilla/5.0 (Windows NT 10.0; Win64; x64)
        AppleWebKit/537.36 (KHTML, like Gecko) Chrome/97.0.4692.99 Safari/537.36"}
5       try:
6           with requests.get(url, headers=header) as r:
7               return r
8       except Exception as e:
9           print(f'my_urlopen() 오류: url={url}\n{e}')
10          return None
```

1······ requests 모듈을 임포트합니다.

3······ 우리가 설정한 "User-Agent"헤더값을 적용하여 url로 요청하는 my_urlopen(url) 함수
를 정의합니다. 179에서 사용한 urllib.request.urlopen()을 대체하는 함수입니다.

4······ 그림 180-1에서 확인한 "User-Agent"의 값을 4라인과 같이 딕셔너리로 정의합니다. 만
약 header에 "User-Agent"와 "referer" 헤더를 추가하고 싶다면, {"User-Agent":"…",
"referer":"…"}와 같이 딕셔너리의 요소로 헤더를 추가하면 됩니다.

6······ requests.get(url, headers=header)는 header값을 HTTP 헤더로 추가한 후 url로 요
청하고, 응답받은 리소스를 Response 객체로 리턴합니다.

7······ Response객체 r을 리턴합니다.

8~10··· requests.get()에서 예외가 발생하면 예외 메시지를 출력하고 None을 리턴합니다.

179의 셀 179-1을 다음과 같이 약간 수정해서 실행해 봅니다.

셀 180-2

```
1   url = 'https://www.python.org/'
2   r = my_urlopen(url)
3   if r != None:
4     doc = r.content.decode()
5     with open('pythonhome2.html', 'w') as h:
6         h.write(doc)
```

1~2···· https://www.python.org에 접속하여 오픈합니다.

2······ my_urlopen(url)로 url에 접속하여 Response 객체를 리턴 받습니다.

4······ Response 객체 r에서 r.content는 url로 접속하여 응답받은 실제 데이터입니다. 이 데
이터를 디코딩하여 doc로 둡니다.

5~6··· "pythonhome2.html" 파일을 텍스트 쓰기 모드로 오픈하고, doc를 파일에 저장합니다.

저장된 "pythonhome2.html" 파일을 텍스트 편집기로 열어 내용을 확인해 봅니다.

인터넷에 있는 이미지를 내 PC에 저장하기

인터넷의 이미지 URL을 이용해 해당 이미지 파일을 로컬 파일로 저장하는 코드를 구현해 봅니다. 먼저, 180의 셀 180-1 코드를 셀 181-1에 복사합니다.

셀 181-1

```
1   import requests
2
3   def my_urlopen(url):
4       header={"User-Agent":"Mozilla/5.0 (Windows NT 10.0; Win64; x64) AppleWebKit
        /537.36 (KHTML, like Gecko) Chrome/97.0.4692.99 Safari/537.36"}
5       try:
6           with requests.get(url, headers=header) as r:
7               return r
8       except Exception as e:
9           print(f'my_urlopen() 오류: url={url}\n{e}')
10          return None
```

셀 181-2는 HTTP 헤더를 입력받아 응답받은 컨텐츠의 크기를 리턴하는 함수를 구현한 코드입니다.

셀 181-2

```
1   def getImgSize(headers):
2       try:
3           imgsize = int(headers['content-length'])
4           return imgsize
5       except Exception as e:
6           print(f'getImgSize() 오류: {e}')
7           return -1
```

3~4···· `headers['content-length']`는 인자로 입력받은 Response 객체의 `headers`에서 'content-length' 헤더의 값을 추출합니다. 이 값을 `int()`를 이용해 정수로 변환하고 값을 리턴합니다.

5~7···· 오류가 발생하면 오류 메시지를 출력하고 -1을 리턴합니다.

이제 직접 인터넷 상의 이미지 URL 정보를 이용해 로컬 파일로 저장하는 함수를 작성해 봅니다.

셀 181-3

```
1   def saveImage(url, filename):
2       r = my_urlopen(url)
3       if r != None:
4           imgdata = r.content
5           imgsize = getImgSize(r.headers)
6           if imgsize == -1:
7               print(f'{url} : 이미지 사이즈를 알 수 없습니다.')
8               return
9
10          with open(filename, 'wb') as h:
11              h.write(imgdata)
12          print(f'이미지 크기: {imgsize:,} 바이트 다운로드 완료')
```

1······ saveImage(url, filename)은 이미지 URL을 url로 입력하면 해당 이미지를 로컬 파일 filename으로 저장하는 함수입니다.

2······ my_urlopen(url)을 이용해 Response 객체를 리턴받습니다.

4······ r.content는 이미지의 바이너리 데이터이며, imgdata로 둡니다.

5······ r.headers는 HTTP 응답 헤더들을 담고 있습니다. getImgSize(r.headers)는 응답받은 데이터의 크기를 나타내는 HTTP 응답 헤더의 "content-length"의 값을 정수로 리턴합니다. 이 값은 이미지 데이터의 크기가 됩니다.

10~11··· filename을 바이너리 쓰기 모드로 오픈하고, imgdata를 이 파일에 기록합니다.

12······ 저장한 이미지 크기와 함께 다운로드 완료 메시지를 출력합니다.

다음 코드를 작성한 후 실행해 봅니다.

셀 181-4

```
1   url = 'http://www.anydle.com:8283/python200-new/sunrise_full.jpg'
2   saveImage(url, 'sunrise_full.jpg')
```

url로 설정한 이미지가 제대로 다운로드되어 "sunrise_full.jpg" 파일로 저장되었는지 확인하고 이미지를 열어봅니다.
원하는 이미지 URL을 url로 설정하고 직접 실행해 보세요.

21

동시 실행
프로그래밍

182 동시 실행(Concurrent Execution) 개념

학습내용 동시 실행 개념 및 파이썬에서 지원하는 동시 실행 관련 모듈에 대해 배웁니다.

동시 실행이란 여러 작업이 있을 때, 작업을 하나씩 순차적으로 처리하는 것이 아니라 여러 작업을 동시에 실행시켜 처리하는 것입니다. 프로그램을 구현할 때 흔히 활용하는 동시 실행 방법은 스레드 기반 병렬처리 방식인 멀티스레드(multi-threading)와 프로세스 기반 병렬처리 방식인 멀티프로세스(multi-process)가 있습니다.

멀티스레드와 멀티프로세스에 대한 이해를 돕기 위해 요리사가 잔치국수, 라면, 파스타 세 가지 음식을 요리하는 예를 들어봅니다. 달성하고자 하는 목표는 세 가지 음식을 모두 만드는 것입니다.

▌멀티스레드

멀티스레드는 요리사 1명이 잔치국수, 라면, 파스타를 동시에 요리하는 것과 비슷합니다.

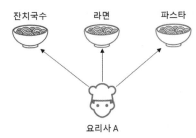

요리사 A가 잔치국수 양념을 만들면서, 라면 물을 불에 올려서 끓이고, 파스타 소소를 준비하는 식으로 진행하고, 모든 음식이 만들어지면 작업이 끝나게 됩니다.

1명의 요리사가 모든 음식을 번갈아 가면서 요리하므로 자원을 효율적으로 활용할 수 있다는 장점이 있습니다. 하지만 요리사 A가 잔치국수 만드는 작업을 하고 있을 때, 라면이나 파스타 요리작업은 요리사 A의 손길을 지원받지 못하므로, 요리사 A의 자원 활용에 있어 적절한 대처가 필요합니다.

▌멀티프로세스

멀티프로세스는 요리사 3명이 잔치국수, 라면, 파스타를 각각 담당해서 요리하는 것과 비슷합니다.

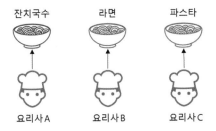

요리사 A는 잔치국수를, 요리사 B는 라면을, 요리사 C는 파스타를 각각 요리하고, 모든 음식이 만들어지면 작업이 끝나게 됩니다.

각 요리사가 맡은 요리를 전담하여 수행하므로, 다른 요리 작업 상황에 영향을 받지 않고 각자 요리를 진행할 수 있습니다. 하지만 3명의 요리사가 동원되므로 자원 활용의 효율성 측면에서는 단점이 있고, 요리사 간 소통이 필요할 경우 오버헤드가 발생할 가능성이 있습니다.

멀티스레드와 멀티프로세스의 장단점을 요약하면 다음과 같습니다.

병렬 처리 방식	장단점
멀티스레드	• 컴퓨터 자원을 효율적으로 사용함 • 스레드 간 작업 전환(context switching)이 신속함 • 여러 스레드가 자원을 공유하기 때문에 스레드의 자원 접근에 대한 처리가 필요 • I/O 작업에서 압도적 성능을 보임
멀티프로세스	• 프로세스별로 독립적인 컴퓨팅 자원을 사용함 • 안정적인 병렬 처리 시스템을 구현할 수 있음 • 프로세스 간 작업 전환이 스레드에 비해 느림 • CPU 관련 처리 성능 향상

파이썬에는 동시 실행을 위해 지원하는 여러 가지 모듈 및 방법들이 있는데, 이 책에서는 다음의 네 가지에 대해 소개합니다.

threading 모듈
• 스레드 기반 병렬 처리를 위한 기능 제공

multiprocessing 모듈
• 프로세스 기반 병렬 처리를 위한 기능 제공

concurrent.futures 모듈
• 호출 대상을 비동기적으로 실행하기 위한 고수준의 인터페이스 제공
• 동일한 규칙으로 스레드와 멀티프로세스 코드를 쉽게 작성 가능함

asyncio 모듈
• async/await 구문을 이용한 비동기 프로그래밍 작성을 위한 기능 제공

183 멀티스레드 프로그래밍: threading

학습내용 threading 모듈을 활용한 멀티스레드 구현 방법에 대해 배웁니다.

다음 코드는 주어진 수가 소수(prime number)인지 아닌지 판별하는 함수를 구현한 것입니다.

셀 183-1

```
1   from time import time
2
3   def checkPrimeNumber(x):
4       ret = False
5
6       if x == 2:
7           return True
8       if x <= 1 or x%2 == 0:
9           return False
10
11      print(f'{x:,}가 소수인지 아닌지 판별 중...')
12      stime = time()
13      for i in range(3, int(x**(1/2))+1, 2):
14          if x%i == 0:
15              ret = False
16          else:
17              ret = True
18      etime = time()
19
20      if ret:
21          print(f'{x:,}는 소수입니다. 소요 시간: {etime-stime:.2f}초')
22      else:
23          print(f'{x:,}는 소수가 아닙니다.')
24
25      return ret
```

3 ····· checkPrimeNumber(x)는 인자로 입력된 x에 대해 소수이면 True를 리턴하고, 소수가 아니면 False를 리턴합니다. x가 매우 큰 수라면 소수를 판별하는 데 소요되는 시간이 제법 걸릴 수 있습니다.

다음 코드는 인자로 입력되는 수 n에 대해 1에서 n까지 누적합을 계산하는 함수를 구현한 것입니다.

셀 183-2

```
1  def cumulativeSum(n):
2      ret = 0
3      print(f'{n:,}까지 누적합 계산중...')
4      stime = time()
5      for i in range(1, n+1):
6          ret += i
7      etime = time()
8      print(f'{n:,}까지 누적합 계산 시간 {etime-stime:.2f}초')
9      print(f'누적합 결과: {ret:,}')
10     return ret
```

이제 매우 큰 수 x, n에 대해 checkPrimeNumber(x), cumulativeSum(n)을 순서대로 호출하는 코드를 작성해 봅니다.

셀 183-3

```
1  x = 2305843009213693951
2  n = 1234567890
3  stime = time()
4  ret1 = checkPrimeNumber(x)
5  ret2 = cumulativeSum(n)
6  etime = time()
7  print(f'+++ 총 소요 시간 {etime-stime:.2f}초')
```

```
2,305,843,009,213,693,951가 소수인지 아닌지 판별 중...
2,305,843,009,213,693,951는 소수입니다. 소요 시간: 27.74초
1,234,567,890까지 누적합 계산중...
1,234,567,890까지 누적합 계산 시간 22.85초
누적합 결과: 762,078,938,126,809,995
+++ 총 소요 시간 50.59초
```

3······ 매우 큰 수 x와 n에 대해 checkPrimeNumber(x)와 cumulativeSum(n)을 호출하기 전에 현재 시간을 측정합니다.

6······ checkPrimeNumber(x), cumulativeSum(n)의 실행이 끝났을 때 현재 시간을 측정합니다.

7······ 총 소요 시간을 출력합니다.

이 코드처럼 하나의 단일 스레드로 구성된 프로세스를 **단일 스레드 프로세스**(Single Thread Process)라 부릅니다. 단일 스레드 프로세스는 중간에 매우 긴 시간이 소요되는 함수가 있을 경우 이 함수가 리턴할 때까지 아무런 작업도 수행하지 못한다는 단점이 있습니다.

출력 결과를 보면 checkPrimeNumber(x)가 약 27.74초, cumulativeSum(n)이 약 22.85초로 총 소요 시간이 약 50.59초 걸렸습니다.

이 코드는 checkPrimeNumber(x)가 실행되고 결과를 리턴하기까지 27.74 동안 아무 작업을 하지 못합니다. checkPrimeNumber(x)의 실행이 끝나면 cumulativeSum(n)을 실행하게 되고, 또 다시 cumulativeSum(n)이 종료될 때까지 22.85초 동안 아무 작업도 수행하지 못합니다. 단일 스레드 프로세스의 이런 문제를 해결하기 위한 방법 중 하나는 긴 시간이 소요되는 함수는 별도의 스레드로 구동하게 하는 것입니다.

파이썬의 threading 모듈은 스레드 기반의 병렬 처리 기능을 제공해줍니다. threading 모듈을 이용한 별개의 스레드로 구동하는 방법은 다음과 같습니다.

```
# 스레드 객체 생성
t = threading.Thread(target=스레드로 구동할 함수, args=(함수 인자들))
# 스레드 시작
t.start()
```

이제 셀 183-3의 코드를 threading 모듈을 이용해 멀티 스레드 프로그램으로 수정해서 작성해봅니다.

셀 183-4

```
1    from threading import Thread
2
3    x = 2305843009213693951
4    n = 1234567890
5
6    t1 = Thread(target=checkPrimeNumber, args=(x,))
7    stime = time()
8    t1.start()
9    ret2 = cumulativeSum(n)
10   etime = time()
11   print(f'+++ 총 소요 시간 {etime-stime:.2f}초')
```

```
2,305,843,009,213,693,951가 소수인지 아닌지 판별 중...
1,234,567,890까지 누적합 계산 중...
1,234,567,890까지 누적합 계산 시간 46.04초
누적합 결과: 762,078,938,126,809,995
+++ 총 소요 시간 46.05초
2,305,843,009,213,693,951는 소수입니다. 소요 시간: 51.00초
```

6······ t1 = Thread(target=checkPrimeNumber, args=(x,))는 checkPrimeNumber(x)를 스레드로 구동하기 위한 객체를 생성하여 t1으로 둡니다.

8······ t1.start()는 checkPrimeNumber(x)를 별도의 스레드로 실행합니다.

9······ checkPrimeNumber(x)가 별도의 스레드로 실행되므로 cumulativeSum(n)이 곧바로 실행됩니다.

이제 출력 결과를 살펴봅니다.

첫줄에 checkPrimeNumber(x)가 실행될 때 출력하는 "소수인지 아닌지 판별 중…" 메시지가 보입니다. 그 다음에 cumulativeSum(n)이 출력하는 "누적합 계산 중…" 메시지가 보이므로, checkPrimeNumber(x)와 cumulativeSum(n)이 동시에 실행되고 있음을 알 수 있습니다.

약 46초 후에 누적합 계산을 수행하는 cumulativeSum(n)이 종료되고, checkPrimeNumber(x)가 끝나지도 않았는데 총 소요 시간이 출력됩니다. checkPrimeNumber(x)는 약 51초 후에 결과를 출력하고 종료됩니다.

셀 183-4는 checkPrimeNumber(x)를 별도의 스레드로 구동하는 멀티스레드 프로그램이지만 checkPrimeNumber(x)가 끝나지도 않았음에도 총 소요 시간을 계산하므로 우리가 원하는 총 소요 시간이 결과로 출력되지 않았습니다.

이런 경우 스레드로 구동한 함수가 종료될 때까지 기다려야 하는데, 셀 183-4를 다음과 같이 수정해 봅니다.

셀 183-5

```
1    from threading import Thread
2
3    x = 2305843009213693951
4    n = 1234567890
5
6    t1 = Thread(target=checkPrimeNumber, args=(x,))
7    stime = time()
8    t1.start()
9    ret2 = cumulativeSum(n)
10   t1.join()
11   etime = time()
12   print(f'+++ 총 소요 시간 {etime-stime:.2f}초')
```

```
2,305,843,009,213,693,951가 소수인지 아닌지 판별 중...
1,234,567,890까지 누적합 계산중...
1,234,567,890까지 누적합 계산 시간 46.07초
누적합 결과: 762,078,938,126,809,995
2,305,843,009,213,693,951는 소수입니다. 소요 시간: 50.86초
+++ 총 소요 시간 50.86초
```

t1.join()은 스레드 t1이 종료할 때까지 기다리는 함수입니다. 총 소요 시간은 스레드 t1에서 실행되는 checkPrimeNumber(x)가 종료되면 출력됩니다.

출력 결과를 보면 총 소요 시간이 제대로 나옴을 알 수 있습니다.

셀 183-5를 다음과 같이 수정해서 실행해 봅니다.

셀 183-6

```
1   from threading import Thread
2
3   x = 2305843009213693951
4   n = 1234567890
5
6   t1 = Thread(target=checkPrimeNumber, args=(x,))
7   t2 = Thread(target=cumulativeSum, args=(n,))
8   stime = time()
9   t1.start()
10  t2.start()
11  t1.join()
12  t2.join()
13  etime = time()
14  print(f'+++ 총 소요 시간 {etime-stime:.2f}초')
```

셀 183-6은 checkPrimeNumber(x), cumulativeSum(n) 두 개의 함수를 각각 스레드로 구동하도록 구현한 코드입니다. 실행 결과는 셀 183-5와 동일하게 나옵니다.

184 멀티프로세스 프로그래밍: multiprocessing

학습내용 multiprocessing 모듈을 활용한 멀티프로세스 구현 방법에 대해 배웁니다.

multiprocessing 모듈은 멀티프로세스 기반 병렬 처리를 위한 기능을 제공합니다. multiprocessing 모듈을 이용한 프로세스 구동 방법은 다음과 같습니다.

```
# 멀티프로세스 객체 생성
p = multiprocessing.Process(target= 구동할 함수, args=(함수 인자들))
# 프로세스 시작
p.start()
```

183에서 다룬 스레드 기반으로 동작시킨 checkPrimeNumber(x)와 cumulativeSum(n)을 멀티프로세스 기반으로 동작시키는 코드로 작성해 봅니다. checkPrimeNumber(x)와 cumulativeSum(n) 함수 코드는 그대로 가져와서 작성했다고 가정합니다.

셀 184-1

```
1   from multiprocessing import Process
2   from time import time
3
4   x = 2305843009213693951
5   n = 1234567890
6
7   p1 = Process(target=checkPrimeNumber, args=(x,))
8   p2 = Process(target=cumulativeSum, args=(n,))
9   stime = time()
10  p1.start()
11  p2.start()
12  p1.join()
13  p2.join()
14  etime = time()
15  print(f'+++ 총 소요 시간 {etime-stime:.2f}초')
```

```
2,305,843,009,213,693,951가 소수인지 아닌지 판별 중...
1,234,567,890까지 누적합 계산중...
1,234,567,890까지 누적합 계산 시간 23.76초
누적합 결과: 762,078,938,126,809,995
2,305,843,009,213,693,951는 소수입니다. 소요 시간: 28.69초
+++ 총 소요 시간 28.70초
```

310 파이썬 200제_2판

셀 183-6 코드에서 구현한 스레드 기반 병렬 처리와 매우 유사한 로직으로 멀티프로세스 기반 병렬 처리가 구현됩니다. 결과를 보면 총 소요 시간이 28.70초로 스레드 기반 병렬 처리에 비해 단축되었음을 알 수 있습니다.

멀티프로세스 기반 병렬 처리는 스레드 기반 병렬 처리보다 CPU 연산 위주 작업에 있어서 훨씬 빠른 속도로 작업을 수행할 수 있음을 알 수 있습니다.

185

비동기 호출 인터페이스: concurrent.futures

학습내용 concurrent.futures를 활용한 병렬 처리 방법에 대해 배웁니다.

concurrent.futures 모듈은 호출 대상을 비동기적으로 실행하기 위한 고수준의 인터페이스를 제공합니다. concurrent.futures 모듈은 스레드 기반과 멀티프로세스 기반의 비동기 실행을 동일한 인터페이스로 수행할 수 있습니다. 이러한 인터페이스는 concurrent.futures 모듈의 Executor 클래스에서 정의하고 있습니다.

ThreadPoolExecutor

concurrent.futures 모듈의 ThreadPoolExecutor는 Executor를 상속받은 서브클래스이며, 호출 대상을 비동기적으로 실행하기 위해 스레드 풀을 활용합니다.

ThreadPoolExecutor의 활용법은 다음과 같습니다.

```
# ThreadPoolExecutor 객체 생성
executor = concurrent.futures.ThreadPoolExecutor(max_workers=n)
# 호출 대상을 스레드 풀로 처리
t1 = executor.submit(호출 대상 함수, *args)
# 수행된 스레드가 종료할 때까지 대기
fs = concurrent.futures.as_completed([t1, t2, …])
```

max_workers는 ThreadPoolExecutor가 관리하는 스레드의 최대 개수입니다.

concurrent.futures.as_completed([t1, t2,…])는 t1, t2,… 스레드가 종료하면 각 스레드에 대한 Future 인스턴스에 대한 이터레이터를 리턴합니다.

> **NOTE** Future 클래스
>
> 파이썬에서 동시 실행에 관련한 기능을 제공하는 클래스이며 concurrent.futures와 asyncio 내부에 있는 핵심 컴포넌트입니다. 사용자가 Future 클래스를 직접 다루는 일은 거의 없습니다. Future 클래스는 대기 중인 작업을 큐에 넣고, 작업 상태를 체크하며 작업의 결과나 발생한 예외에 대해 처리하는 기능을 수행합니다.

예제를 통해 ThreadPoolExecutor를 이해해 봅니다. 183의 셀 183-6 코드를 ThreadPool Executor를 이용한 코드로 수정해 봅니다.

183의 checkPrimeNumber(x)와 cumulativeSum(n) 함수 코드는 그대로 가져와서 작성했다고 가정합니다.

```
1   from concurrent.futures import ThreadPoolExecutor, as_completed
2   from time import time
3
4   x = 2305843009213693951
5   n = 1234567890
6   threads = [ ]
7
8   stime = time( )
9   executor = ThreadPoolExecutor(max_workers=2)
10  threads.append(executor.submit(checkPrimeNumber, x))
11  threads.append(executor.submit(cumulativeSum, n))
12
13  for t in as_completed(threads):
14      pass
15
16  etime = time( )
17  print(f'+++ 총 소요 시간 {etime-stime:.2f}초')
```

```
2,305,843,009,213,693,951가 소수인지 아닌지 판별 중...
1,234,567,890까지 누적합 계산중...
1,234,567,890까지 누적합 계산 시간 46.86초
누적합 결과: 762,078,938,126,809,995
2,305,843,009,213,693,951는 소수입니다. 소요 시간: 51.77초
+++ 총 소요 시간 51.77초
```

1······ concurrent.futures의 ThreadPoolExecutor와 as_completed를 임포트합니다.

6······ threads는 생성된 스레드 객체를 저장하기 위한 리스트입니다.

9······ ThreadPoolExecutor의 최대 스레드 수를 2로 설정합니다.

10~11· executor.submit(checkPrimeNumber, x))는 인자값 x로 checkPrimeNumber를 스레드
       로 구동하고 생성된 스레드 객체를 리턴합니다. cumulativeSum(n)도 동일한 방법으로 스
       레드를 구동합니다. 생성된 스레드 객체를 리스트 자료 threads에 추가합니다.

13····· as_completed(threads)는 threads에 저장된 스레드 객체가 종료될 때까지 대기합니다.
       스레드가 종료되면 대응되는 Future 인스턴스에 대한 이터레이터를 리턴합니다.

14····· 스레드로 구동되는 함수에 리턴값이 있을 경우, Future.result()로 참조할 수 있습니다.
       여기서는 함수 리턴값을 활용하지 않을 것이므로 pass로 처리합니다.

스레드로 구동하는 함수의 리턴값을 활용하는 예제를 통해 Future.result()에 대해 이해해 봅니다. 다음 코드는 5개의 URL에 연결해서 수신한 데이터의 크기를 출력하는 예제입니다.

셀 185-2

```
1   from concurrent.futures import ThreadPoolExecutor, as_completed
2   from urllib.request import urlopen
3
4   urls = ['https://www.naver.com/',
5           'https://www.cnn.com/',
6           'https://www.daum.net/',
7           'https://blog.naver.com/samsjang/',
8           'https://www.python.org/']
```

5개의 URL을 정의합니다.

셀 185-3

```
1   def loadUrl(url, timeout):
2       with urlopen(url, timeout=timeout) as f:
3           return f.read()
```

loadUrl(url, timeout)은 url에 접속하여 timeout으로 설정된 시간 안에 수신한 데이터를 리턴합니다.

셀 185-4

```
1    with ThreadPoolExecutor(max_workers=5) as executor:
2        fs = {executor.submit(loadUrl, url, 60): url for url in urls}
3        for future in as_completed(fs):
4            url = fs[future]
5            try:
6                data = future.result()
7            except Exception as e:
8                print(f'{url} 예외 발생: {e}')
9            else:
10               print(f'{url} 접속 성공: {len(data)} 바이트 수신')
```
```
https://www.naver.com/ 접속 성공: 261980 바이트 수신
https://www.cnn.com/ 접속 성공: 3025898 바이트 수신
https://www.python.org/ 접속 성공: 51589 바이트 수신
https://blog.naver.com/samsjang/ 접속 성공: 2889 바이트 수신
https://www.daum.net/ 접속 성공: 646413 바이트 수신
```

1······ 최대 스레드 개수를 5로 설정한 `ThreadPoolExecutor` 객체를 생성하고 `executor`로 둡니다.

2······ `{executor.submit(loadUrl, url, 60): url for url in urls}`는 다음 코드를 축약한 것입니다.

```
fs = { }
for url in urls:
    fs[executor.submit(loadUrl, url, 60)] = url
```

따라서 `fs`는 `{loadUrl의 스레드 객체 : url}`인 딕셔너리입니다.

3······ `as_completed(fs)`는 `fs`의 키인 스레드 객체가 종료될 때 생성되는 `Future` 인스턴스에 대한 이터레이터를 리턴합니다. `for future in as_completed(fs)`는 `fs`로 제공한 스레드 객체들 중 종료되는 스레드가 있으면 이에 대한 `Future` 인스턴스에 대한 이터레이터가 `future`로 할당됩니다.

4······ 종료한 스레드의 `url`을 가져옵니다.

6······ `future.result()`는 스레드로 구동한 함수의 리턴값을 얻습니다. 따라서 `data`는 종료된 스레드에서 실행된 `loadUrl(url)`의 리턴값입니다.

7~10··· 예외가 발생하지 않으면 결과를 출력합니다.

▮ ProcessPoolExecutor

`concurrent.futures` 모듈의 `ProcessPoolExecutor`는 `Executor`를 상속받은 서브클래스이며, 호출 대상을 비동기적으로 실행하기 위해 프로세스 풀을 활용합니다.
`ProcessPoolExecutor`는 `ThreadPoolExecutor`와 활용법이 동일합니다.

```
# ProcessPoolExecutor 객체 생성
executor = concurrent.futures.ProcessPoolExecutor(max_workers=n)
# 호출 대상을 프로세스 풀로 처리
p1 = executor.submit(호출 대상 함수, *args)
# 수행된 프로세스가 종료할 때까지 대기
fs = concurrent.futures.as_completed([p1, p2, …])
```

다음 코드는 `checkPrimeNumber(x)`와 `ProcessPoolExecutor`를 활용해 6개의 정수에 대해 병렬 처리하여 소수 여부를 판별하는 예제입니다.

checkPrimeNumber(x)를 복사 붙여넣기해서 가져옵니다.

셀 185-5

```
1   def checkPrimeNumber(x):
2     ret = False
3
4     if x == 2:
5       return True
6     if x <= 1 or x%2 == 0:
7       return False
8
9     print(f'{x:,}가 소수인지 아닌지 판별 중...')
10    stime = time()
11    for i in range(3, int(x**(1/2))+1, 2):
12      if x%i == 0:
13        ret = False
14    else:
15      ret = True
16    etime = time()
17
18    if ret:
19      print(f'{x:,}는 소수입니다. 소수판별시간: {etime-stime:.2f}초')
20    else:
21      print(f'{x:,}는 소수가 아닙니다.')
22
23    return ret
```

이어서 다음 코드를 작성합니다.

셀 185-6

```
1   from concurrent.futures import ProcessPoolExecutor
2
3   targets = [
4     112272535095293,
5     1125827059421171,
6     1099726899285419,
7     112272535095293,
8     115280095190773,
9     115797848077099
10  ]
```

소수인지 아닌지 판별할 대상 숫자 6개를 리스트 targets의 요소로 둡니다.

```
1  stime = time()
2  with ProcessPoolExecutor() as executor:
3      fs = [executor.submit(checkPrimeNumber, target) for target in targets]
4      for future in as_completed(fs):
5          pass
6  etime = time()
7  print(f'+++ 총 소요 시간 {etime-stime:.2f}초')
```

```
112,272,535,095,293가 소수인지 아닌지 판별 중...
112,582,705,942,171가 소수인지 아닌지 판별 중...
1,099,726,899,285,419가 소수인지 아닌지 판별 중...
112,272,535,095,293가 소수인지 아닌지 판별 중...
115,280,095,190,773가 소수인지 아닌지 판별 중...
115,797,848,077,099가 소수인지 아닌지 판별 중...
112,272,535,095,293는 소수입니다. 소수판별시간: 0.17초
112,582,705,942,171는 소수입니다. 소수판별시간: 0.17초
112,272,535,095,293는 소수입니다. 소수판별시간: 0.17초
115,797,848,077,099는 소수입니다. 소수판별시간: 0.17초
115,280,095,190,773는 소수입니다. 소수판별시간: 0.17초
1,099,726,899,285,419는 소수입니다. 소수판별시간: 0.52초
+++ 총 소요 시간 0.53초
```

2······ ProcessPoolExecutor()와 같이 max_workers를 설정하지 않으면 더 많은 프로세서를 사용할 수 있더라도 최대 61개까지 사용하도록 설정됩니다.

3······ fs는 targets의 6개 정수에 대해 병렬 처리되는 checkPrimeNumber()의 프로세스 객체들이 저장된 리스트입니다.

4~5······ 병렬 처리되는 함수의 리턴값에 대한 처리가 필요 없으므로 프로세스가 종료되면 그냥 pass합니다.

출력값을 보면 targets에 나열된 순서대로 소수를 체크하는 프로세스가 구동되지만, 프로세스 완료 순서는 다르다는 것을 알 수 있습니다.

186 비동기 함수 구현하기: asyncio, async, await

학습내용 동시 실행 코드를 작성하기 위한 라이브러리인 asyncio의 활용법에 대해 배웁니다.

asyncio 모듈은 async/await 구문을 이용하여 동시 실행 코드를 작성할 수 있는 라이브러리입니다.

asyncio는 고성능 네트워크 및 웹서버, 데이터베이스 연결 라이브러리, 분산 큐 등의 파이썬 비동기 프레임워크의 기반으로 사용됩니다.

def로 정의한 일반 함수는 동기(synchronous) 방식으로 동작합니다. 스레드나 멀티프로세스를 활용하면 비동기(asynchronous) 처리할 수 있지만, 다른 방법은 함수를 정의할 때 "이 함수는 비동기로 동작하는 함수임"으로 명시할 수 있습니다.

비동기 함수를 정의하고 실행하는 방법은 다음과 같습니다.

```python
# 비동기 함수, 코루틴 정의
async def func():
    코드
# 코루틴 안에서 코루틴 실행 방법
await func()
# 코루틴 바깥에서 코루틴 실행 방법
asyncio.run(func())
```

일반 함수를 정의하는 def 앞에 async 키워드를 붙이면 이 함수는 비동기로 처리되며, 이렇게 정의되는 비동기 함수를 코루틴(coroutine)이라 부릅니다. 앞으로 async def로 정의되는 비동기 함수를 코루틴으로 부르기로 합니다.

코루틴을 실행하는 방법은 일반 함수와 약간 다른데, 코루틴 안에서 코루틴을 실행하려면 await 키워드를 이용해 호출해야 합니다. 코루틴 바깥에서 코루틴을 실행하려면 asyncio.run() 메서드를 이용해야 합니다.

코드를 통해 이해해 봅니다.

셀 186-1

```python
import asyncio
from time import time

async def sayAfter(delay, saying):
    print(f'sayAfter({delay}, saying) 시작...')
    await asyncio.sleep(delay)
    print(saying)
```

4······ async def sayAfter(delay, saying)은 sayAfter()를 코루틴으로 정의합니다.

6~7···· asyncio.sleep(delay)는 delay동안 실행을 멈춘 후, "saying"을 출력합니다. asyncio.sleep() 역시 코루틴이므로 await 키워드로 호출합니다. asyncio.sleep()과 time.sleep()의 차이점에 대한 내용은 아래의 NOTE를 참고하세요.

```
1   async def main():
2       print('비동기 함수 main() 시작...')
3       stime = time()
4       await sayAfter(1, '안녕하세요!')
5       await sayAfter(2, '방가방가~~')
6       etime = time()
7       print(f'총 소요 시간: {etime-stime:.2f}초')
8
9   asyncio.run(main())                    # 주피터 노트북에서 실행시 오류 발생됨
```

```
비동기 함수 main() 시작...
sayAfter(1, saying) 시작...
안녕하세요!
sayAfter(2, saying) 시작...
방가방가~~
총 소요 시간: 3.00초
```

1······ 코루틴 main()을 정의합니다.

4~5···· await 키워드로 코루틴 sayAfter(1, '안녕하세요!'), sayAfter(2, '방가방가~~!')를 순차적으로 실행합니다.

9······ 코루틴 바깥에서 코루틴을 실행하려면 ayncio.run()으로 호출해야 합니다. ayncio.run(main())은 코루틴 바깥에서 코루틴 main()을 실행합니다.

NOTE 주피터 노트북에서 asyncio.run() 오류 발생 대처
주피터 노트북에서 코루틴 코드 실행 시, asyncio.run()을 실행하면 다음과 같은 오류가 발생합니다.

RuntimeError: asyncio.run() cannot be called from a running event loop

이는 주피터 노트북의 코드 실행 특성에 기인하는 것으로, 다음과 같이 코루틴 내부에서 코루틴을 호출하는 것처럼 수행하면 해결됩니다.

await main()

이 책의 코드는 대부분 주피터 노트북에서 작성된다는 것으로 가정하므로, 코루틴 바깥에서 코루

틴을 호출할 때도 await 키워드를 이용합니다.

코루틴 sayAfter()를 동시 실행하기 위해 셀 186-2의 main()을 다음과 같이 수정해 봅니다.

셀 186-3

```
1   async def main():
2       print('비동기 함수 main() 시작...')
3       tasks = []
4       tasks.append(asyncio.create_task(sayAfter(1, '안녕하세요!')))
5       tasks.append(asyncio.create_task(sayAfter(2, '방가방가~~')))
6
7       stime = time()
8       await asyncio.wait(tasks)
9       etime = time()
10      print(f'총 소요 시간: {etime-stime:.2f}초')
11
12  await main()                    # 주피터 노트북이 아니면 asyncio.run(main()) 으로 실행!
```

```
비동기 함수 main() 시작...
sayAfter(1, saying) 시작...
sayAfter(2, saying) 시작...
안녕하세요!
방가방가~~
총 소요 시간: 2.00초
```

`asyncio.create_task(coroutine)`은 코루틴 coroutine을 Task로 감싸고 Task의 실행을 스케줄링하고 Task객체를 리턴합니다. `asyncio.Task`는 이벤트 루프에서 코루틴을 실행하는 데 사용됩니다.

4······ `asyncio.create_task(sayAfter(1, '안녕하세요!'))`는 코루틴 sayAfter()를 Task로 전환하고 이 Task를 리턴합니다. 리턴한 Task를 tasks의 요소로 추가합니다.

5······ `asyncio.create_task(sayAfter(2, '방가방가~~'))` 역시 4라인과 마찬가지로 동작하며 리턴한 Task를 tasks의 요소로 추가합니다.

8······ `asyncio.wait(tasks)`는 tasks의 요소인 Task들을 모두 실행하고, 모든 Task들이 종료될 때까지 대기합니다.

출력 결과를 살펴보면, sayAfter(1, '안녕하세요!')와 sayAfter(2, '방가방가~~')가 동시에 실행되었음을 알 수 있고, 소요 시간은 2초가 걸렸습니다.

이제 셀 186-1 코드에서 time 모듈의 sleep을 임포트하고, await asyncio.sleep(delay)를 주석처리합니다. sleep(delay)를 아래 행에 추가한 후 Ctrl+Enter로 셀을 실행합니다.

셀186-1 수정

```
1   from time import sleep
2
3   async def sayAfter(delay, saying):
4       print(f'sayAfter({delay}, saying) 시작...')
5       #await asyncio.sleep(delay)
6       sleep(delay)
7       print(saying)
```

셀 186-3을 다시 실행해보면 다음의 결과가 출력됩니다.

```
비동기 함수 main( ) 시작...
sayAfter(1, saying) 시작...
안녕하세요!
sayAfter(2, saying) 시작...
방가방가~~
총 소요 시간: 3.00초
```

출력 결과를 보면, sayAfter(1, '안녕하세요')가 실행되고 종료된 후 sayAfter(2, '방가방가~~')가 실행되며, 소요 시간은 3초입니다.

이런 결과가 나오는 이유는, 첫 번째로 호출된 sayAfter()의 time.sleep(delay)가 진행되는 중에는 코드 실행이 blocking 되고 있으므로 두 번째 sayAfter()의 호출이 실행되지 않고 대기하게 됩니다. time.sleep(delay)가 리턴하면 코드 실행 blocking이 풀리게 되고, 두 번째로 호출한 sayAfter()가 실행됩니다. 따라서 두 번의 sayAfter() 실행 및 종료는 순차적으로 진행되므로 소요 시간이 3초인 것입니다.

반면, asyncio.sleep(delay)가 적용되면 첫 번째로 호출된 sayAfter()의 asyncio.sleep(delay)가 진행되는 중에 코드 실행을 non-blocking 하므로, 두 번째 sayAfter()가 호출되면 곧 바로 두 번째 sayAfter()를 실행합니다. 두 개의 sayAfter()가 동시에 실행되므로 소요 시간이 2초 걸리게 됩니다.

NOTE asyncio는 병렬로 실행하지 않고 동시에 실행하는 메커니즘이다!
실제로 어느 한 시점에 하나의 코루틴만 실행되며, 다른 코루틴은 현재 실행중인 코루틴이 await로 해당 코루틴으로 제어권을 넘기고 대기하는 경우에 실행됩니다.

asyncio는 I/O 처리를 위한 프로그램에 적합합니다. 프로그램의 작업이 I/O 대기 상태일 때, 제어권을 다른 작업으로 전환함으로써 효율 및 성능을 향상시킬 수 있습니다. 반면, CPU 연산 능력을 극대화해야 하는 프로그램인 경우, 멀티프로세스로 처리하는 것이 바람직합니다.

22

프로그래밍
실습

187 opencv를 활용하여 마우스로 도형 그리기 ①

학습내용 컴퓨터 비전과 관련된 다양한 작업을 수행할 수 있는 opencv를 활용해 마우스로 간단한 도형 그리기 프로그램을 작성합니다.

opencv는 Open Source Computer Vision Library의 약자로, 이미지와 비디오 처리등 컴퓨터 비전 처리와 관련된 다양한 기능을 제공해주는 패키지입니다.

윈도우 명령 프롬프트를 실행하고 pip를 이용해 opencv와 numpy 패키지를 설치합니다.

```
> pip install opencv-python
> pip install numpy
```

opencv와 numpy 패키지 설치가 완료되면 몸풀기로 opencv를 이용해 이미지 파일을 읽어서 화면에 출력하는 코드를 작성해 봅니다.

셀 187-1

```
1   import cv2
2
3   def showImage(imgfile):
4       img = cv2.imread(imgfile, cv2.IMREAD_COLOR)
5       cv2.namedWindow('picture', cv2.WINDOW_AUTOSIZE)
6       cv2.imshow('picture', img)
7       cv2.waitKey(0)
8       cv2.destroyAllWindows()
9
10  showImage('sunrise.jpg')
```

1······ opencv 모듈을 임포트합니다.

3······ showImage(imgfile)은 인자로 입력된 imgfile을 화면에 출력하는 함수입니다.

4······ cv2.imread(imgfile, cv2.IMREAD_COLOR)는 이미지파일 imgfile을 컬러로 읽습니다.

5······ 이미지를 출력할 윈도우를 설정합니다. 윈도우 타이틀은 'picture'고, 윈도우 크기는 자동으로 설정합니다.

6······ imgfile의 이미지를 5라인에서 설정한 윈도우에 출력합니다.

7~8····· 사용자가 아무 키나 누를 때까지 기다리고, 키를 누르면 생성한 윈도우를 제거합니다.

셀 187-1을 실행하면 다음과 같은 화면이 출력됩니다.

그림 187-1 셀187-1 실행 결과

opencv에 대한 준비 운동을 마쳤으니, 이번 주제인 마우스로 간단한 도형을 그리는 코드를 작성해 봅니다. 우리가 구현할 코드는 다음과 같은 간단한 기능을 가지고 있습니다.

- 1024 × 576 크기의 검정색 그림판 위에서 마우스 왼쪽 버튼을 더블클릭하면 그 위치에서 반지름 50픽셀인 원을 그림
- 원을 채우는 색상은 무작위로 선택됨
- Esc를 누르면 그림판을 닫고 프로그램을 종료함

주피터 노트북에서 다음 코드를 작성하고 셀 단위로 실행합니다.

셀187-2

```
1   import numpy as np
2   from random import shuffle
3
4   B = [i for i in range(256)]      # Blue
5   G = [i for i in range(256)]      # Green
6   R = [i for i in range(256)]      # Red
```

필요한 모듈을 임포트합니다.

1······ numpy는 수학 및 과학 연산을 위한 메서드를 제공하는 패키지로 다차원 배열과 행렬 연산에 필요한 다양한 기능을 제공합니다.

4~6····· Blue, Green, Red 색상을 위한 색 범위 값을 리스트로 정의합니다.

셀187-3

```
1   def onMouse(event, x, y, flags, param):
2       if event == cv2.EVENT_LBUTTONDBLCLK:
3           shuffle(B), shuffle(G), shuffle(R)
4           cv2.circle(param, (x, y), 50, (B[0], G[0], R[0]), -1)
```

onMouse()는 마우스 이벤트를 처리할 콜백(callback) 함수입니다. 콜백 함수란 이 함수가 다른 함수의 인자로 입력되어 특정 이벤트에 의해 호출되는 함수라고 이해하면 됩니다. onMouse()는 다음에 설명되는 cv2.setMouseCallBack() 함수의 인자로 입력됩니다.

1······ onMouse(event, x, y, flags, param)의 인자에 대한 설명은 다음과 같습니다.

- event: 마우스 이벤트
- x, y: 마우스 이벤트가 발생한 위치
- flags: 여기서는 사용하지 않음
- param: cv2.setMouseCallBack() 함수에서 전달받은 사용자 데이터. 이 코드에서는 img(도형이 그려질 그림판)가 전달될 예정

2······ event가 마우스 왼쪽 버튼 더블클릭 이벤트인지 체크합니다.

3~4···· 마우스 왼쪽 버튼 더블클릭 이벤트이면 B, G, R을 무작위로 섞은 후 인덱스 0인 요소를 이용해 색상(B[0],G[0],R[0])을 정하고, 그림판의 (x, y)위치에서 반지름 50 픽셀인 원을 그립니다. param으로 전달된 그림판은 셀 187-4의 4라인 cv2.setMouseCallBack()에서 인자로 입력된 img입니다.

셀 187-4

```
1   def mouseBrush():
2       img = np.zeros((576, 1024, 3), np.uint8)
3       cv2.namedWindow('drawing pad')
4       cv2.setMouseCallback('drawing pad', onMouse, img)
5
6       while True:
7           cv2.imshow('drawing pad', img)
8           k = cv2.waitKey(1) & 0xFF
9           if k == 27:
10              break
11      cv2.destroyAllWindows()
12
13  mouseBrush()
```

1······ mouseBrush()는 1024 × 576 크기의 그림판에 도형을 그릴 수 있는 프로그램의 메인 함수입니다.

2······ np.zeros((576, 1024, 3), np.uint8)은 모든 요소를 0으로 채운 (576, 1024, 3) 매트릭스를 생성합니다. np.uint8은 생성된 매트릭스의 요소값을 8비트 unsigned integer로 설정한다는 뜻입니다. 이렇게 생성된 매트릭스는 1024 × 576 크기의 검정색 그림판이 됩니다. 이 그림판을 img로 둡니다.

3······ 이름이 'drawing pad'인 윈도우를 생성합니다.

4······ 'drawing pad' 윈도우 위에서 발생하는 마우스 이벤트를 처리하기 위한 콜백 함수를 설정합니다. 마우스 이벤트가 발생하면 호출되는 콜백함수로 onMouse를 지정하고, onMouse의 param 값으로 img를 인자로 전달합니다.

6······ 무한 루프를 돕니다.

7······ 그림판 img를 'drawing pad' 윈도우에 그립니다. 그림판에는 마우스 왼쪽 버튼 더블클릭으로 그려진 원을 포함합니다.

8······ cv2.waitKey()는 지정된 시간동안 키보드 입력을 기다리는 함수입니다. 인자는 키보드 입력을 기다리는 시간으로 1/1000초입니다. cv2.waitKey(1)은 1ms동안 대기하라는 의미입니다. cv2.waitKey()는 사용자가 누른 키보드의 ASCII 코드 값을 리턴합니다.

9~11··· [Esc]키의 ASCII 코드값은 27입니다. 따라서 사용자가 [Esc]를 누르면 무한 루프를 탈출해서 그림판을 닫고 프로그램을 종료합니다.

waitKey(1) & 0xFF는 키보드의 NumLock키가 켜져 있을 때 waitKey(1)이 1바이트보다 큰 값으로 리턴하기 때문에 0xFF를 AND 연산해서 하위 1바이트 값만 취하면 올바른 ASCII 값을 얻을 수 있습니다.

이제 셀 187-4를 실행하고 화면이 나타나면 'drawing pad' 임의의 곳에서 마우스 왼쪽 더블클릭을 몇 번 눌러봅니다.

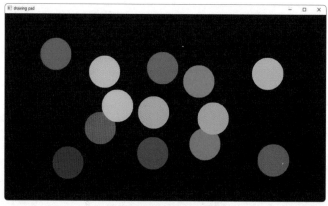

그림 187-2 도형 그리기 실행 화면

[Esc]를 눌러 프로그램을 종료합니다.

188 opencv를 활용하여 마우스로 도형 그리기 ②

학습내용 187의 도형 그리기에 비해 발전된 형태의 프로그램을 작성합니다.

우리가 187에서 구현한 도형 그리기 프로그램을 다음과 같은 기능이 실행되는 좀 더 발전된 형태의 그림판으로 구현해 보도록 합니다.

- 1024 × 576 크기의 검정색 그림판 위에서 직사각형, 원을 그릴 수 있음
- Ⓜ을 누르면 직사각형, 원 그리기가 토글됨
- 마우스 왼쪽 버튼을 누른 채 움직이면 직사각형이 그려지고 누르고 있던 마우스 버튼을 떼면 직사각형이 완성됨
  - ✓ 마우스 왼쪽 버튼을 누른 지점이 직사각형 왼쪽 위 모서리가 됨
- 마우스 왼쪽 버튼을 누른 채 움직이면 원이 그려지고 누르고 있던 마우스 버튼을 떼면 원이 완성됨.
  - ✓ 마우스 왼쪽 버튼을 누른 지점이 원의 중심이 됨
- 직사각형, 원을 채우는 색상은 무작위로 선택됨
- Ⓔsc를 누르면 프로그램이 종료됨

주피터 노트북에서 다음의 코드를 작성하고 셀 단위로 실행합니다.

```
셀 188-1
1   import cv2
2   import numpy as np
3   from random import shuffle
4   from math import sqrt
5
6   B = [i for i in range(256)]      # Blue
7   G = [i for i in range(256)]      # Green
8   R = [i for i in range(256)]      # Red
9
10  mode = True                      # 직사각형, 원 그리기 토글 플래그
11  is_drawing = False               # 그리기 플래그
12  ix, iy = -1, -1                  # 마우스 왼쪽 버튼을 누른 위치
```

4······ math.sqrt는 원 그리기를 할 때, 반지름을 구하기 위해 사용됩니다.

10······ mode는 직사각형, 원 그리기를 토글하기 위한 플래그입니다. mode가 True면 직사각형, mode가 False면 원 그리기를 수행합니다.

11······ is_drawing의 값이 True면 마우스가 움직일 때 도형을 그리게 됩니다. is_drawing의 값을 False로 설정하여 마우스가 움직이더라도 도형을 그리지 못하도록 합니다.

12······ ix, iy는 마우스 왼쪽 버튼을 누른 지점의 좌표입니다.

```
1   def onMouse(event, x, y, flags, param):
2       global ix, iy, is_drawing, mode, B, G, R
3
4       if event == cv2.EVENT_LBUTTONDOWN:
5           is_drawing = True
6           ix, iy = x, y
7           shuffle(B), shuffle(G), shuffle(R)
8
9       elif event == cv2.EVENT_MOUSEMOVE:
10          if is_drawing:
11              if mode:
12                  cv2.rectangle(param, (ix, iy), (x, y), (B[0], G[0], R[0]), -1)
13              else:
14                  r = (ix-x)**2 + (iy-y)**2
15                  r = int(sqrt(r))
16                  cv2.circle(param, (ix, iy), r, (B[0], G[0], R[0]), -1)
17
18      elif event == cv2.EVENT_LBUTTONUP:
19          is_drawing = False
```

1······ 마우스 이벤트를 처리하는 콜백 함수 onMouse()를 정의합니다.

2······ ix, iy, is_drawing, mode, B, G, R은 onMouse() 바깥에서 정의된 전역변수이므로, global 키워드를 이용해 전역변수를 사용할 것임을 알려줍니다.

4······ 마우스 왼쪽 버튼을 눌렀을 때 처리입니다.

5······ is_drawing = True로 설정해서 마우스가 움직일 때 도형을 그리도록 합니다. 마우스 버튼을 떼면 is_drawing = False로 설정될 것이므로 도형을 지속적으로 그리려면 마우스 왼쪽 버튼을 계속 누르고 있어야 합니다.

6······ 마우스 왼쪽 버튼을 최초로 누른 좌표 x, y를 ix, iy로 할당합니다.

7······ B, G, R을 무작위로 섞습니다.

9······ 마우스가 움직일 때의 처리입니다.

10······ is_drawing이 True면 도형을 그립니다.

11~12·· mode가 True면 cv2.rectangle()로 직사각형을 그립니다. 마우스가 움직일 때 (x, y)의 값도 계속 변할 것이므로 그려지는 직사각형의 크기도 계속 변하게 됩니다.

13~16·· mode가 False면 cv2.circle()로 원을 그립니다. (ix, iy)를 원의 중심으로 하고, 마우스의 현재 위치 (x, y)까지를 반지름으로 하는 원을 그립니다. 직사각형과 마찬가지로 마우스가 움직이면 (x, y)도 계속 변할 것이므로 그려지는 원의 크기도 계속 변하게 됩니다.

18····· 마우스 버튼을 뗐을 때의 처리입니다.

19····· is_drawing = False로 설정해서 마우스가 움직일 때 더 이상 도형이 그려지지 않도록 합니다.

셀 188-3

```
1    def mouseBrush():
2        global mode
3        img = np.zeros((576, 1024, 3), np.uint8)
4        cv2.namedWindow('drawing pad')
5        cv2.setMouseCallback('drawing pad', onMouse, img)
6
7        while True:
8            cv2.imshow('drawing pad', img)
9            k = cv2.waitKey(1) & 0xFF
10           if k == 27:
11               break
12
13           if k == ord('m'):
14               mode = not mode
15
16       cv2.destroyAllWindows()
17
18   mouseBrush()
```

mouseBrush()는 셀 187-4코드에 13~14라인만 추가한 것입니다.

13~14·· 사용자가 'm'을 눌렀을 때 mode의 값이 True면 False로, False면 True로 변경합니다. 따라서 'm'을 누를 때마다 직사각형, 원 그리기가 토글됩니다.

이제 코드를 실행하고 화면이 나타나면 'drawing pad' 임의의 곳에서 마우스 왼쪽 버튼을 누르고 마우스로 도형을 그려봅니다. 'm'을 눌러 직사각형, 원 그리기를 토글하면서 그려봅니다.

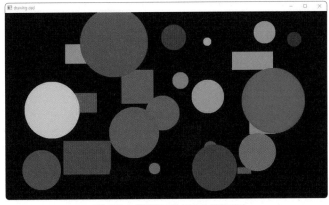

그림 188-1 향상된 도형 그리기 실행 화면

189 matplotlib을 활용한 데이터 시각화 실습 ①

> **학습내용** matplotlib을 이용해 다양한 그래프를 그리는 프로그램을 작성합니다.

matplotlib은 파이썬 기반의 데이터 시각화 도구로, 정적 및 애니메이션을 이용한 동적 시각화, 상호작용이 가능한 시각화 등과 관련한 광범위한 라이브러리를 제공합니다.
matplotlib이 설치되어 있지 않으면 pip를 이용해 matplotlib을 설치합니다.

```
> pip install matplotlib
```

matplotlib을 이용해 먼저 해볼 것은 화면에 그래프를 그리고 제목, 라벨, 레전드(범례)를 삽입하는 것입니다.

▌matplotlib 한글 설정하기

코드를 작성하기 전에 matplotlib에서 한글을 사용할 수 있도록 사전 설정을 해야 합니다. 파이썬 200제 필요파일 모음 속 "font" 폴더에 "NanumGothic.ttf" 폰트 파일이 있습니다.
주피터 노트북에서 다음 코드를 작성하고 실행합니다.

셀 189-1
```
1   import matplotlib
2   print(matplotlib.matplotlib_fname())
3   print(matplotlib.get_cachedir())
…\site-packages\matplotlib\mpl-data\matplotlibrc
…\.matplotlib
```

2······ matplotlib.matplotlib_fname()의 출력 결과를 보면 경로가 나옵니다. 이 경로를 참조하여 …/mpl-data 폴더로 이동하면 fonts 폴더가 있습니다. fonts/ttf 폴더에 "NanumGothic.ttf" 파일을 복사합니다.

3······ 그 다음은 matplotlib.get_cacheddir()의 출력 결과인 …\.matplotlib 폴더로 이동합니다. 이 폴더에 "fontlist-v390.json" 파일이 있으면 이 파일을 삭제합니다. 이로써 matplotlib에서 한글 표시를 위한 한글 설정이 끝났습니다.

주피터 노트북에서 다음 코드를 작성합니다.

셀 189-2
```
1   import matplotlib.pyplot as plt
2   import math
```

필요 모듈을 임포트합니다.

셀 189-3

```
1  krfont = {'family':'NanumGothic', 'weight':'bold', 'size':10}
2  matplotlib.rc('font', **krfont)
3  matplotlib.rcParams['axes.unicode_minus'] = False
```

1······ `krfont`는 `matplotlib`에서 사용할 폰트를 설정하기 위한 변수입니다. 나눔고딕 폰트를 사용하고 볼드체 폰트크기는 10으로 설정합니다.

2······ `krfont`를 `matplotlib`의 리소스로 등록합니다.

3······ `matplotlib`에서 표시되는 문자 중 마이너스 "–"를 연산 마이너스가 아닌 문자 대시로 설정합니다.

셀 189-4

```
1  PI = 3.141592
2  xs, ys1, ys2 = [ ], [ ], [ ]
3  for x in range(360):
4      xs.append(x)
5      ys1.append(math.sin(PI*x/180))
6      ys2.append(math.cos(PI*x/180))
```

1······ 원주율을 `PI`로 정의합니다.

2······ `xs`는 X 좌표, `ys`는 Y 좌표로 사용할 변수입니다. `ys1`은 사인 곡선의 Y 좌표로, `ys2`는 코사인 곡선의 Y 좌표로 사용됩니다. `PI*x/180`은 각도를 라디안(radian)으로 변환한 식입니다. 사인이나 코사인 같은 삼각함수의 X 좌표는 라디안을 사용합니다.

3~6···· X 좌표를 0에서 359까지 1씩 증가하면서 `ys1`은 사인 값을, `ys2`는 코사인 값을 저장합니다.

셀 189-5

```
1  plt.plot(xs, [0]*len(xs), color='black')
2  plt.plot(xs, ys1, label='사인 곡선')
3  plt.plot(xs, ys2, label='코사인 곡선')
4  plt.xlim([0, 360])
5  plt.xlabel('X-값')
6  plt.ylabel('Y-값')
7  plt.title('삼각함수')
8  plt.legend()
9  plt.show()
```

1······ X축을 표시하기 위해 y = 0 그래프를 그립니다.

2~3··· plt.plot(x, y)는 인자로 입력된 x와 y를 좌표평면상에 그래프로 그립니다. x와 y는 정수나 실수가 요소인 리스트나 튜플입니다. plt.plot()의 인자 label로 설정된 값은 8라인의 plt.legend()로 표시되는 범례입니다.

4······ plt.xlim([0, 360])은 X 좌표의 범위를 0~359로 설정합니다.

5~6···· X축의 라벨을 'X-값', Y축의 라벨을 'Y-값'으로 설정합니다.

7······ 출력 결과의 제목을 '삼각함수'로 설정합니다.

8······ plt.legend()는 plt.plot()에서 label로 지정된 값을 범례로 표시합니다. plt.legend()에 인자가 없으면 범례 표시를 적절한 곳에 배치합니다. 범례 위치를 지정하고 싶으면 plt.legend(loc=1)과 같이 사분면 위치를 정해주면 됩니다. loc의 값은 1~4까지의 정수가 가능합니다.

9······ plt.show()는 결과를 화면에 출력합니다.

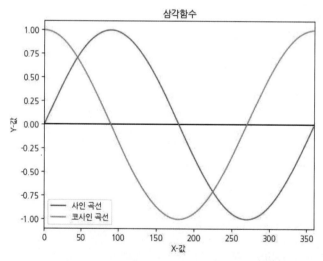

그림 189-1 matplotlib으로 그린 사인곡선과 코사인곡선

`matplotlib`은 이외에도 다양한 그래프를 그려주는 기능을 제공합니다. 다음 코드를 작성하고 실행해 보세요.

셀 189-6

```
1   data = [22,55,62,45,21,22,34,42,42,4,99,102,110,120,121,
            122,130,111,115,112,80,75,65,54,44,43,42,48,16,11]
2   bins = [x*10 for x in range(14)]
3
4   plt.hist(data, bins, rwidth=0.8)
5   plt.show()
```

이 코드는 data에 분포된 값들을 이용해 히스토그램을 그려주는 예시입니다. 히스토그램은 어떤 범위에 해당하는 값들의 개수를 막대 그래프로 표시해 줍니다.

1······ 임의의 정수 나열을 data에 담습니다.

2······ bins는 데이터 분류 기준이 되는 간격, 즉 범위를 설정한 변수입니다. 우리가 그려 볼 히스토그램은 0~10, 11~20, 21~30과 같이 간격을 10단위로 설정합니다.

4······ plt.hist(data, bins, rwidth=0.8)은 data를 bins로 설정된 분류 범위에 따라 히스토그램을 그립니다. rwdith는 막대그래프 사이의 간격입니다.

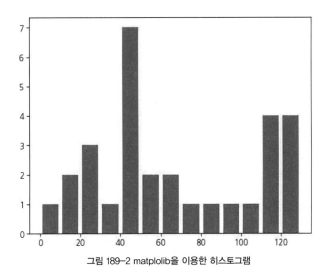

그림 189-2 matplolib을 이용한 히스토그램

190 matplotlib을 활용한 데이터 시각화 실습 ②

학습내용 파일에서 데이터를 읽어서 matplotlib으로 그래프를 그려보는 프로그램을 작성합니다.

"파이썬 200제 필요파일 모음"을 보면 births.txt 파일이 있습니다. 이 파일은 1880년부터 2011년까지 미국에서 태어난 남녀 출생아 수를 정리한 데이터입니다. 이 파일은 다음과 같은 형식으로 데이터가 저장되어 있습니다.

```
1880, 90993, 110491
1881, 91954, 100745
1882, 107850, 113688
...
```

각 숫자는 콤마(,)로 구분되어 있고 첫 번째 컬럼은 연도, 두 번째는 여자아기 출생수, 세 번째는 남자아기 출생수입니다.

births.txt의 모든 데이터를 읽어서 남녀 출생수 추이를 그래프로 나타내는 코드를 작성해 봅니다. 주피터 노트북에서 코드를 작성하고 각 셀을 실행합니다.

셀 190-1

```
1    import matplotlib.pyplot as plt
2    import csv
```

2······ 파일에서 데이터를 편리하게 읽기 위해 csv 모듈을 임포트합니다.

셀 190-2

```
1    file = 'births.txt'
2    years = range(1800, 2012)
3    pieces = [ ]
4    with open(file, 'r') as f:
5        data = csv.reader(f, delimiter=',')
6        for d in data:
7            pieces.append(d)
```

2······ 연도의 범위는 1880년에서 2011년으로 합니다.

3······ pieces는 [연도, 여자아기 출생수, 남자아기 출생수]를 요소로 가지는 리스트가 됩니다.

5······ data = csv.reader(f, delimiter=',')는 파일 f를 콤마로 구분하여 각 행을 읽은 결과를 csv.reader 객체로 생성하고 data로 둡니다.

6~7···· data의 모든 요소를 읽어 pieces에 추가합니다. pieces는 [['1880', '90993', '110491'], ['1881', '91954', '100745'], ···]와 같은 형식이 됩니다.

셀 190-3

```
1   x = [int(year) for year, female, male in pieces]
2   y1 = [int(female) for year, female, male in pieces]
3   y2 = [int(male) for year, female, male in pieces]
4
5   plt.plot(x, y1, 'r-', label='여자아기')
6   plt.plot(x, y2, 'b-', label='남자아기')
7
8   plt.ylim([0, 2500000])
9   curYticks, _ = plt.yticks()
10  plt.yticks(curYticks, [f'{y:,.0f}' for y in curYticks])
11
12  plt.legend()
13  plt.title('미국 연도별 성별 총 출생아수')
14  plt.xlabel('연도')
15  plt.ylabel('출생아수')
16  plt.grid()
17  plt.show()
```

1~3···· x, y1, y2는 각각 연도, 여자아기 출생 수, 남자아기 출생 수를 요소로 가지는 리스트입니다.

5······ plt.plot()의 세번째 인자 'r-'는 선스타일을 지정하는 문자열입니다. 선스타일에 대한 자세한 내용은 matplotlib 공식 사이트에서 확인할 수 있습니다. 'r-'에서 r은 빨간색, -는 실선을 뜻합니다. 따라서 'r-'는 빨간색 실선을 뜻합니다.

6······ 마찬가지로 'b-'은 파란색 실선을 뜻합니다.

8······ y축의 범위를 0~250만으로 잡습니다.

9······ y축에 표시되는 숫자가 매우 클 경우, 지수로 표시됩니다. 우리의 프로그램에서는 지수보다 콤마로 구분된 숫자 표시를 사용할 것이므로 y축에 표시되는 숫자 형식을 설정합니다. 현재 y축에 표시되는 데이터를 curYticks로 둡니다. '_'부분은 y축 라벨 설정을 받는 부분인데, y축 라벨은 변경할 필요가 없으므로 '_'로 둔 것입니다.

10···· plt.yticks(curYticks, [f'{y:,.0f}' for y in curYticks])는 현재 y축에 표시되는 모든 데이터를 콤마로 구분된 정수로 설정합니다.

16···· plt.grid()는 격자 형식으로 출력합니다.

코드를 실행하면 다음과 같이 출력됩니다.

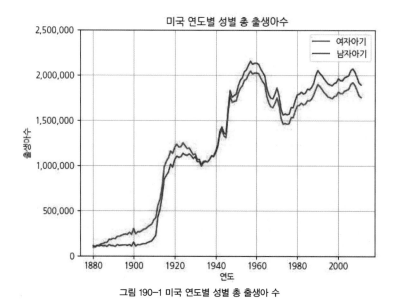

그림 190-1 미국 연도별 성별 총 출생아 수

191 Basemap을 활용하여 지도 출력하기

학습내용 Basemap과 `matplotlib`을 활용하여 다양한 지도를 출력하는 프로그램을 작성합니다.

Basemap은 GEOS에 기반하여 2D 데이터를 지도에 표시할 수 있는 `matplotlib` 툴킷입니다. GEOS는 지리정보시스템(GIS) 소프트웨어에 사용되는 알고리즘에 중점을 둔 기하학용 C/C++ 라이브러리입니다.

`pip`를 이용해 basemap 패키지를 설치합니다.

```
> pip install basemap
```

고해상도 지도 데이터를 원하면 `pip`를 이용해 고해상도 지도 데이터 에셋을 설치합니다.

```
> pip install basemap-data-hires
```

> **NOTE**
>
> basemap이 설치될 때 기존에 설치된 matplotlib, numpy를 제거하고 basemap에 호환되는 matplotlib, numpy로 재설치됩니다. 따라서 실행중인 주피터 노트북을 종료하고 basemap을 설치해야 오류없이 제대로 설치됩니다.

먼저 다음과 같이 basemap 모듈을 임포트합니다. 오류 메시지 없이 임포트 되면 basemap이 제대로 설치된 것입니다.

```
>>> from mpl_toolkits.basemap import Basemap
```

Basemap()의 기본 사용법은 지도 종류에 따라 여러 가지 방법이 있습니다. 많이 사용하는 방법은 다음과 같습니다.

방법1
```
Basemap(projection='지도 종류')
```

방법2
```
Basemap(llcrnrlon, llcrnrlat, urcrnrlon, urcrnrlat, projection='지도 종류')
```

- `llcrnrlon`: 출력하고자 하는 지도의 좌측하단의 경도값
- `llcrnrlat`: 출력하고자 하는 지도의 좌측하단의 위도값
- `urcrnrlon`: 출력하고자 하는 지도의 우측상단의 경도값
- `urcrnrlat`: 출력하고자 하는 지도의 우측상단의 위도값

Basemap(width, height, projection='지도 종류', lon_0, lat_0)

- width: 출력하고자 하는 지도의 폭(m)
- height: 출력하고자 하는 지도의 높이(m)
- lon_0: 출력하고자 하는 지도의 중심 경도
- lat_0: 출력하고자 하는 지도의 중심 위도

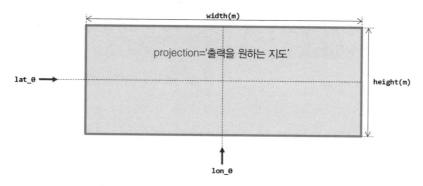

Basemap에서 지원하는 지도 종류와 생성 방법은 다음과 같습니다.

표 191-1 사용 가능한 지도 종류 및 Basemap 사용법

projection 인자	지도 종류	기본 사용법
sinu	Sinusoidal	방법1
moll	Mollweide	방법1
hammer	Hammer	방법1
npstere	North–Polar Stereographic	방법1, 2
spstere	South–Polar Stereographic	방법1, 2
nplaea	North–Polar Lambert Azimuthal	방법1, 2
splaea	South–Polar Lambert Azimuthal	방법1, 2
npaeqd	North–Polar Azimuthal Equidistant	방법1, 2
spaeqd	South–Polar Azimuthal Equidistant	방법1, 2

robin	Robinson	방법1, 2
eck4	Eckert IV	방법1, 2
kav7	Kavrayskiy VII	방법1, 2
mbtfpq	McBryde–Thomas Flat–Polar Quartic	방법1, 2
cyl	Cylindrical Equidistant	방법1, 3
merc	Mercator	방법1, 3
mill	Miller Cylindrical	방법1, 3
cea	Cylindrical Equal Area	방법1, 3
gall	Gall Stereographic Cylindrical	방법1, 3
tmerc	Transverse Mercator	방법2, 3
omerc	Oblique Mercator	방법2, 3
eqdc	Equidistant Conic	방법2, 3
aea	Albers Equal Area	방법2, 3
stere	Stereographic	방법2, 3
cass	Cassini–Soldner	방법2, 3
poly	Polyconic	방법2, 3
lcc	Lambert Conformal	방법2, 3
vandg	van der Grinten	방법2, 3
ortho	Orthographic	lat_0, lon_0
geos	Geostationary	lat_0, lon_0
nsper	Near–Sided Perspective	lat_0, lon_0

지도 그리기 준비가 다 되었으니 지도를 출력하는 코드를 다음과 같이 작성해 봅니다.

셀 191-1

```
1   from mpl_toolkits.basemap import Basemap
2   import matplotlib.pyplot as plt
3
4   m = Basemap(projection='mill')
5   m.drawcoastlines()
6   m.drawcountries()
7   plt.show()
```

4······ m = Basemap(projection='mill')은 사용할 지도 종류는 "Miller Cylindrical"이며, 다른 인자들이 없기 때문에 디폴트로 세계 지도를 보여주는 값으로 자동 설정됩니다.

5······ m.drawcoastlines()는 지도 m에 해안선을 표시합니다.

6······ m.drawcountires()는 지도 m에 국경선을 표시합니다.

출력 결과는 다음과 같습니다.

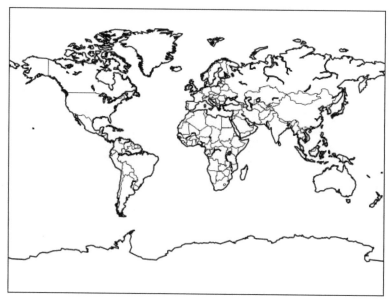

그림 191-1 projection='mill'로 설정한 세계 지도

셀 191-1의 코드에 다음과 같이 m.bluemarble()을 추가하고 실행해 봅니다.

셀 191-1 수정

```
1  from mpl_toolkits.basemap import Basemap
2  import matplotlib.pyplot as plt
3
4  m = Basemap(projection='mill')
5  m.drawcoastlines()
6  m.drawcountries()
7  m.bluemarble()
8  plt.show()
```

7······ m.bluemarble()은 지도를 블루마블 이미지로 렌더링합니다.

컴퓨터 성능에 따라 지도 렌더링에 시간이 걸릴 수 있습니다. 출력 결과는 다음과 같습니다.

그림 191-2 bluemarble()을 적용한 출력 결과

마지막으로 다음 코드를 작성하고 실행해 봅니다.

```
셀 191-2
1   import numpy as np
2
3   m = Basemap(projection='robin', resolution='l', lat_0=0, lon_0=128)
4   m.drawcoastlines()
5   m.drawcountries()
6   m.fillcontinents(color='gray')
7   m.drawmapboundary()
8   m.drawmeridians(np.arange(0, 360, 30))
9   m.drawparallels(np.arange(-90, 90, 30))
10  plt.show()
```

3······ 지도 종류를 'robin'으로 변경하고, 해상도는 낮음(low), 지도 중심은 위도:0, 경도:동경 128로 설정합니다. 해상도는 'c'(매우낮음), 'l'(낮음), 'i'(중간), 'h'(높음), 'f'(풀해상도) 중에서 설정할 수 있습니다. 해상도를 높게 설정하면 지도 렌더링에 시간이 많이 걸릴 수 있습니다.

6······ m.fillcontinents(color='gray')는 지도에서 대륙 부분을 회색으로 채웁니다.

7······ m.drawmapboundary()는 지도의 경계 테두리를 그립니다.

8······ m.drawmeridians(np.arange(0, 360, 30))은 경도선을 30도 간격으로 그립니다. numpy. arange(start, end, step)은 start에서 end까지 step간격인 값들을 리턴합니다. 따라서 np.arange(0, 360, 30)은 [0, 30, 60, …]과 같은 값을 가집니다.

9······ m.drawparallels(np.arange(-90, 90, 30))은 위도선을 30도 간격으로 그립니다.

출력 결과는 다음과 같습니다.

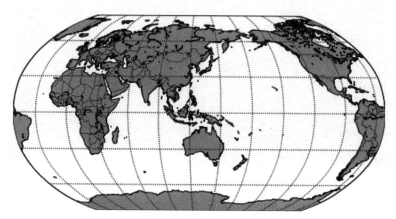

그림 191-3 Robinson 도법으로 출력한 지도

여기서 다룬 내용을 바탕으로 독자 여러분들은 다양한 지도를 출력해보기 바랍니다.

192 지진 발생 지역 지도에 표시하기

학습내용 미국지질조사국(USGS)에서 제공하는 지진 발생 데이터를 이용해 지진 발생 지역을 지도에 표시하는 프로그램을 작성합니다.

미지질조사국 USGS는 전 세계에서 발생한 지진 데이터를 오픈 API를 통해 제공하고 있습니다. 다음 코드를 작성하고 실행해 봅니다.

셀 192-1

```
1  from urllib.request import urlopen
2  url = 'https://earthquake.usgs.gov/fdsnws/event/1/query?format=csv&minmag-
   nitude=3.0'
3  with urlopen(url) as f:
4    print(f.read().decode())
```

```
time,latitude,longitude,depth,mag,magType,nst,gap,dmin,rms,net,id,updated,-
place,type,horizontalError,depthError,magError,magNst,status,locationSource,-
magSource
2024-07-17T02:09:29.083Z,41.5643,46.0699,29.127,4.1,mwr,23,89,0.864
,0.7,us,us7000mzq9,2024-07-17T02:52:56.544Z,"10 km SE of Ts'nori,
Georgia",earthquake,4.46,7.168,0.083,14,reviewed,us,us
...
```

미지질조사국에서 공개하고 있는 지진 데이터는 2라인의 url을 통해 얻을 수 있습니다. url은 오늘 기준으로 한 달 동안 전세계에서 발생한 규모 3.0이상의 지진 데이터를 csv 포맷으로 요청하는 URL입니다.

전송받은 지진 데이터를 보면 csv 포맷이므로 모든 항목이 콤마로 구분되어 있으며 주요 내용은 다음과 같습니다.

- 첫 번째 항목: 지진 발생 시간
- 두 번째 항목: 지진 발생 위도
- 세 번째 항목: 지진 발생 경도
- 네 번째 항목: 진원 깊이
- 다섯 번째 항목: 지진 규모

지도 위에 지진 발생 지역을 표시하려면 위도, 경도 데이터가 필요합니다. 이 값은 요청한 csv 데이터에 있으므로, 이제 지진 발생 지역을 지도 위에 표시하는 코드를 구현하면 됩니다.

이번에 구현할 코드의 실행 결과는 지진 발생 지역을 표시한 지도이므로, 지진 지역을 자세히 보려면 지도를 확대/축소할 수 있어야 합니다. 주피터 노트북에서 출력되는 지도는 확대/축소가 불가능하므로, 다음부터 이어지는 코드의 구현은 IDLE이나 vscode 등과 같은 텍스트 편집기로 작성하기 바랍니다.

이번에 구현하려는 지진 발생 지역 현황 보기 프로그램은 다음과 같은 입력 방법과 출력 결과를 표시하도록 할 예정입니다.

- 조회하고 싶은 지진 규모를 URL의 쿼리로 입력
- 지진 규모에 따라 다음과 같은 색상의 마커를 이용해 지진 지역을 표시
  ✓ 규모 7.0 이상 지진: 빨간색
  ✓ 규모 6.0 ~ 7.0 미만 지진: 보라색
  ✓ 규모 5.0 ~ 6.0 미만 지진: 노란색
  ✓ 규모 4.0 ~ 5.0 미만 지진: 초록색
  ✓ 규모 4.0 미만 지진: 파란색
- 지진 규모에 따라 마커의 크기가 비례함

파일 이름을 earthquake_map.py로 하고 다음 코드를 작성한 후 "python200/basemap" 폴더에 저장합니다. 코드가 길어 나누어서 설명합니다.

```
basemap/ earthquake_ map. py part1
1  from mpl_toolkits.basemap import Basemap
2  import matplotlib.pyplot as plt
3  import matplotlib as mpl
4  import numpy as np
5  from urllib.request import urlopen
6  from time import localtime, strftime
7  from math import sqrt
```

필요한 모듈을 임포트합니다.

```
basemap/ earthquake_ map. py part2
9   def readEarthquakeData(minmag=3):
10    lats = [ ]; lons = [ ]; mags = [ ]
11    query = f'format=csv&minmagnitude={minmag}'
12    url = f'https://earthquake.usgs.gov/fdsnws/event/1/query?{query}'
13    with urlopen(url) as f:
14      earthquake_data = f.read().decode()
15      data = earthquake_data.split('\n')
16      del data[0]
17      for d in data:
18        tmp = d.split(',')
19        if len(tmp) > 4:
```

```
20        lats.append(float(tmp[1]))
21        lons.append(float(tmp[2]))
22        mags.append(float(tmp[4]))
23
24    return lats, lons, mags
```

9······ readEarthquakeData(minmag)는 현재 기준 1개월간 전세계에서 발생한 지진 규모 minmag=3 이상인 지진 데이터를 미지질조사국으로부터 전송받고, 지진 발생 지역의 위도, 경도 및 지진 규모를 리턴합니다.

10······ lats, lons, mags는 각각 지진 발생 지역의 위도, 경도, 지진 규모 데이터를 담을 리스트입니다.

11~12·· 미지질조사국의 지진 데이터를 전송받기 위해 URL기반 RestAPI에 파라미터를 설정합니다.

13~15·· 전송받은 지진 데이터를 라인별로 구분하여 data에 담습니다.

16······ data의 맨 첫 데이터는 지진 데이터를 설명하는 타이틀이므로 첫 데이터는 삭제합니다.

20~22·· 데이터를 콤마로 구분하고 인덱스가 1, 2, 4인 요소를 lats, lons, mags에 추가합니다.

24······ 모든 데이터에 대해 처리가 완료되면 lats, lons, mags를 리턴합니다.

```
basemap/ earthquake_ map. py part3
26    def getMarkerColor(mag):
27        if mag < 4.0:
28            return 'bo'
29        elif mag < 5.0:
30            return 'go'
31        elif mag < 6.0:
32            return 'yo'
33        elif mag < 7.0:
34            return 'mo'
35        else:
36            return 'ro'
```

26······ getMarkerColor(mag)는 인자로 입력된 mag의 값에 따라 대응되는 마커의 색상 표시 문자열을 리턴합니다.

'bo', 'go', 'yo', 'mo', 'ro'는 각각 '파란색 원', '초록색 원', '노란색 원', '보라색 원', '빨간색 원'을 표시하는 matplotlib.pyplot.plot()에서 사용되는 기호입니다.

```
38   def drawMap(minmag):
39       mpl.style.use('seaborn-v0_8-talk')
40       krfont = {'family':'NanumGothic', 'weight':'bold', 'size':10}
41       mpl.rc('font', **krfont)
42       mpl.rcParams['axes.unicode_minus'] = False
43
44       m = Basemap(projection='robin', resolution='l', lat_0=0, lon_0=128)
45       m.drawcoastlines()
46       m.drawcountries()
47       m.fillcontinents(color='gray')
48       m.drawmapboundary()
49       m.drawmeridians(np.arange(0, 360, 30))
50       m.drawparallels(np.arange(-90, 90, 30))
51
52       lats, lons, mags = readEarthquakeData(minmag)
53       for lat, lon, mag in zip(lats, lons, mags):
54           x, y = m(lon, lat)
55           color = getMarkerColor(mag)
56           m.plot(x, y, color, markersize=sqrt(mag)*mag, alpha=0.7)
57
58       time_stamp = strftime('%Y-%m-%d', localtime())
59       title = f'{time_stamp} 기준 1개월간 전 세계 규모 {minmag} 이상 지진 발생 현황'
60       plt.title(title)
61       plt.show()
```

38····· drawMap(minmag)는 사용자가 입력한 최소 지진 규모 minmag 이상으로 전 세계에서 발생한 지진 지역을 지도에 표시하는 메인 함수입니다.

39····· matplotlib 출력 스타일을 'seaborn-v0_8-talk'로 설정합니다. 스타일에 따라 출력되는 모양이나 테마가 다릅니다. matplotlib에서 사용가능한 스타일은 <print(mpl.style.available)>으로 확인할 수 있습니다.

40~42·· matplotlib에서 한글 출력 관련 설정은 189에서 다루었으므로 여기서는 생략합니다

52····· readEarthquakeData()로부터 리턴받은 데이터를 lats, lons, mags로 둡니다.

53····· lats, lons, mags에서 요소를 하나씩 꺼내는 작업을 반복적으로 수행합니다.

54~55·· 지진 발생 지역 1곳에 대해 발생 위치의 위도, 경도를 지도 투영 좌표 x, y로 변환하고, 지진 규모 mag에 대응되는 마커의 색상을 얻습니다.

56····· 지도 위의 지진 발생 지역에 mag에 따른 색상과 크기를 투명도 0.7로 표시합니다.

58~60·· 오늘 날짜를 yyyy-mm-dd 형식의 문자열로 만들고 내용을 추가하여 타이틀로 설정합니다.

```
63   if __name__ == '__main__':
64       minmag = input('조회하고 싶은 최소 지진 규모를 입력하세요: ')
65       try:
66           minmag = float(minmag)
67           if minmag < 0:
68               print(f'입력하긴 지진 규모가 0보다 작습니다.')
69           else:
70               drawMap(minmag)
71       except Exception as e:
72           print(f'오류 발생: {e}')
```

63⸱⸱⸱⸱ earthquake_map.py를 실행하면 실행 진입점입니다.

64⸱⸱⸱⸱ 사용자로부터 최소 지진 규모를 입력 받고 minmag로 둡니다.

66⸱⸱⸱⸱ minmag를 실수형으로 변환합니다.

70⸱⸱⸱⸱ drawMap(minmag)를 호출합니다.

earthquake_map.py를 실행하고 최소 지진 규모를 숫자로 입력한 후 엔터를 누르면, 다음과 같은 출력 결과가 나옵니다.

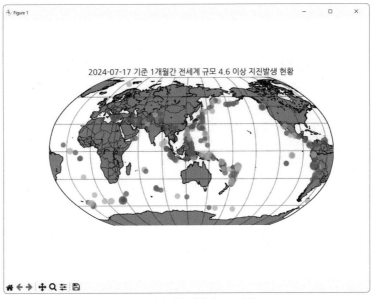

그림 192-1 지진 발생 지역 지도 표시 화면 1

출력된 화면의 크기를 조절하여 지도를 확대할 수 있습니다. 돋보기 아이콘을 누르고 지도 위에서 마우스로 사각형 영역을 지정하면 해당 영역을 확대해서 보여줍니다.

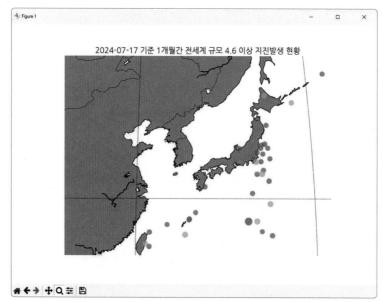
그림 192-2 특정 영역을 확대한 화면

화면 아래의 ← 를 누르면 첫 화면으로 이동합니다. 화면 우측상단의 전체 화면으로 전환하는 아이콘을 누르면 전체 화면으로 확대해서 볼 수 있습니다.

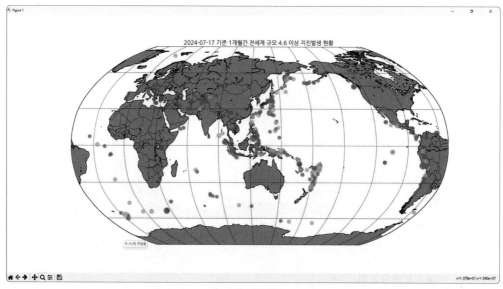
그림 192-3 전체 화면 보기

193 기상 정보 지도에 표시하기

학습내용 미국해양대기청(NOAA)에서 제공하는 전 세계 기온 데이터를 이용해 지도에 기온 분포를 표시하는 프로그램을 작성합니다.

미국해양대기청(NOAA)은 해양 및 지구 대기와 관련된 다양한 데이터를 제공하고 있습니다. 이들 데이터 중 전 세계 대기 평균 기온 데이터를 다운로드해 기온 분포를 지도에 표시하는 프로그램을 만들어 보겠습니다.

먼저, 필요한 모듈을 pip를 이용해 설치합니다.

```
> pip install netCDF4
```

netCDF4 패키지를 설치하는 이유는 NOAA에서 제공하는 각종 데이터들이 netCDF라는 데이터 포맷으로 되어있기 때문입니다. NetCDF(Network Common Data Form)는 다차원 배열로 된 사이언스 데이터의 생성, 액세스 및 공유를 위한 라이브러리와 데이터 포맷입니다. NetCDF 파일의 확장자는 '.nc'입니다.

"python200.zip" 압축을 풀면 "air.sig995.2024.nc" 파일이 있습니다. 이 파일에 저장된 데이터를 이용해 전 세계 평균 기온 분포를 지도에 표시해 보도록 합니다.

다음 링크에 접속하면 연도별로 다양한 데이터를 다운로드할 수 있으니 참고하세요.

│ NOAA - Dataset 저장소

https://psl.noaa.gov/thredds/catalog/Datasets/ncep.reanalysis/surface/catalog.html

텍스트 편집기를 이용해 다음 코드를 작성하고 "python200/basemap" 폴더에 "temperature_map.py"로 저장합니다. 코드가 길어 나누어서 설명합니다.

basemap/ temperature_ map. py part1
```python
1   import matplotlib as mpl
2   import matplotlib.pyplot as plt
3   from mpl_toolkits.basemap import Basemap
4   import numpy as np
5   from datetime import datetime, timedelta
6   import netCDF4 as nc
```

필요한 모듈을 임포트합니다.

```python
 8   def getAirData():
 9     ncfile = 'air.sig995.2024.nc'
10     f = nc.Dataset(ncfile)
11     air = f['air']
12     endidx = len(air) - 1
13
14     while True:
15       idx = int(input(f'0~{endidx} 사이 숫자를 입력하세요: '))
16       if idx < 0 or idx > endidx:
17         print(f'{idx} : 0~{endidx} 사이의 숫자가 아닙니다.')
18         continue
19       else:
20         break
21
22     airtemp = air[:] - 273.15
23     airtemp = airtemp[idx,::]
24     lats = f['lat'][:]
25     lons = f['lon'][:]
26     elapsed_hours = f['time'][:][idx]
27     datedata = datetime(1800, 1, 1) + timedelta(hours = elapsed_hours+9)
28
29     return airtemp, lats, lons, datedata
```

8······ getAirData()는 NOAA의 기온 분포 데이터 파일인 air.sig995.2024.nc에 저장된 위도, 경도, 기온 데이터를 읽고, 사용자가 입력한 인덱스 idx에 대응하여 지도에 그릴 수 있는 데이터로 처리한 후 해당 데이터를 리턴하는 함수입니다.

9······ air.sig995.2024.nc는 2024-01-01 00:00:00부터 6시간 마다 평균 기온 데이터를 저장한 파일입니다.

10······ f = nc.Dataset(ncfile)은 ncfile을 읽어 netCDF4.Dataset 객체를 생성하고 f로 둡니다.

11······ ncfile에 저장된 데이터 중 f['air']는 시간별, 위치별 평균 기온(절대온도) 데이터입니다.

12······ endidx는 f['air']의 마지막 인덱스 값입니다.

15······ 사용자가 입력한 idx는 2024-01-01 00:00:00 기준으로 6시간 단위의 인덱스로, idx=0이면 2024-01-01 00:00:00, idx=1이면 2024-01-01 06:00:00, idx=2이면 2024-01-01 12:00:00을 의미합니다.

22····· air[:]는 시간별, 위치별 평균 기온의 실제 데이터입니다. 저장된 평균 기온이 절대온도라서 섭씨온도로 바꾸기 위해 −273.15를 적용한 값을 airtemp로 둡니다. airtemp는 3차원 배열로 되어 있는데, 이해를 돕기 위해 간단하게 설명하자면 기록 시간, 위치, 평균 온도로 차원이 구성되어 있다고 보면 됩니다.

23····· airtemp[idx,::]는 airtemp의 데이터 중 2024−01−01 00:00:00에서 시작하여 idx+1번째 6시간 평균 기온 데이터입니다. idx+1번째 6시간 평균 기온 데이터를 airtemp로 재할당합니다. 참고로 airtemp는 numpy array객체로, airtemp[idx,::]의 의미는 3차원 행렬 airtemp에서 idx+1번째 행의 모든 요소를 추려내라는 것입니다.

24~25·· 위도 데이터에 대한 객체는 f['lat'], 경도 데이터에 대한 객체는 f['lon']입니다. 실제 위도, 경도 데이터는 f['lat'][:], f['lon'][:]이며 각각 lats, lons에 할당합니다.

26····· f['time']은 시간 데이터에 대한 객체입니다. f['time']의 실제 시간값은 1800−01−01 00:00:00부터 기록하는 시점까지 흐른 시간(hour)으로 되어 있습니다. f['time'][:][idx]는 6시간 단위로 idx+1번째 시간입니다.

27····· datetime(1800, 1, 1) + timedelta(hours=elapsed_hours+9)는 1800−01−01 00:00:00이후 흐른 시간(hour)으로 되어 있는 elapsed_hours를 실제 연월일 시간으로 변환하여 datedata로 둡니다. 우리나라 로컬 타임은 GMT기준 +9시간이므로 elapsed_hours에 9를 더해줍니다.

29····· 처리한 평균 기온, 위도, 경도, 실제 연월일 시간을 리턴합니다.

```
basemap/ temperature_map.py part3
31   def drawMap():
32       mpl.style.use('seaborn-v0_8-talk')
33       krfont = {'family':'NanumGothic', 'weight':'bold', 'size':10}
34       mpl.rc('font', **krfont)
35       mpl.rcParams['axes.unicode_minus'] = False
36
37       airtemp, lats, lons, datedata = getAirData()
38
39       m = Basemap(projection='ortho', lat_0=35, lon_0=128, resolution='l')
40       lon2, lat2 = np.meshgrid(lons, lats)
41       x, y = m(lon2, lat2)
42
43       m.drawcoastlines()
44       m.drawcountries()
45       m.drawmapboundary(fill_color='white')
46       m.drawmeridians(np.arange(0, 360, 30))
47       m.drawparallels(np.arange(-90, 90, 30))
```

```
48
49    cs = m.contourf(x, y, airtemp, 20, cmap=mpl.colormaps.get_cmap('jet'))
50    plt.colorbar()
51
52    title = f'{datedata} 평균 기온 분포도'
53    plt.title(title)
54    plt.show()
```

31······ drawMap()은 지도에 평균 기온 분포를 그려주는 함수입니다.

37······ getAirData()를 실행하여 airtemp, lats, lons, datedata를 리턴받습니다.

39······ Orthographic 도법의 지도를 사용하고 경도, 위도를 우리나라 상공으로 잡습니다.

40······ lon2, lat2 = np.meshgrid(lons, lats)는 1차원 배열로 된 경도, 위도 데이터를 이용해 그리드 형태로 만들 수 있는 2차원 배열로 변환합니다. lons는 144개 요소, lats는 73개 요소로 구성되어 있는데, lons와 lats를 모두 144 x 73인 행렬을 표현하는 2차원 배열로 구성합니다. lons와 lats가 만나는 격자점들에서 평균 기온 데이터가 대응됩니다.

41······ x, y = m(lon2, lat2)는 경도, 위도값을 지도 투영 좌표 x, y로 변환합니다.

49······ m.contourf(x, y, airtemp, 20, cmap=mpl.colormaps.get_cmap('jet'))는 (x, y) 좌표에 해당하는 airtemp를 20레벨로 구분하여 등고선 형태로 그린 후, cmap으로 설정한 색상으로 채웁니다. contourf()에 대한 자세한 내용은 matplotlib 공식 사이트를 참고하세요.

50······ plt.colorbar()는 등고선을 채운 색상 막대를 범례와 함께 추가합니다.

52~54·· 타이틀을 설정하고 지도를 화면에 출력합니다.

---

temperature_map.py — part4
```
56    if __name__ == '__main__':
57        drawMap()
```

drawMap()을 호출합니다.

temperature_map.py를 실행하고 사용자 입력을 기다리는 화면이 나타나면 인덱스 값을 입력하고 엔터를 칩니다. 다음은 idx=857일 때의 출력 화면입니다.

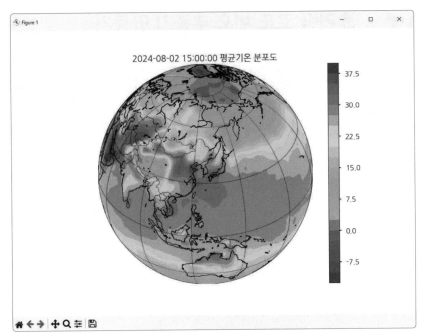

그림 193-1 6시간 평균 기온 분포도 출력 화면

194 웹 기반 로또 번호 추출기 만들기

로또 번호를 무작위로 추출하여 웹 페이지로 보여주는 간단한 로또 번호 추출기 프로그램을 작성합니다.

웹 기반의 로또 번호 추출기를 본격적으로 구현하기에 앞서 필요한 모듈을 설치해야 합니다.

FastAPI 설치
윈도우 명령 프롬프트를 실행한 후 pip를 이용해 FastAPI를 설치합니다.

```
> pip install fastapi
```

FastAPI는 웹 어플리케이션을 편리하게 개발할 수 있도록 도와주는 파이썬 기반 웹 프레임워크이며, 특히 API(Aplication Programming Interface)를 빠르고 쉽게 개발할 수 있도록 해줍니다. API는 일종의 규약 또는 프로토콜로써 소프트웨어 어플리케이션 간 특정 기능을 수행하거나 데이터를 주고받기 위한 목적으로 활용됩니다.

uvicorn 설치
FastAPI 설치가 완료되면 pip를 이용해 uvicorn을 설치합니다.

```
> pip install uvicorn
```

uvicorn은 파이썬 기반의 가벼운 ASGI(Asynchronous Server Gateway Interface) 서버로, FastAPI 와 함께 많이 사용되는 일종의 비동기 웹서버입니다. ASGI는 WSGI(Web Server Gateway Interface)의 비동기 버전이며, WSGI는 파이썬으로 구현한 웹 어플리케이션이 웹서버와 통신하기 위한 표준 인터페이스입니다.

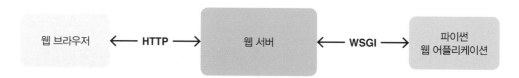

FastAPI, uvicorn 설치가 완료되면 "python200" 폴더에서 "lotto" 폴더를 생성하고 lotto 폴더로 이동합니다. lotto 폴더에서 static폴더와 templates 폴더를 생성합니다.

```
> mkdir lotto
> cd lotto
lotto> mkdir static
lotto> mkdir templates
```

이제 FastAPI를 이용한 다음 코드를 작성하고 "python200/lotto" 폴더에 "test.py"로 저장합니다.

```python
lotto/ test.py
1    from fastapi import FastAPI
2    import uvicorn
3
4    app = FastAPI()
5
6    @app.get("/test")
7    async def test():
8        return {'messages':'안녕하세요~! FastAPI!'}
9
10   if __name__ == "__main__":
11       uvicorn.run(app="test:app", host="0.0.0.0", port=8001, reload=True)
```

1······ **fastapi** 모듈의 **FastAPI**를 임포트합니다. **FastAPI**는 파이썬 ASGI 프레임워크인 **Starlette** 클래스를 상속한 클래스이며, 이 예제의 API를 구현하기 위한 모든 기능을 제공하는 클래스입니다.

2······ **uvicorn** 모듈을 임포트합니다. FastAPI를 구동할 때 **uvicorn.run()**을 사용해야 합니다.

4······ FastAPI 인스턴스를 생성하고 **app**에 할당합니다.

6······ 데코레이터 **@app.get("/test")**는 바로 다음에 정의되는 함수가 실행되는 조건을 설명합니다. 이를 해석해보면 "바로 다음에 정의되는 함수는 경로 **/test**의 **HTTP GET** 요청에 대응됨"입니다.

웹 브라우저의 주소창에 '〈FastAPI URL:Port〉/test'로 요청하면 7라인의 함수가 실행됩니다. FastAPI URL은 FastAPI가 구동되는 호스트의 IP 주소나 도메인 이름이며, Port는 FastAPI 구동 시 설정되는 포트 번호가 됩니다.

7······ **async def test()**는 바로 위에 정의된 데코레이터 조건에 해당하면 실행되는 함수입니다. 비동기 함수로 정의되어 있으므로 코루틴이 됩니다. 리턴값으로 대부분의 파이썬 자료형이 가능하며, 일반적으로 JSON 형식과 대응되는 딕셔너리를 이용해 리턴합니다.

11····· **uvicorn.run()**을 이용해 FastAPI를 구동합니다. **app="test:app"**은 실행할 모듈 이름이 **test.py**, 실행할 FastAPI 인스턴스가 **app**이라는 의미입니다. **host="0.0.0.0"**은 여기서 구동되는 FastAPI 서버 IP로 모든 IP가 가능하다는 의미입니다. 서버 프로그램은 어떤 IP로 설정할 지 알 수 없으므로, 호스트 설정은 보통 "0.0.0.0"으로 설정하게 됩니다. 참고로 로컬에서 구동하고 테스트하는 경우, **host="127.0.0.1"**로 설정할 수 있습니다. **port=8001**은 포트 번호로 8001로 설정하며, **reload=True**는 FastAPI가 구동된 후 **test.py**가 수정되면 자동으로 리로드한다는 의미입니다.

윈도우 명령 프롬프트에서 test.py를 실행합니다.

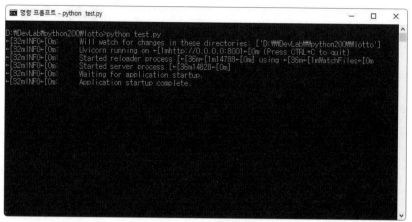

그림 194-1 test.py 실행 화면

오류 없이 잘 구동되었다면, 크롬이나 엣지 브라우저를 열고 주소창에 "http://localhost:8001/test"를 입력해서 FastAPI에 접속해 봅니다.

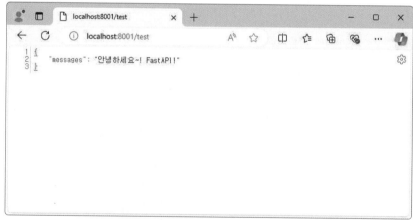

그림 194-2 "http://localhost:8001/test" 접속 결과

브라우저로 접속한 결과를 보니 웹 페이지 형식이 아니라 JSON 형식의 텍스트로 표시됨을 알 수 있습니다. 우리가 브라우저로 접속한 URL인 "http://localhost:8001/test"는 HTML 페이지 주소가 아니라, {"messages": "안녕하세요~! FastAPI!"}를 리턴하는 API 주소입니다. 이와 같이 URL 형식의 API를 RestAPI라 하는데, RestAPI에 대한 자세한 내용은 이 책이 다루는 범위가 아니므로 생략하도록 합니다.

FastAPI는 API를 개발하고 적용하기 위해 가장 많이 활용되지만, 가끔 요청에 대해 HTML 페이지를 생성하여 응답하는 기능을 수행하는 목적으로 활용할 수도 있습니다.

이제 본격적으로 로또 번호 추출기를 구현해 보도록 합니다. 우리가 구현하려고 하는 로또 번호 추출기 프로그램의 구조는 다음과 같습니다.

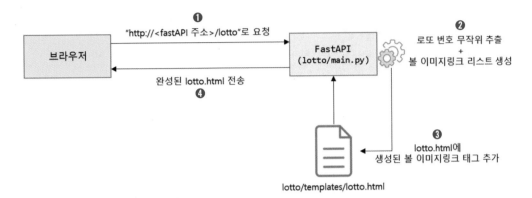

① 브라우저의 주소창에 우리가 작성할 FastAPI 주소와 경로 /lotto를 입력하여 요청
② FastAPI에서 무작위로 로또 번호 6개, 5게임을 생성
③ 생성된 로또볼 이미지 링크를 이용해 HTML의 img 태그를 lotto.html에 추가
④ 이렇게 생성된 lotto.html을 브라우저로 응답

이로써 로또 추출기 프로그램 동작이 완료됩니다.

우리가 구성할 폴더 및 파일 구조는 다음 그림과 같습니다.

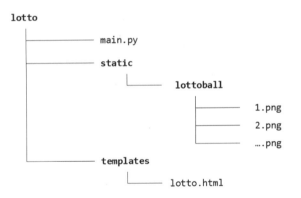

먼저, lotto/static 폴더에 로또볼 이미지 파일이 있는 lottoball 폴더를 복사합니다. lottoball 폴더는 "파이썬 200제 필요파일 모음"에 포함되어 있습니다.

lotto/templates 폴더에서 lotto.html 템플릿을 다음과 같이 작성하고 저장합니다.

```
lotto/ templates/ lotto. html
1   <!doctype html>
2   <head>
3     <meta charset="utf-8">
4     <meta name="viewport" content="width=device-width, initial-scale=1.0,
5     user-scalable=no"/>
6     <title>Lotto Number Gererator</title>
7     <style>
8       div { text-align: center; }
9     </style>
10  </head>
11  <html>
12    <body>
13      <div>
14      <h3> 로또 번호 추출기</h3>
15      <h4> 대박노리다 쪽박은 차지 말자! </h4>
16        {% for imglink in imgsrc %}
17        {% if imglink == '<br>' %}
18          <br>
19        {% else %}
20          <img src="{{imglink}}" width=50/>
21        {% endif %}
22        {% endfor %}
23      </div>
24    </body>
25  </html>
```

lotto.html의 내용을 보면 16~22라인을 제외하면 평범한 HTML 태그로 구성된 페이지입니다. 16~22라인은 Jinja2 문법으로 작성된 코드입니다. Jinja2는 FastAPI와 같은 파이썬 기반 웹 프레임워크에서 HTML 템플릿을 동적으로 생성하기 위해 주로 사용됩니다.

`{% for imglink in imgsrc %}`는 `<for imglink in imgsrc:>`와 같은 기능을 수행합니다. Jinja2에서 제어문의 끝은 for문의 경우 `{% endfor %}`, if문의 경우 `{% endif %}`로 표현합니다.

Jinja2 문법으로 작성된 16~22라인 부분을 파이썬 코드로 치환해보면 다음과 같습니다.

```
for imglink in imgsrc:
    if imglink == '<br>':
        <br> 태그를 추가
    else:
        <img src="imglink" width=50/> 태그를 추가
```

lotto.html에서 `imgsrc`는 FastAPI에서 전달받게 되는 리스트 변수입니다.

이제 FastAPI 부분의 처리 로직을 구현해 봅니다. lotto 폴더에서 main.py 파일에 다음 코드의 내용을 작성하고 저장합니다. 코드가 길어 나누어 설명합니다.

lotto/ main. py part1

```python
1  from fastapi import FastAPI, Request
2  from fastapi.responses import HTMLResponse
3  from fastapi.templating import Jinja2Templates
4  from fastapi.staticfiles import StaticFiles
5  import uvicorn
6  from random import shuffle
```

필요한 모듈을 임포트합니다.

2······ FastAPI가 HTML로 응답하기 위해 `HTMLResponse`를 임포트합니다.

3······ Jinja2를 사용하기 위해 `Jinja2Templates`을 임포트합니다.

4······ 이미지 파일과 같은 정적 파일들이 저장된 디렉토리 설정을 위해 `StaticFiles`를 임포트합니다.

lotto/ main. py part2

```python
8   async def getLottoNumber():
9       balls = [i for i in range(1, 46)]
10      ballimgs = {}                    # 로또 볼 이미지를 저장하는 딕셔너리
11      for i in balls:
12        ballimg = f'/static/lottoball/{i}.png'
13        ballimgs[i] = ballimg
14
15      imgsrc = []                      # 추출한 로또 번호에 대응되는 로또 볼 img src 태그
16      n = 0
17      while n < 5:
18        shuffle(balls)
19        winning = balls[:6]
20        winning.sort()
21        for i in winning:
22            imgsrc.append(ballimgs[i])
23
24        imgsrc.append('<br>')
25        n += 1
26
27      return imgsrc
```

8······ getLottoNumber()는 로또 번호 6개를 무작위 추출하는 행위를 5회 반복합니다. 5회 반복 추출된 로또 번호 6개에 해당하는 로또볼 이미지 링크를 요소로 하는 리스트 자료를 리턴합니다.

9······ balls는 1~45가 요소인 리스트입니다.

10~13·· ballimgs는 번호에 해당하는 로또볼 이미지 링크가 key:val로 된 딕셔너리입니다.

15······ imgsrc는 총 5회 반복 추출된 로또 번호 6개에 대응하는 이미지 링크가 저장되는 리스트로 getLottoNumber()의 리턴값이 됩니다.

18······ balls를 무작위로 섞습니다.

19······ 무작위로 섞인 balls의 첫 6개를 winning으로 둡니다.

20······ winning을 오름차순으로 정렬합니다.

21~22·· imgsrc에 winning의 6개 번호에 대응되는 이미지 링크를 추가합니다.

24~25·· imgsrc에 '<br>'을 추가하고 n에 1을 더해준 후 while문을 반복합니다.

27······ 로또 번호 6개 추출의 5회 반복이 완료되면 imgsrc를 리턴합니다.

이상으로 로또 번호 6개에 대한 5회 반복 무작위 추출을 수행하는 코루틴의 작성이 끝났습니다.

이제 FastAPI 객체를 생성하고 프로그램을 구동하는 로직을 작성해 봅니다.

```
lotto/ main. py part3
29   app = FastAPI()
30   app.mount("/static", StaticFiles(directory="static"), name="static")
31   templates = Jinja2Templates(directory='templates')
32
33   @app.get("/lotto", response_class=HTMLResponse)
34   async def getLotto(request: Request):
35     imgsrc = await getLottoNumber()
36     return templates.TemplateResponse('lotto.html', {'request': request,
       'imgrc':imgsrc})
37
38   if __name__ == "__main__":
39     uvicorn.run(app="main:app", host="0.0.0.0", port=8001, reload=True)
```

29······ FastAPI 객체를 생성하고 app으로 둡니다.

30······ "static" 폴더를 FastAPI에서 "/static"으로 마운트합니다. "static/lottoball" 폴더는 이제 FastAPI에서 "/static/lottoball" 링크로 참조됩니다.

31······ Jinja2Template(directory='templates')는 Jinja2가 동적으로 변경할 HTML 템플릿이 존재하는 디렉토리를 'templates'로 설정합니다.

33······ 경로 "/lotto"로 GET 요청이 오면 아래에 정의된 getLotto 코루틴을 실행하고, HTML로 응답하도록 정의합니다.

35······ 코루틴 getLottoNumber()의 리턴값을 imgsrc로 둡니다.

36······ templates.TemplateResponse('lotto.html', {'request':request, 'imgsrc':imgsrc})는 Jinja2가 동적으로 변경할 HTML 템플릿으로 lotto.html을, lotto.html에서 변수 'imgsrc'에 imgsrc를 대응시킵니다. Jinja2 적용이 끝난 lotto.html을 리턴합니다.

이제 우리가 구현한 로또 번호 추출기 프로그램을 구동하고 웹 브라우저를 통해 접속을 해 봅니다. 아마존 웹서비스나 원격으로 연결 가능한 호스트가 있다면 해당 호스트에서 194에서 구현한 모든 것들을 작성하고 실행해 봅니다.

윈도우 명령 프롬프트를 열고 lotto 폴더로 이동한 후 main.py를 실행합니다.

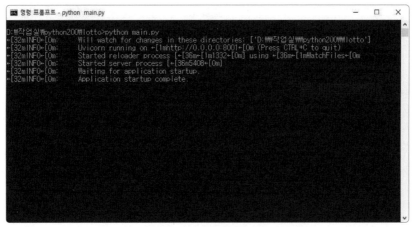

그림 194-3 로또 번호 추출기 FastAPI 서버 실행 화면

웹 브라우저를 실행하고 로또 번호 추출기 FastAPI가 실행되고 있는 호스트의 위치에 따라 다음과 같이 주소창에 주소를 입력하고 접속해 봅니다.

```
http://localhost:8001/lotto          # FastAPI가 로컬에서 구동되는 경우
http://FastAPI구동서버_IP:8001/lotto    # FastAPI가 원격 호스트에서 구동되는 경우
```

그림 194-4 웹브라우저를 이용해 로또 번호 추출기에 접속한 결과

여기서 F5를 눌러 웹브라우저를 갱신하면 새로운 로또 번호가 출력됩니다.
만약 로또 번호 추출기가 원격 호스트에서 구동되고 있으면 원격 호스트의 URL이나 IP로 접속할
수 있습니다. 다음은 모바일에서 로또 번호 추출기에 접속한 화면입니다.

그림 194-5 모바일폰에서 로또 번호 추출기에 접속한 화면

195 웹 기반으로 지진 발생 지역 보기

> **학습내용** 192에서 작성한 지진 발생 지역 지도 표시 프로그램을 웹 기반 프로그램으로 작성합니다.

192의 코드와 194의 코드를 활용해서 지진 발생 지역을 웹 브라우저로 볼 수 있는 프로그램을 작성하겠습니다. 다음과 같은 구조로 만들 예정입니다.

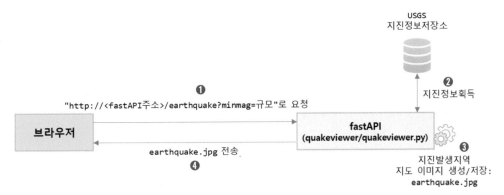

먼저 "python200/quakeviewer" 폴더를 만들고 quakeviewer 폴더로 이동합니다. 192의 earthquake_map.py를 "python200/quakeviewer/quakeviewer.py"로 복사합니다. quakeviewer.py를 텍스트 편집기로 열고, 다음과 같이 수정합니다.

```
quakeviewer/ quakeviewer. py
1  import matplotlib as mpl
2  import matplotlib.pyplot as plt
3  from mpl_toolkits.basemap import Basemap
4  import numpy as np
5  from urllib.request import urlopen
6  from time import localtime, strftime
7  from math import sqrt
8
9  async def readEarthquakeData(minmag=3):
10     lats = [ ]; lons = [ ]; mags = [ ]
11     query = f'format=csv&minmagnitude={minmag}'
12     url = f'https://earthquake.usgs.gov/fdsnws/event/1/query?{query}'
13     with urlopen(url) as f:
14         earthquake_data = f.read().decode()
15         data = earthquake_data.split('\n')
16         del data[0]
17         for d in data:
18             tmp = d.split(',')
19             if len(tmp) > 4:
```

```
20              lats.append(float(tmp[1]))
21              lons.append(float(tmp[2]))
22              mags.append(float(tmp[4]))
23
24          return lats, lons, mags
25
26  async def getMarkerColor(mag):
27      if mag < 4.0:
28          return 'bo'
29      elif mag < 5.0:
30          return 'go'
31      elif mag < 6.0:
32          return 'yo'
33      elif mag < 7.0:
34          return 'mo'
35      else:
36          return 'ro'
37
38  async def drawMap(minmag):
39      mpl.style.use('seaborn-v0_8-talk')
40      krfont = {'family':'NanumGothic', 'weight':'bold', 'size':10}
41      mpl.rc('font', **krfont)
42      mpl.rcParams['axes.unicode_minus'] = False
43
44      m = Basemap(projection='robin', resolution='l', lat_0=0,
    lon_0=128)
45      m.drawcoastlines()
46      m.drawcountries()
47      m.fillcontinents(color='gray')
48      m.drawmapboundary()
49      m.drawmeridians(np.arange(0, 360, 30))
50      m.drawparallels(np.arange(-90, 90, 30))
51
52      lats, lons, mags = await readEarthquakeData(minmag)
53      for lat, lon, mag in zip(lats, lons, mags):
54          x, y = m(lon, lat)
55          color = await getMarkerColor(mag)
56          m.plot(x, y, color, markersize=sqrt(mag)*mag, alpha=0.7)
57
58      time_stamp = strftime('%Y-%m-%d', localtime())
59      title = f'{time_stamp} 기준 1개월간 전 세계 규모 {minmag} 이상 지진 발생 현황'
60      plt.title(title)
61      plt.savefig('earthquake.jpg')
62      plt.close()
```

수정된 부분은 다음과 같습니다.

9······ readEarthquakeData(minmag=3)을 async로 수정합니다.

26······ getMarkerColor(mag)를 async로 수정합니다.

38······ drawMap(minmag)를 async로 수정합니다.

52······ readEarthquakeData(minmag)를 await로 호출합니다.

55······ getMarkerColor(mag)를 await로 호출합니다.

61······ plt.show()였던 부분을 plt.savefig('earthquake.jpg')로 수정합니다. plt.savefig()는 matplotlib.pyplot이 생성한 이미지를 파일로 저장하는 메서드입니다. 따라서 61라인은 지진 발생 지역을 지도에 표시한 이미지를 earthquake.jpg 파일로 저장합니다.

62······ plt.close()를 추가합니다. plt.close()는 plt로 그린 모든 내용을 클리어합니다.

마지막으로 earthquake_map.py의 if __name__ == '__main__' 아래의 모든 코드를 삭제합니다. 이제 194에서 임포트한 모듈과 main.py part3의 코드를 복사해서 quakeviewer.py의 맨 아래에 붙여넣고, 다음과 같이 수정합니다. 참고로 임포트 부분은 quakeviewer.py의 맨 윗부분에 넣어도 됩니다.

```
quakeviewer/quakeviewer.py
62      plt.close()
63
64  from fastapi import FastAPI, Request
65  from fastapi.responses import StreamingResponse
66  import uvicorn
67
68  app = FastAPI()
69
70  @app.get("/earthquake")
71  async def earthquake(request: Request, minmag: float=3.):
72      await drawMap(minmag)
73      def iterfile():
74          with open('earthquake.jpg', 'rb') as f:
75              yield from f
76
77      return StreamingResponse(iterfile(), media_type="image/jpeg")
78
79  if __name__ == "__main__":
80      uvicorn.run(app="quakeviewer:app", host="0.0.0.0", port=8001, reload=True)
```

수정된 부분은 다음과 같습니다.

64~66···· 필요 모듈을 임포트합니다. 194의 코드와 비교해보면 `HTMLResponse`에서 `Streaming Response`로 변경하고, `Jinja2Templates`, `StaticFiles`는 필요 없으므로 임포트하지 않습니다.

70······ `@app.get("/earthquake")`로 수정합니다.

71······ `async def earthquake(request: Request, minmag: float=3.)`에서 `minmag: float=3.` 파라미터를 추가합니다. 이는 `minmag`를 fastAPI 요청 URL의 쿼리 값으로 입력받는 것입니다. 예를 들어 `minmag`를 5로 하고 싶다면, URL 요청을 다음과 같이 하면 됩니다.

```
http://<fastAPI서버주소>:<포트번호>/earthquake?minmag=5
```

72······ `drawMap(minmag)` 코루틴을 호출하는 코드로 변경합니다.

73······ `iterfile()`은 파일을 읽기 위한 제너레이터입니다. 파일이 클 경우, 파일을 한 번에 읽게 되면 많은 메모리가 필요하므로 제너레이터를 만들어서 파일을 처리하는 것이 효율석입니다.

74······ `drawMap()`에서 저장된 'earthquake.jpg' 파일을 바이너리 읽기 모드로 오픈합니다.

75······ `yield from f`는 f를 제너레이터로 만듭니다. `yield from`은 `yield`를 여러 번 호출하는 것과 같습니다.

```
for i in [1, 2, 3, 4, 5]:
    yield i
```
는 다음과 동일합니다.
```
yield from [1, 2, 3, 4, 5]
```

77······ `StreamingResponse(iterfile(), media_type="image/jpeg")`로 리턴합니다. 이는 'earthquake.jpg'를 읽어서 요청한 브라우저로 데이터 스트림으로 전송합니다.

80······ unvicorn 호출 부분에 `app="quakeviewer:app"`으로 변경합니다.

모두 끝났습니다. 192, 194코드를 재활용하니 그렇게 어려운건 없습니다. 우리가 구현한 quakerviewer.py를 실행합니다. 원격 호스트 이용이 가능하면 원격 호스트에서 구동해 보세요. 웹 브라우저를 열고 주소창에 quakeviewer.py가 구동되는 호스트 주소와 쿼리 `minmag` 값을 지정해서 요청해 봅니다.

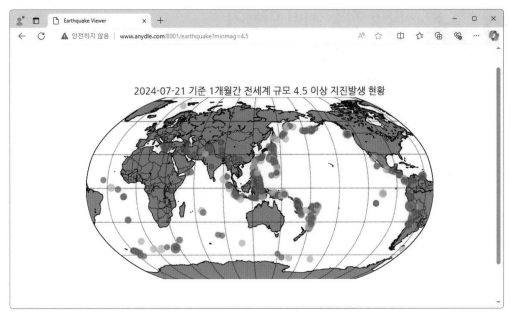

그림 195-1 웹 브라우저로 지진 발생 지역 조회 화면

주소창의 쿼리값 `minmag`를 변경하면서 여러 번 요청하면 요청할 때마다 지진 정보가 쿼리에 맞게 변경되는 것을 볼 수 있습니다.

196 파일 전송 서버 만들기

학습내용 클라이언트가 요청하는 대용량 파일을 클라이언트로 전송하는 서버 프로그램을 작성합니다.

이번에는 20장에서 배운 네트워크 지식을 이용해서 대용량 파일을 전송하는 서버를 구현해 봅니다. 구현하고자 하는 서버의 기능은 다음과 같습니다.

- 클라이언트로부디 전송할 파일 이름 수신
- 서버가 구동하는 폴더에서 전송 대상 파일이 있는지 체크하고 파일이 없으면 연결을 종료하고, 파일이 있으면 파일 크기를 클라이언트로 전송
- 파일 크기 전송 후, 대상 파일을 256KB씩 읽어서 클라이언트로 전송

아래의 코드를 작성하고 "python200/network" 폴더에 "fserver.py"로 저장합니다.

```python
network/ fserver.py part1
1   import socketserver
2   from os.path import exists, getsize
3
4   HOST = ''
5   PORT = 9010
6   CHUNK_SIZE = 256*1024
7
8   class MyTcpHandler(socketserver.BaseRequestHandler):
9       def handle(self):
10          data_transferred = 0
11          print('[%s] 연결됨' %self.client_address[0])
12          filename = self.request.recv(1024)
13          filename = filename.decode()
14          if not exists(filename):
15              return
16
17          fsize = getsize(filename)
18          data = f'#{fsize}#'
19          self.request.send(data.encode())
20          with open(filename, 'rb') as f:
21              try:
22                  print(f'파일 {filename} / {fsize} 바이트 전송 시작...')
23                  data = f.read(CHUNK_SIZE)
24                  while data:
25                      data_transferred += self.request.send(data)
26                      data = f.read(CHUNK_SIZE)
27              except Exception as e:
```

```
28              print(e)
29
30         print(f'전송완료 {filename}, 전송량 {data_transferred:,}/{fsize:,}')
```

1⋯⋯ 파일 전송을 위한 서버 구현을 위해 socketserver를 활용하도록 합니다.

4~5⋯ HOST와 PORT를 설정합니다. PORT는 9010을 사용합니다.

6⋯⋯ CHUNK_SIZE는 파일 데이터를 읽어서 클라이언트로 한 번에 보낼 데이터 크기입니다. 우리의 코드에서는 256K로 설정합니다.

8⋯⋯ MyTcpHandler(socketserver.BaseReqeustHandler)는 177에서 다룬 내용과 같으므로 177을 참고하세요.

9⋯⋯ 클라이언트에서 연결 요청이 오면 handle(self)에서 처리하게 됩니다.

10⋯⋯ data_transferred는 서버가 클라이언트로 전송한 데이터의 총 바이트 수를 위한 변수입니다.

12~13⋯ 클라이언트가 연결 요청 시 전송한 파일 이름을 수신받아 filename으로 둡니다.

14~15⋯ 클라이언트가 요청한 filename에 해당하는 파일이 없으면 연결을 종료합니다.

17~19⋯ 요청한 파일이 존재하면, 해당 파일의 파일 크기를 얻고 '#파일 크기#'를 클라이언트로 전송합니다. 이 데이터를 전송하는 이유는 198 클라이언트 부분에서 설명합니다.

20⋯⋯ 요청한 파일을 바이너리 읽기 모드로 오픈합니다.

23~26⋯ 파일 내용을 모두 읽을 때까지 CHUNK_SIZE만큼 파일을 읽어서 클라이언트로 전송합니다. 전송한 양은 data_transferred에 더해줍니다. 파일에서 읽을 내용이 더 이상 없으면 while문을 탈출하고 전송 내용을 요약합니다.

network/ fserver. py part2

```
32   def runServer():
33       print('+++ 파일 서버를 시작합니다.')
34       print('+++ 파일 서버를 끝내려면 Ctrl-C를 누르세요.')
35
36       try:
37           server = socketserver.TCPServer((HOST, PORT), MyTcpHandler)
38           server.serve_forever()
39       except KeyboardInterrupt:
40           print('--- 파일 서버를 종료합니다.')
41
42   if __name__ == '__main__':
43       runServer()
```

`runServer()`는 파일 전송 서버를 구동하는 함수입니다. 177에서 구현한 에코서버의 `runServer()`와 동일한 함수입니다.

구현한 파일 전송 서버 fserver.py를 실행하면 다음과 같은 화면이 나옵니다.

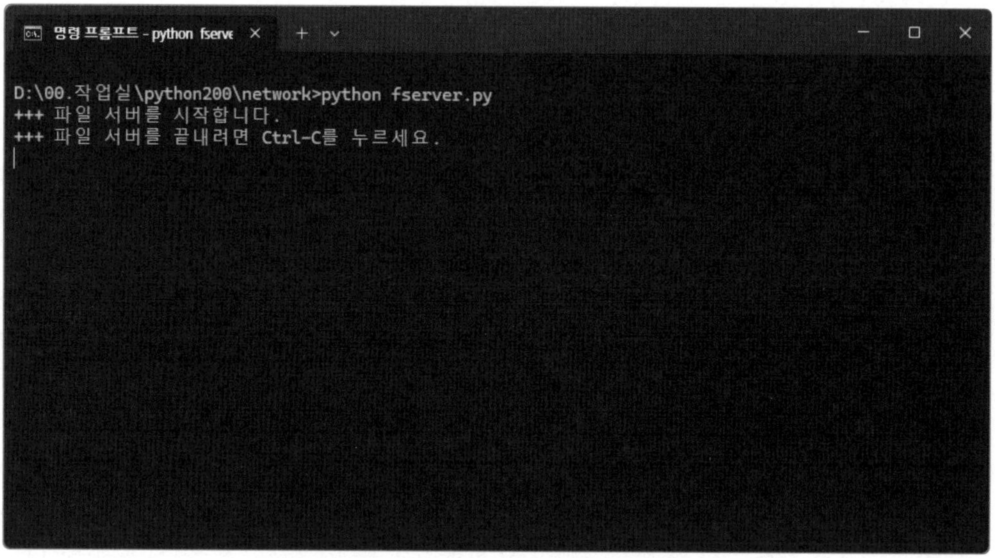

그림 196-1 파일 전송 서버 fserver.py 실행 화면

Ctrl+C를 눌러 서버를 종료합니다.

197 파일 수신 클라이언트 만들기

학습내용 서버로부터 파일을 다운로드하는 클라이언트 프로그램을 작성합니다.

이번에는 196에서 구현한 파일 전송 서버와 연결하여 파일을 다운로드하는 클라이언트를 구현해 봅니다. 우리가 구현할 클라이언트는 GUI 기반의 매우 단순한 인터페이스를 가진 것으로 다음과 같은 모양으로 만들 예정입니다.

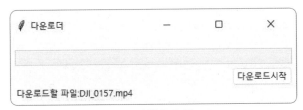

그림 197-1 구현할 클라이언트 GUI

- 다운로드 진행율을 표시하는 프로그레스바
- 다운로드 시작을 위한 [다운로드시작] 버튼
- 다이얼로그 박스 아래에 현재 진행 상황을 메시지로 표시
- 다운로드할 파일 및 접속 정보는 config.json 파일을 읽어서 얻음

config.json 파일은 다음과 같은 내용으로 되어 있습니다.

```config.json
{
 "filename":"다운로드할 파일 이름",
 "host": "127.0.0.1",
 "port": "9010"
}
```

filename은 서버로 요청하여 다운로드할 파일 이름입니다. host는 서버가 구동되는 IP 또는 URL 정보이며 동일한 컴퓨터에서 구동되는 경우, 127.0.0.1 또는 localhost로 설정합니다.

GUI 기반으로 프로그램을 작성하기 위해 파이썬에서 기본으로 제공하는 Tkinter 클래스를 활용 하도록 합니다. 코드를 보면서 차근차근 따라가 봅니다.

작성한 코드는 "python200/network" 폴더에 "fdownloaderGUI.py"로 저장합니다.

```
1   from tkinter import *
2   import tkinter.ttk as ttk
3   from time import time
4   from threading import Event, Thread
5   import socket
6   import json
7
8   CHUNK_SIZE = 256*1024
```

필요한 모듈을 임쏘트하고, 데이터를 전송받을 단위인 CHUNK_SIZE를 256KB로 설정합니다.

1······ from tkinter import * 는 tkinter의 모든 서브 모듈과 메서드를 임포트하라는 의미입니다.

```
10  class Downloader():
11    def __init__(self):
12      self.filename = ''
13      self.filesize = 0
14      self.host = ''
15      self.port = 0
16
17      # Tkinter 객체 생성 및 타이틀 설정
18      self.root = Tk()
19      self.root.title('다운로더')
20      self.statusmsg = StringVar()
21
22      # 프로그레스바, 버튼 등이 놓일 프레임 생성 및 배치
23      content = ttk.Frame(self.root, padding=(6, 6, 6, 6))
24      content.grid(column=0, row=0, sticky=('nwes'))
25
26      # 위젯 생성
27      self.pgress = ttk.Progressbar(content, orient=HORIZONTAL, length=400,
    mode='determinate')
28      startbtn = ttk.Button(content, text="다운로드시작", command=self.start)
29      self.status = ttk.Label(content, textvariable=self.statusmsg,
    anchor='w')
30
31      # content 내에 위젯 배치
32      self.pgress.grid(column=0, row=0, pady=5, sticky='w')
33      startbtn.grid(column=0, row=1, sticky='e')
34      self.status.grid(column=0, row=2, sticky='w')
35
36      # config.json 파일 읽음
37      self.readConfig()
```

10····· `Downloader()`는 우리의 GUI 기반 클라이언트를 구현한 클래스입니다.

11····· `Downloader` 클래스의 생성자입니다. 생성자에서 이루어지는 작업은 클라이언트 GUI 화면을 생성하고 config.json 파일을 읽어 필요한 정보를 얻어오는 것입니다.

`Tkinter`로 GUI 레이아웃을 구성하고 코드화하는 작업은 매우 번거로운 작업입니다. 이 책에서는 `Tkinter`에 대한 자세한 내용은 생략하도록 합니다. 독자 여러분들은 코드에 구현된 전반적인 로직과 지금껏 배운 내용들이 어떻게 활용되는지 이해하는 데 중점을 두면 좋겠습니다.

12~15·· 다운로드할 파일 이름, 파일 크기, 접속할 서버 주소, 포트 번호를 위한 변수를 정의합니다.

18····· `self.root = tkinter.Tk()`는 `Tkinter` 객체를 생성하고 이를 `self.root`로 둡니다. `self.root`는 구현할 GUI의 메인 창으로 보면 됩니다.

19····· 메인 창의 타이틀을 '다운로더'로 설정합니다.

20····· `self.statusmsg`는 메인 창 아랫 부분의 상태 메시지를 위한 변수입니다. 이 메시지는 동적으로 변하는 문자열이므로 `StringVar()`로 선언합니다.

23····· `content = ttk.Frame(self.root, padding=(6, 6, 6, 6))`은 메인 창 안에 각종 위젯들이 놓일 프레임을 생성합니다. 프레임은 메인 창의 모든 테두리에서 6픽셀만큼의 간격이 되게 합니다.

24····· `grid()` 메서드는 패널이나 위젯들을 프레임에 위치시키는 역할을 합니다. `content.grid(column=0, row=0, sticky='nwes')`는 `content`를 메인 창에 단일 배치합니다.

27····· `self.pgress`는 `content` 내에 위치할 프로그레스바입니다.

28····· `startbtn`은 다운로드 시작을 위한 버튼입니다. 버튼 역시 `content` 내에 위치할 위젯입니다. 버튼을 누르면 `self.start` 메서드가 호출됩니다.

29····· `self.status`는 상태 메시지 `self.statusmsg`의 내용을 표시할 부분입니다. `content` 내에 위치할 위젯입니다.

32~34·· `grid()` 메서드를 이용해 위에서 정의한 위젯들을 `content` 내에 적절하게 배치합니다.

37····· config.json 파일을 읽어 다운로드할 파일 이름, 호스트, 포트 정보를 얻습니다.

`Downloader` 클래스의 메서드에 대한 설명을 계속합니다.

```
network/ fdownladerGUI.py part3
10   class Downloader():
     ...
39     def readConfig(self):
40         try:
41             with open('config.json') as f:
42                 data = json.load(f)
```

```
45          except Exception as e:
46              print(str(e))
47
48      self.filename = data['filename']
49      self.host = data['host']
50      self.port = int(data['port'])
51      self.statusmsg.set(f'다운로드할 파일:{self.filename}')
```

readConfig()는 config.json 파일을 읽고 self.filename, self.host, self.port에 값을 할당합니다. 상태 표시창에 다운로드할 파일을 표시합니다.

network/ fdownladerGUI. py part4
```
10  class Downloader():
    …
51      def start(self):
52          Thread(target=self.startDownload).start()
```

start()는 다운로드 시작 버튼을 누르면 호출되는 메서드입니다. 버튼을 누르면 startDownload() 메서드를 스레드로 구동합니다.

network/ fdownladerGUI. py part4
```
10  class Downloader():
    …
54      def startDownload(self):
55          stime = time()
56          count = 0
57          drate = 0
58          data_transferred = 0
59          self.pgress['value'] = 0
60
61          HOST = self.host
62          PORT = self.port
63
64          try:
65              with socket.socket(socket.AF_INET, socket.SOCK_STREAM) as sock:
66                  sock.connect((HOST, PORT))
67                  sock.sendall(self.filename.encode())
68
69                  data = sock.recv(1024)
70                  if not data:
71                      self.statusmsg.set('서버에 파일이 존재하지 않습니다.')
72                      return
73
74                  if data.decode()[0] == '#':
75                      self.filesize = int(data.decode().split('#')[1])
```

```
76                    self.pgress['maximum'] = self.filesize
77
78                data = sock.recv(CHUNK_SIZE)
79                with open(self.filename, 'wb') as f:
80                    try:
81                        while data:
82                            f.write(data)
83                            data_transferred += len(data)
84                            self.pgress['value'] = data_transferred
85                            count += 1
86                            if count % 256 == 0:
87                                t = time() - stime
88                                if t != 0:
89                                    drate = data_transferred / t
90                                    drate /= 1024
91                            msg1 = f'파일 크기:{self.filesize:,}'
92                            msg2 = f'받은양:{data_transferred:,}'
93                            msg3 = f'전송속도:{int(drate):,}KB/s'
94                            msg = f'{msg1} {msg2} {msg3}'
95                            self.statusmsg.set(msg)
96                            data = sock.recv(CHUNK_SIZE)
97                    except Exception as e:
98                        self.statusmsg.set(str(e))
99                        return
100
101            self.statusmsg.set(f'{self.filename} 전송완료!!')
102        except Exception as e:
103            self.statusmsg.set(str(e))
```

54····· startDownload()는 다운로드 시작 버튼을 누르면 스레드로 구동되어 서버로부터 파일을 다운로드하는 메서드입니다.

55····· 다운로드 시작 시간을 stime으로 둡니다. 이는 평균 다운로드 속도를 계산하기 위함입니다.

56····· count는 while문을 반복하는 횟수를 저장하기 위한 변수입니다. 평균 다운로드 속도를 while문을 256회 반복할 때마다 측정하기 위함입니다.

57~68 drate와 data_transferred는 각각 평균 다운로드 속도, 데이터 수신량을 위한 변수입니다.

59····· 프로그레스바 초기 위치를 0으로 설정합니다.

65~66 HOST, PORT를 이용해 서버에 연결이 성공하면, 다운로드 대상 파일 이름을 서버로 전송합니다.

69~72·· 서버로 요청할 파일 이름을 전송한 후, 응답 데이터를 받습니다. 기대하는 데이터는 '#파일 크기#'입니다. 만약 수신되는 데이터가 없으면 메시지를 출력하고 스레드를 종료합니다.

74~76·· 수신한 데이터의 첫 문자가 '#'이면 파일 크기만 추려내고 self.filesize에 할당한 후 프로 그레스바의 최대값을 파일 크기로 설정합니다.

78···· CHUNK_SIZE만큼 데이터를 수신합니다.

79···· 데이터 수신이 이루어지면 파일 이름으로 수신한 데이터를 저장할 파일을 바이너리 쓰기 모 드로 오픈합니다.

81···· data에 데이터가 있으면 while문을 반복합니다.

83~84· 수신한 데이터를 파일에 기록하고 받은 데이터 크기를 data_transferred에 더하고, 프로 그레스바의 값을 data_transferred로 설정합니다.

85~90· count를 1증가시키고 count가 256으로 나누어 떨어지면, 총 전송받은 양을 현재까지 소 요된 시간으로 나누어 평균 다운로드 속도를 구합니다. 다운로드 속도를 KB단위로 표시하 기 위해 1024로 나눕니다.

91~96· 상태 표시창에 정보 메시지를 출력하고, 다음 CHUNK_SIZE 만큼 데이터를 수신합니다.

101···· 오류 없이 전송이 완료되면 완료 메시지를 출력하고 스레드를 종료합니다.

```
network/ fdownladerGUI.py part5
10   class Downloader():
     ...
105    def run(self):
106        self.root.mainloop()
```

Downloader 클래스의 마지막 메서드입니다. run()은 GUI 기반 클라이언트를 생성하고 동작하 는 진입점 역할을 하는 메서드입니다.
self.root.mainloop()는 Tk()객체를 구동하는 함수입니다. Tkinter로 구현한 GUI 객체는 Tk.mainloop()를 호출해서 구동해야 합니다.

```
network/ fdownladerGUI.py part6
108  if __name__ == '__main__':
109    downloaderGUI = Downloader()
110    downloaderGUI.run()
```

프로그램 시작점은 간단합니다. Downloader 객체를 생성하고, Downloader 객체의 run() 메서 드를 호출하면 됩니다.

이제 196에서 구현한 파일 전송 서버와 여기서 구현한 파일 수신 클라이언트를 이용해 파일을 전 송해보도록 합니다. config.json 파일을 열고 다운로드할 파일 이름을 설정합니다. config.json 파일 은 fdownloaderGUI.py와 같은 폴더에 있어야 합니다.

config.json
```
{
 "filename":"TheManWhoLaugh.mp4",
 "host": "127.0.0.1",
 "port": "9010"
}
```

config.json에 설정한 "TheManWhoLaugh.mp4"가 있는 폴더로 fserver.py를 복사한 후 실행합니다. 파일 전송 서버가 구동되었다면 fdownloaderGUI.py를 실행합니다. 다음과 같이 클라이언트가 구동됩니다.

그림 197-2 fdownloaderGUI.py 실행 후 첫 화면

[다운로드시작]을 눌러서 다운로드를 시작합니다.

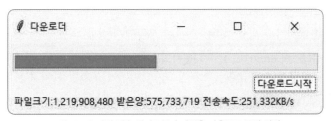

그림 197-3 파일 전송 서버로부터 파일을 다운로드 중인 화면

다운로드가 완료되면 다음과 같은 화면이 나옵니다. 클라이언트를 종료하려면 화면 우측 상단의 Ⓧ를 누릅니다.

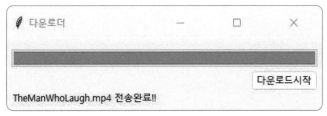

그림 197-4 다운로드 완료 후 화면

다운로드한 파일이 정상인지 확인해 보고 다른 파일에 대해서도 적용해 보세요.

198 채팅 서버 만들기

학습내용 동시에 다수의 사용자가 대화 가능한, 간단한 채팅 서버를 만들어 보면서 채팅 서버의 동작 원리를 배웁니다.

우리가 175, 177에서 구현한 에코 서버는 클라이언트의 연결과 요청에 대해 동기 처리(synchronous handling)를 수행합니다. 예를 들어 서버에 두 개의 클라이언트가 연결되어 있을 때, 하나의 클라이언트에 대한 요청을 모두 처리하고 두 번째 클라이언트 요청을 처리하는 식이므로 채팅 서버와 같이 다수의 클라이언트가 동시 다발적으로 메시지를 서버로 전송하고 수신하는 경우에는 동기식 처리 서버가 적합하지 않습니다.

따라서 채팅을 위한 서버를 구현하려면 비동기 처리(asynchronous handling)가 가능하도록 서버를 구현해야 합니다.

우리가 구현할 채팅 서버의 핵심 기능은 다음과 같은 두 개의 클래스로 구현됩니다.

UserManager 클래스 – 사용자 관리 및 채팅 메시지 전송 담당
- 채팅 서버로 연결한 새로운 사용자 등록
- 채팅을 종료하는 사용자의 퇴장 관리
- 사용자 입장과 퇴장에 관련한 관리
- 사용자가 입력한 메시지를 채팅 서버에 접속한 모두에게 전송

MyTcpHandler 클래스의 handle( ) – 사용자의 연결 요청 처리
- 클라이언트에게 로그인을 요청하는 메시지 전송 (이번에 구현할 채팅 서버는 패스워드 없이 사용자의 대화명만 요청함)
- 정상적으로 로그인 되면 UserManager의 사용자 메시지 처리 모듈을 호출하여 대화방에 참여하도록 함

다음의 코드를 작성하고 "python200/network" 폴더에 "chatserver.py"로 저장합니다. 코드가 길어서 나누어서 설명합니다.

network/chatserver.py part1

```
1   import socketserver
2   import threading
3
4   HOST = ''
5   PORT = 9010
```

필요한 모듈을 임포트하고, HOST와 PORT를 정의합니다.

```
network/chatserver.py part2
6   class UserManager:
7     def __init__(self):
8       self.users = {}
9       self.lock = threading.Lock()
```

6······ UserManager 클래스를 정의하고 구현합니다.

7~8···· UserManager 클래스 생성자에서 사용자 등록 정보를 저장할 딕셔너리 self.users를 정의합니다. self.users는 {사용자대화명: (소켓, 주소), …}와 같은 항목으로 이루어진 딕셔너리입니다.

9······ threading.Lock() 객체를 생성하고 변수 lock으로 둡니다. 이번에 구현할 채팅 서버는 하나의 클라이언트에 대해 독립된 스레드를 생성하여 처리하게 됩니다. 동시에 여러 개의 클라이언트가 접속하게 되면 여러 개의 스레드가 실행되는데, 이들 스레드가 공통으로 사용하는 리소스에 두 개 이상의 스레드가 동시에 접근하여 값을 변경하려고 하면 심각한 문제가 발생할 수 있습니다.

이런 상황을 피하려면 여러 개의 프로세스나 스레드가 구동하고 있는 환경에서 공통 리소스에 액세스하여 값을 변경하려고 할 때, 단 하나의 프로세스나 스레드만 접근하도록 하면 됩니다. 이를 위한 방법 중 하나가 threading.Lock() 객체를 활용하는 것입니다. 공통 리소스의 값을 수정할 때 Lock() 객체로 잠금해서 다른 프로세스나 스레드가 이 리소스에 접근하지 못하도록 하고 수정 작업이 끝나면 잠금을 해제하는 방식으로 사용합니다.

```
network/chatserver.py part3
6   class UserManager:
        ...
11    def addUser(self, username, conn, addr):
12      if username in self.users:
13        conn.send('이미 등록된 사용자입니다.\n'.encode())
14        return None
15
16      # 새로운 사용자를 등록함
17      with self.lock:
18        self.users[username] = (conn, addr)
19
20      self.sendMessageToAll(f'/welcome;{username};님이 입장했습니다.')
21      print(f'+++ 대화 참여자 수 {len(self.users)}')
22
23      return username
```

11······ addUser(self, username, conn, addr)는 사용자 대화명을 self.users에 추가하는 함수입니다.

12~14·· username이 self.users에 키로 존재하면 이미 등록된 사용자라는 메시지를 클라이언트로 전송하고 None을 리턴합니다.

17~18·· username이 self.users에 키로 존재하지 않으면 새로운 사용자이므로 self.users에 username:(conn, addr)을 요소로 추가합니다. self.users는 다수의 클라이언트가 동시에 접근할 수 있는 공통 리소스이므로 username을 추가하기 전에 lock으로 잠급니다. <with self.lock> 문을 나오면 lock이 자동으로 해제됩니다.

20~21·· 채팅 서버에 접속한 모든 클라이언트에 새로운 사용자가 입장하였다는 메시지를 전송하고 서버 화면에 현재 접속한 사용자 수를 출력합니다. 사용자 입장 메시지는 /welcome;으로 시작하도록 합니다.

23······ 사용자 등록이 마무리되면 username을 리턴합니다.

```
network/chatserver.py part4
 6   class UserManager:
         ...
25       def removeUser(self, username):
26           if username not in self.users:
27               return
28
29           with self.lock:
30               del self.users[username]
31
32           self.sendMessageToAll(f'{username}님이 퇴장했습니다.')
33           print(f'--- 대화 참여자 수 [{len(self.users)}]')
```

25······ removeUser(self, username)은 사용자가 대화방을 나가게 되면 username을 self.users에서 제거하는 함수입니다.

26~27·· username이 self.users에 키로 존재하지 않으면 그냥 리턴합니다.

29~30·· lock을 건 후 self.users에서 키가 username인 요소를 제거합니다.

32~33·· 해당 사용자가 퇴장했다는 메시지를 접속 중인 모든 클라이언트에 전송하고 서버 화면에 현재 접속한 사용자 수를 출력합니다.

```
 6   class UserManager:
      ...
35     def messageHandler(self, username, msg):
36         if msg[0] != '/':
37             self.sendMessageToAll(f'#{username}# {msg}')
38             return
39
40         if msg.strip() == '/quit':
41             self.removeUser(username)
42             return -1
```

35······ messageHandler(self, username, msg)는 대화명이 username인 사용자가 전송한 msg를 처리하는 함수입니다.

36~38·· msg의 첫글자가 '/'가 아니면 채팅 서버에 접속한 모든 사용자에게 사용자 대화명 username과 msg를 '#'으로 구분하여 전송한 후 리턴합니다.

40~42·· msg가 '/quit'이면 self.removeUser(username)을 호출하여 username을 self.users에서 제거하고 -1을 리턴합니다.

```
 6   class UserManager:
      ...
44     def sendMessageToAll(self, msg):
45         for conn, addr in self.users.values():
46             conn.send(msg.encode())
```

44······ sendMessageToAll(self, msg)는 채팅 서버에 접속한 모든 클라이언트에 msg를 전송합니다. 채팅 서버에 접속한 모든 사용자 대화명 및 연결정보는 self.users에 저장되어 있습니다.

이상으로 UserManager 클래스의 구현이 끝났습니다. 다음은 MyTcpHandler 클래스를 구현한 코드입니다.

```
48   class MyTcpHandler(socketserver.BaseRequestHandler):
49       userman = UserManager()
50
51       def handle(self):
52           print(f'[{self.client_address[0]}] 연결됨')
53           try:
54               username = self.registerUsername()
55               msg = self.request.recv(1024)
56               while msg:
```

```
57              print(msg.decode())
58              if self.userman.messageHandler(username, msg.decode()) == -1:
59                  self.request.close()
60                  break
61              msg = self.request.recv(1024)
62          except Exception as e:
63              print(e)
64
65          print(f'[{self.client_address[0]}] 접속종료')
66          self.userman.removeUser(username)
```

48····· MyTcpHandler 클래스를 정의하고 구현합니다.

49····· UserManager 객체를 생성하고 userman으로 둡니다.

51····· MyTcpHandler 클래스는 서버 객체 생성시 한 번만 초기화 되며 클라이언트가 채팅 서버에 접속하면 이 클래스의 handle() 메서드가 해당 클라이언트의 요청 처리를 위해 독립된 스레드로 동작하게 됩니다.

52····· 클라이언트가 접속하면 클라이언트 주소를 출력합니다.

54····· 클라이언트가 접속하면 이 클래스의 registerUsername() 메서드를 호출하여 클라이언트로부터 전달받은 사용자 대화명과 연결 정보를 채팅 서버에 등록하는 과정을 수행합니다.

55····· 클라이언트로부터 수신한 메시지를 msg로 둡니다.

56~57·· msg에 내용이 있으면 서버 화면에 메시지를 출력합니다.

58····· UserManager 객체의 messageHandler(username, msg.decode())를 호출하여 수신한 메시지를 처리합니다. messageHandler()의 리턴값이 -1이면 클라이언트가 접속 종료를 위해 '/quit'을 입력했을 때이므로 해당 클라이언트와 연결된 TCP 소켓을 닫고 while문을 빠져나옵니다.

61····· messageHanlder()의 리턴값이 -1이 아니면 클라이언트로부터 메시지를 수신하기 위해 대기합니다.

65~66·· while을 빠져나오면 해당 클라이언트가 접속 종료되었다는 메시지를 서버 화면에 출력하고 UserManager.removeUser()를 호출하여 사용자 정보를 제거합니다.

```
48   class MyTcpHandler(socketserver.BaseRequestHandler):
     ...
68     def registerUsername(self):
69       while True:
70         self.request.send('/login;대화명을 입력하세요:'.encode())
71         username = self.request.recv(1024)
72         username = username.decode().strip()
73         if self.userman.addUser(username, self.request, self.client_address):
74           return username
```

68······ registerUsername(self)는 사용자 대화명을 클라이언트로 요청하여 전달받고 사용자 대
       화명과 연결정보를 등록하는 함수입니다.

70······ 클라이언트가 최초 접속하면 대화명 요청 메시지를 클라이언트로 전송합니다. 대화명 요청
       메시지는 /login;으로 시작하게 합니다.

71~72·· 클라이언트로부터 수신한 메시지를 username으로, 두고 혹시 있을수도 있는 좌우 공백을
       username.strip()으로 제거합니다.

73~74·· UserManager 객체의 addUser(username, self.request, self.client_address)를
       호출하여 사용자 등록을 수행하고 리턴값이 None이 아니면 username을 리턴합니다. 그리
       고 while문을 빠져나옵니다.

이로써 MyTcpHandler 클래스의 구현이 끝났습니다.

```
76   class ChatingServer(socketserver.ThreadingMixIn, socketserver.TCPServer):
77     pass
```

socketserver.ThreadingMixIn 클래스와 socketserver.TCPServer 클래스로부터 다중 상
속받은 ChatingServer 클래스를 정의합니다. ChatingServer 클래스는 상속받은 두 개 클래
스의 속성을 모두 가지게 됩니다. socketserver.ThreadingMixIn 클래스는 클라이언트의 요
청을 처리하는 51라인의 handle()을 독립된 스레드로 동작시켜 처리합니다.
따라서 예제의 채팅 서버는 다수의 동시 접속자를 비동기로 처리 가능하게 됩니다. socket
server.TCPServer 클래스는 177에서 설명했듯이 TCP 기반의 서버 구현을 편리하게 해주는 클
래스입니다. ChatingServer 클래스에 구현할 내용은 아무것도 없으므로 pass로 마무리합니다.
이로써 우리의 채팅 서버 주요 로직의 구현을 모두 마무리했습니다. 이어지는 내용은 Chating
Server 객체를 생성하고 채팅 서버를 구동하는 코드입니다.

```
79  def runServer():
80      print('+++ 채팅 서버를 시작합니다.')
81      print('+++ 채팅 서버를 끝내려면 Ctrl-C를 누르세요.')
82
83      try:
84          server = ChatingServer((HOST, PORT), MyTcpHandler)
85          server.serve_forever()
86      except KeyboardInterrupt:
87          print('--- 채팅 서버를 종료합니다.')
88          server.shutdown()
89          server.server_close()
90
91  if __name__ == '__main__':
92      runServer()
```

79····· runServer()는 채팅 서버를 구동하고 종료하는 역할을 수행하는 함수입니다.

84~85·· 앞에서 정의한 ChatingServer 객체를 생성하고 server로 둡니다. server.serve_forever()로 서버를 구동하고 클라이언트의 접속을 기다립니다.

86~89·· 사용자가 Ctrl+C를 누르면 구동되는 서버를 셧다운하고 종료합니다.

chatserver.py를 실행하면 다음과 같은 화면이 출력됩니다.

그림 198-1 채팅 서버 실행 화면

199 채팅 클라이언트 만들기

학습내용 채팅 서버와 연결된 다수의 사용자와 채팅이 가능한 GUI 기반의 채팅 클라이언트를 만들어 봅니다.

`Tkinter`를 이용해서 198에서 구현한 채팅 서버와 연결하여 여러 사람들과 대화를 주고받을 수 있는 GUI 기반의 채팅 클라이언트를 만들어 봅니다. 이번에 구현할 채팅 클라이언트는 다음 그림 과 같이 메시지를 입력하는 위젯과 대화 내용을 보여주는 텍스트 위젯, 그 옆에 스크롤 바가 붙어 있는 매우 단순한 인터페이스를 가진 프로그램입니다.

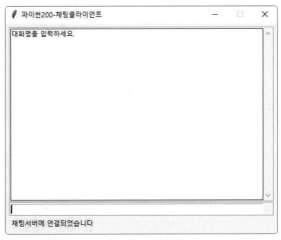

그림 199-1 구현할 채팅 클라이언트 GUI

구현할 채팅 클라이언트의 모든 기능은 `ChatClient` 클래스에서 구현하도록 합니다. `ChatClient`는 다음과 같은 메서드로 구성됩니다.

__init__(self):
• 채팅 클라이언트 GUI 정의 및 생성

connect(self):
• 소켓을 생성하고 채팅 서버에 연결

sendMessage(self, *args):
• 대화를 입력하고 Enter 를 누르면 처리하는 로직 구현

recvMessage(self):
• 메시지 수신을 위해 스레드로 구동되는 메서드

run(self):
• 채팅 클라이언트 실행 메서드

bye(self):
- 채팅 클라이언트 종료 시 호출되는 메서드

destroyWin(self):
- 채팅 클라이언트 GUI 제거

이제 코드를 작성하고 "python200/network" 폴더에 "chatclientGUI.py"로 저장합니다. 코드가 길어 나누어서 설명합니다.

network/chatclientGUI.py part1

```python
1   from tkinter import *
2   import tkinter.ttk as ttk
3   import threading
4   import socket
5
6   HOST = 'localhost'              # 채팅 서버 주소
7   PORT = 9010                     # 채팅 서버 포트 번호
```

필요 모듈을 임포트하고 HOST와 PORT를 설정합니다. 다음은 ChatClient 클래스를 구현한 코드입니다.

network/chatclientGUI.py part2

```python
9    # 채팅 클라이언트 메인 클래스
10   class ChatClient():
11     def __init__(self):
12       self.me = ''                    # 채팅클라이언트의 주인의 대화명
13       self.title = '파이썬200-채팅클라이언트'
14
15       # 채팅 클라이언트 UI를 정의
16       root = Tk()
17       # 채팅 클라이언트 닫기 했을 때 발생하는 이벤트처리
18       root.protocol("WM_DELETE_WINDOW", self.destroyWin)
19       self.root = root
20       self.root.title(self.title)
21       self.root.resizable(width=False, height=False)
22
23       # 화면 아래에 표시될 상태 표시창에 출력될 변수
24       self.statusmsg = StringVar()
25
26       # 내 대화 메시지
27       self.mymsg = StringVar()
28
29       # 메인프레임 정의
30       content = ttk.Frame(self.root, padding=(6, 6, 6, 6))
31       content.grid(column=0, row=0, sticky=("nwes"))
```

```
32
33    panel1 = ttk.Frame(content, relief='groove', padding=(3,3,3,3))
34    panel2 = ttk.Frame(content, relief='groove', padding=(3,3,3,3))
35    panel3 = ttk.Frame(content, padding=(3,3,3,3))
36
37    panel1.grid(column=0, row=0, sticky=('nwes'))
38    panel2.grid(column=0, row=1, sticky=('nwes'))
39    panel3.grid(column=0, row=2, sticky=('nwes'))
40
41    # 대화 표시창 생성
42    self.textoutwin = Text(panel1, relief='solid', width=65, height=20,
font=('맑은 고딕', 9))
43    self.textoutysb = ttk.Scrollbar(panel1, orient=VERTICAL, command=self.
textoutwin.yview)
44    self.textoutwin['yscroll'] = self.textoutysb.set
45
46    # 대화 입력 창 생성
47    self.textinwin = Entry(panel2, width=65, textvariable=self.mymsg)
48
49    # 상태 표시창 생성
50    self.status = ttk.Label(panel3, width=65, textvariable=self.statusmsg)
51
52    # 엔터키와 메시지 전송 함수 바인딩
53    self.textinwin.bind('<Return>', self.sendMessage)
54
55    # 대화 표시창 및 스크롤 바 위치시키기
56    self.textoutwin.grid(column=0, rowspan=3, row=0, sticky='w')
57    self.textoutysb.grid(column=1, rowspan=3, row=0, sticky='ns')
58    self.textoutwin.tag_configure('mytalk', foreground='blue', justi-
fy='right')
59    self.textoutwin.tag_configure('centermsg', foreground='green', justi-
fy='center')
60
61    # 대화 입력 창 위치시키기
62    self.textinwin.grid(column=0, row=0, sticky='w')
64
65    # 상태 표시창 위치시키기
66    self.status.grid(column=0, row=0, sticky='w')
67
68    # 포커스를 메시지 입력 창에 두기
```

12····· **self.me**는 채팅 클라이언트의 사용자 대화명을 담습니다.

16····· **Tkinter** 객체를 **root**로 둡니다.

18····· **root.protocol("WM_DELETE_WINDOW", self.destroyWin)**은 사용자가 메인창 우측 상단의 Ⓧ를 눌러 채팅 클라이언트의 메인 창이 닫힐 때 **self.destroyWin()** 메서드를 호출합니다.

23~27·· 상태 메시지 및 내 대화 내용을 담을 변수를 정의합니다.

30~31·· 채팅 클라이언트의 메인 프레임을 **content**로 정의합니다.

33~39·· **content**에 배치될 패널 3개를 정의하고, **content**에 패널 3개를 배치합니다.

42····· **self.textoutwin**은 대화 내용을 표시하는 메인 화면이며 **panel1**의 위젯으로 생성합니다.

43····· **self.textoutysb**는 대화 내용 표시 화면 옆에 붙을 수직 스크롤 바이며 **panel1**의 위젯으로 생성합니다.

47····· **self.textinwin**은 대화를 입력하는 창이며, **panel2**의 위젯으로 생성합니다. 대화 입력창에 입력되는 메시지를 **self.mymsg**로 할당되게 설정합니다.

50····· **self.status**는 상태 메시지를 표시하는 창이며, **panel3**의 위젯으로 생성합니다. 상태 표시창에 표시할 메시지를 **self.statusmsg**로 설정합니다.

53····· **self.textinwin.bind('<Return>', self.sendMessage)**은 대화를 입력하는 위젯에서 엔터키를 누르면 **self.sendMessage** 메서드를 호출하라는 설정입니다.

56~57·· 생성한 위젯들을 각 패널 내에 배치합니다.

58~59·· **self.textoutwin.tag_configure()**는 대화 내용 표시 창인 **self.textoutwin**의 태그 설정을 합니다. 태그 설정이란 **self.textoutwin**에 메시지를 표시할 때, 메시지의 속성을 설정하고 이름표를 붙이는 것으로 생각하면 됩니다.

58····· 'mytalk'으로 이름 붙여진 속성은 파란색 글씨의 오른쪽 정렬로 **self.textoutwin**에 출력하게 됩니다.

59····· 'centermsg'로 이름 붙여진 속성은 초록색 글씨의 중앙 정렬로 **self.textoutwin**에 출력하게 됩니다.

68····· 배치된 위젯들에서 **self.textinwin**에 포커스를 맞추어 메시지를 입력할 수 있게 합니다.

```
network/chatclientGUI.py part3
10  class ChatClient():
      ...
70      def connect(self):  # 서버에 연결
71          self.sock = socket.socket(socket.AF_INET, socket.SOCK_STREAM)
72          try:
73              self.sock.connect((HOST, PORT))
74              t = threading.Thread(target=self.recvMessage)
75              t.daemon = True
76              t.start()
77          except Exception as e:
78              self.statusmsg.set(str(e))
79              return
80          self.statusmsg.set('채팅 서버에 연결되었습니다')
```

70~74·· connect()는 소켓을 생성한 후 HOST, PORT로 서버에 연결하고 recvMessage() 메서드를
          스레드로 구동합니다.

75····· t.daemon = True는 recvMessage를 구동하는 스레드를 데몬 스레드로 설정합니다. 데몬
          스레드로 설정하면 사용자가 채팅 클라이언트를 종료할 때 recvMessage를 구동하는 스레
          드가 곧바로 종료됩니다.

80····· 채팅 서버와 연결이 성공하면 상태 표시창에 메시지를 표시합니다.

```
network/chatclientGUI.py part4
10  class ChatClient():
      ...
82      # 엔터키를 누르면 메시지 전송하는 로직
83      def sendMessage(self, *args):
84          try:
85              msg = self.mymsg.get()
86              if not msg:
87                  return
88
89              self.sock.send(msg.encode())
90              self.textinwin.delete(0, END)
91              if msg == '/quit':
92                  self.statusmsg.set('대화종료: 프로그램을 종료하세요')
93          except Exception as e:
94              self.statusmsg.set(str(e))
```

83····· 53라인의 설정을 통해, sendMessage()는 메시지 입력 창에서 메시지를 입력하고 Enter를
          누르면 호출되는 메서드입니다.

85~87·· self.mymsg는 대화 창에 입력된 문자열입니다. self.mymsg.get()으로 입력된 문자열을 얻고 msg로 둡니다. msg가 빈 문자열이면 그냥 리턴합니다.

89····· msg가 빈 문자열이 아니면 메시지를 채팅 서버로 전송합니다.

90····· 대화 창에 있는 메시지를 모두 삭제합니다.

91~92·· msg가 '/quit'이면 상태 표시창에 대화종료 메시지를 표시합니다.

```
network/chatclientGUI.py part5
10    class ChatClient():
          ...
96        # 메시지 수신 처리를 위해 스레드로 구동되는 메서드
97        def recvMessage(self):
98            isLogin = False
99            while True:
100               try:
101                   # 대화 내용이 화면 높이를 넘어설 때 자동 스크롤
102                   self.textoutwin.see(END)
103
104                   msg = self.sock.recv(65565)
105                   if not msg:
106                       break
107
108                   msg = msg.decode()
109                   if '/welcome' in msg:
110                       username = msg.split(';')[1]
111                       msg = msg.split(';')[2]
112                       if not isLogin:
113                           self.me = username
114                           isLogin = True
115
116                       self.textoutwin.insert(END, username+msg+'\n', 'centermsg')
117                       continue
118
119                   if '/login' in msg:
120                       msg = msg.split(';')[1]
121                       self.textoutwin.insert(END, msg+'\n')
122                       continue
123
124                   if msg[0] == '#':
125                       username = msg.split('#')[1]
126                       msg = msg.split('#')[2]
127                       if self.me == username:
128                           self.textoutwin.insert(END, msg+'\n', 'mytalk')
129                       else:
```

```
130                              msg = f'[{username}]\n\t{msg}'
131                              self.textoutwin.insert(END, msg+'\n')
132                     else:
133                         self.textoutwin.insert(END, msg+'\n', 'centermsg')
134
135             except Exception as e:
136                 pass
```

97····· recvMessage()는 채팅 서버로부터 메시지 수신을 위해 스레드로 구동되는 메서드입니다.

98····· False로 설정된 isLogin은 채팅 클라이언트가 전송한 대화명을 서버로부터 다시 전달받는 시점에 True로 설정됩니다.

102···· 표시한 메시지가 대화 표시창의 높이를 넘어서면 대화 표시창의 맨 밑으로 자동 스크롤 해줍니다.

104···· 채팅 서버로부터 메시지 수신을 대기합니다. 메시지를 수신하면 전송받은 메시지를 msg로 둡니다.

105~106 msg가 빈 문자열이면 while을 빠져나옵니다.

108···· msg를 유니코드 문자열로 디코딩합니다.

109~111 msg에 '/welcome'이 포함되어 있으면 msg를 ';'로 구분한 두 번째 문자열을 username으로, 세 번째 문자열을 msg로 둡니다.

112~114 isLogin이 False이면 self.me를 username으로 설정하고, isLogin을 True로 변경합니다.

116~117 username과 msg를 'centermsg'로 이름 붙여진 속성으로 self.textoutwin에 표시합니다. 이는 "username님이 입장했습니다."를 초록색 글씨에 중앙 정렬로 표시할 것입니다. 그런 후 while 실행문의 첫 부분으로 가서 새로운 메시지 수신을 기다립니다.

119~122 msg에 '/login'이 포함되어 있으면, msg를 ';'로 구분한 두 번째 문자열을 대화 표시창에 출력합니다. 이는 "대화명을 입력하세요"가 표시될 것입니다. 그런 후 새로운 메시지 수신을 기다립니다.

124~126 msg가 '#'으로 시작하면 msg를 '#'으로 분리한 두 번째 문자열을 username, 세 번째 문자열을 msg로 둡니다.

127~128 username이 self.me와 같으면 수신한 msg를 'mytalk'으로 이름 붙여진 속성으로 대화 표시창에 출력합니다. 이는 파란색 글씨에 오른쪽 정렬로 내가 입력한 메시지가 표시됩니다.

129~131 username이 self.me와 다르면 [username]과 메시지를 분리해서 메시지 표시 창에 출력합니다. 대화 표시창에 출력되는 디폴트 값은 검은색 글씨에 왼쪽 정렬로 표시됩니다.

msg가 '#'으로 시작하지 않으면 'centermsg'로 이름 붙여진 속성으로 대화 표시창에 msg를
출력합니다. 이는 "xxx님이 퇴장했습니다"로 표시될 것입니다.

이로써 채팅 클라이언트의 핵심 처리 부분의 구현이 끝났습니다. 이제부터는 채팅 클라이언트를
실행하는 로직과, 채팅 클라이언트가 종료될 때 처리할 로직을 구현합니다.

network/chatclientGUI.py part6

```
10   class ChatClient():
         ...
138      # 채팅 클라이언트 실행 함수
139      def run(self):
140          self.connect()
141          self.root.mainloop()
142          self.sock.close()
```

139···· run()은 채팅 클라이언트를 구동하는 메서드입니다.

140~141 self.connect() 메서드를 호출하고, Tkinter 객체의 mainloop() 메서드를 호출하여 프
로그램을 구동합니다.

142···· mainloop()이 종료되면 열렸던 소켓을 닫습니다.

network/chatclientGUI.py part7

```
10   class ChatClient():
         ...
144      # 채팅 클라이언트 종료시 호출되는 메서드
145      def bye(self):
146          try:
147              self.sock.send('/quit'.encode())
148          except:
149              pass
150
151      # 채팅 클라이언트 윈도우 디스트로이
152      def destroyWin(self):
153          self.bye()
154          self.root.destroy()
```

145~147 bye()는 채팅 클라이언트 종료 시 호출되는 메서드입니다. 이 메서드가 하는 일은 채팅 서
버로 '/quit' 메시지를 전송하는 것이 다입니다.

152···· destroyWin()은 채팅 클라이언트 우측상단의 Ⓧ를 눌러 채팅 클라이언트가 닫힐 때 호출
됩니다. 이 설정은 18라인에서 했습니다.

153~154 self.bye()와 self.root.destroy()를 차례대로 호출합니다. self.root.destroy()는
채팅 클라이언트 GUI를 종료하고 화면에서 없앱니다.

```
156 if __name__ == '__main__':
157     chatgui = ChatClient()
158     chatgui.run()
```

프로그램을 실행시키면 ChatClient 객체를 생성하고, 이 객체의 run() 메서드를 호출합니다.

이제 테스트를 해 봅니다. 199에서 구현한 chatserver.py를 실행합니다. 만약 원격 호스트를 이용할 수 있다면 원격 호스트에서 chatserver.py를 실행해 보세요.

chatclientGUI.py를 실행하고, "대화명을 입력하세요."라는 메시지가 대화 창에 보이면 메시지 입력 창에서 원하는 대화명을 입력하고 엔터를 치세요.

윈도우 명령 프롬프트를 두 개 더 실행해서 chagclientGUI.py를 실행하고 원하는 대화명을 입력해서 채팅 클라이언트를 총 세개를 띄웁니다.

그림 199-2 채팅 클라이언트 3개를 실행한 모습

이때 채팅 서버 화면은 다음과 같습니다.

```
godgo@enteropy-AI: ~/data/devroom/python200
godgo@enteropy-AI:~/data/devroom/python200$ python chatserver.py
+++ 채 팅 서 버 를 시 작 합 니 다 .
+++ 채 팅 서 버 를 끝 내 려 면  Ctrl-C를  누 르 세 요 .
[192.168.55.135] 연 결 됨
+++ 대 화 참 여 자 수  [1]
[192.168.55.135] 연 결 됨
+++ 대 화 참 여 자 수  [2]
[192.168.55.135] 연 결 됨
+++ 대 화 참 여 자 수  [3]
```

그림 199-3 대화 참여자가 3명일 때 채팅 서버 화면

이제 채팅 클라이언트에서 대화 메시지를 입력해 봅니다.

그림 199-4 채팅 클라이언트에서 대화 화면

이때 채팅 서버의 화면입니다.

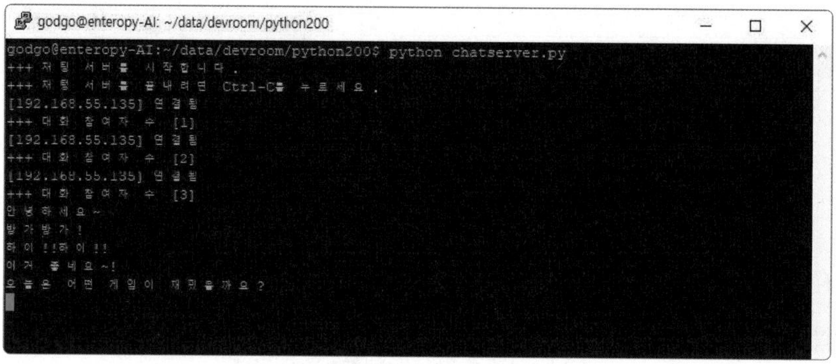

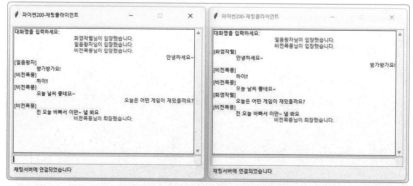

그림 199-5 대화 중 채팅 서버 화면

채팅 클라이언트 하나를 ⓧ를 눌러 닫아봅니다.

그림 199-6 대화 참여자 1명이 대화방을 나갔을 때 화면

198과 199의 채팅 서버와 채팅 클라이언트는 채팅과 관련된 매우 기본적인 기능만 구현한 것입니다. 독자 여러분들은 프로그래밍 실력을 키워서 채팅 서버와 채팅 클라이언트를 카카오톡과 비슷한 채팅 프로그램으로 만들어 보길 바랍니다.

200 ChatGPT API를 활용해서 간단한 챗봇 만들기

학습내용 ChatGPT API를 활용해서 자연어 질의에 대해 ChatGPT의 응답 결과를 화면에 보여주는 간단한 챗봇을 구현해 봅니다.

프로그래밍 실습 마지막 예제로 ChatGPT API를 활용해 단순한 챗봇을 구현해 보도록 합니다. ChatGPT는 OpenAI라는 회사가 개발한 생성형 AI 기반 챗봇으로, 자연어 처리를 활용하여 다양한 분야의 지식으로 인간과 자연스러운 대화가 가능한 챗봇입니다.

OpenAI는 ChatGPT의 여러 기능들을 개발자들이 활용할 수 있도록 API로 제공하고 있는데, 예전에는 ChatGPT API를 한동안 무료로 사용할 수 있었으나, 이 책을 집필하는 현재는 무료로 활용할 수 있는 API는 없고, OpenAI의 [내 계정]에서 일정 금액을 충전해야 사용할 수 있습니다.

ChatGPT API를 사용하기로 결심했다면 다음의 절차에 따라 사전 준비 작업을 수행합니다.

1. 계정 만들기 및 로그인

https://platform.openai.com/playground/chat에 접속한 후, 보이는 화면의 우측상단에 [Sign up] 버튼을 클릭하고 계정을 생성합니다. 계정은 구글이나 마이크로소프트, 애플계정으로 연동할 수 있습니다. 로그인되면 다음과 같은 화면이 보일 겁니다.

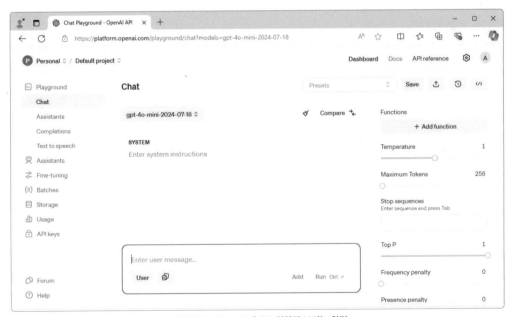

그림 200-1 OpenAI에 로그인하면 보이는 화면

2. API key 발급

왼쪽 메뉴에서 [API Keys]를 누릅니다. API Keys는 ChatGPT API를 활용하기 위해 반드시 필요한 인증키입니다. API Keys를 발급받기 전에 [Start verification] 버튼을 눌러 휴대폰 번호를 확인받습니다. 휴대폰 번호 확인 후, [Create new secret key] 버튼을 눌러 API Keys를 발급받습니다. API Keys를 발급받으면 다음과 같은 화면을 볼 수 있습니다.

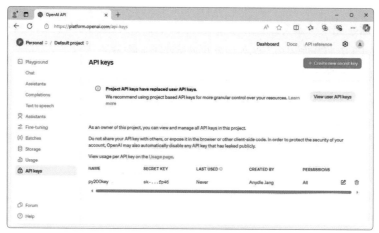

그림 200-2 OpenAI API Key 발급받은 후 화면

3. 금액 충전하기

그림 200-2의 화면에서 우측 상단의 톱니바퀴 아이콘을 클릭하면 표시되는 화면의 왼쪽 메뉴 바의 [Billing] 메뉴를 클릭하여 지불 방법 등록과 금액을 충전할 수 있습니다. 여기에 신용카드 정보를 등록하고 최소 금액으로 충전하세요.

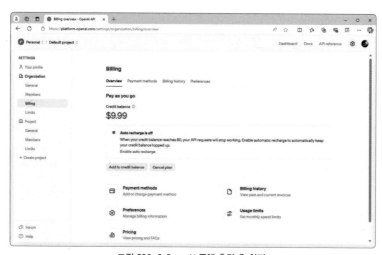

그림 200-3 OpenAI 금액 충전 후 화면

4. openai 패키지 설치

pip를 이용해 openai 패키지를 설치합니다.

```
> pip install openai
```

5. API key를 환경변수로 등록

윈도우 OS인 경우, 다음과 같이 발급받은 OpenAI API key를 환경변수로 등록합니다.

- 윈도우 탐색기에서 [내 컴퓨터]에 마우스 오른쪽 버튼을 클릭합니다.
- 팝업 메뉴에서 [속성]을 클릭합니다.
- 설정 창이 나타나면 오른쪽 관련 설정 메뉴에서 [고급 시스템 설정]을 클릭합니다.
- 시스템 속성 창에서 [환경 변수] 탭을 클릭합니다.
- [시스템 변수]부분에서 [새로 만들기]를 클릭합니다.
- 나타나는 대화 창에서 변수 이름 부분에 OPENAI_API_KEY를 입력하고, 변수 값 부분에 발급 받은 API key를 복사해서 붙여 넣습니다.
- [확인]을 누르고 빠져나옵니다.

이제 ChatGPT API가 제대로 동작하는지 다음 코드로 확인해 봅니다.

ChatGPT API 테스트 코드
```
1   import openai
2   completion = openai.chat.completions.create(
3       model="gpt-4o-mini",
4       messages=[
5       {"role": "system", "content": "넌 무엇이든 쉽게 설명하는 선생님이야"},
6       {"role": "user", "content": "파이썬 언어에 대해 간략하게 말해줘"}
7     ]
8   )
9
10  print(completion.choices[0].message.content)
```

오류 없이 ChatGPT로부터 답변이 출력되는지 확인해 보세요. 만약 오류가 발생하면 원인은 다음 과 같은 이유 때문입니다.

- API key 인증 오류: API key가 환경변수로 제대로 등록되지 않았을 경우 발생합니다. 윈도우 환경변수로 OPENAI_API_KEY가 제대로 설정되어 있는지 확인하세요.
- 충전 금액 부족: OpenAI의 ChatGTP API는 기본적으로 유료입니다. 그림 200-3 화면에서 충전 금액을 확인해 봅니다.

이제 준비는 끝났습니다. 우리가 구현할 코드에서 ChatGPT API를 호출하고 활용하는 부분은 ChatGPT API 테스트 코드와 거의 동일합니다.

우리가 구현할 ChatGPT 기반 챗봇은 chainlit이라는 GUI 인터페이스를 활용할 예정입니다. chainlit은 대화형 AI를 구축하기 위한 오픈소스 파이썬 패키지입니다.

먼저 pip를 이용해 chainlit을 설치합니다.

```
> pip install chainlit
```

문제 없이 chainlit이 잘 설치되었다면 다음과 같이 chainlit_test.py를 작성합니다.

```
chainlit_test.py
1  import chainlit as cl
2
3  @cl.on_message
4  async def main(message: cl.Message):
5      await cl.Message(
6          content=f"Received: {message.content}",
7      ).send()
```

윈도우 명령 프롬프트를 실행하고 chainlit_test.py 파일이 있는 폴더로 이동한 후, 다음과 같은 코드를 실행합니다.

```
> chainlit run chainlit_test.py
```

코드가 오류 없이 실행되면 다음과 같이 웹브라우저가 자동으로 실행되면서 chailit 인터페이스를 볼 수 있습니다.

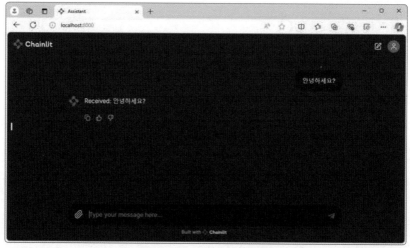

그림 200-4 chainlit_test.py 실행 화면

그림 200-4는 chainlit 인터페이스에서 "안녕하세요?"를 입력한 후의 모습입니다.

이제 `chainlit`을 이용해 ChatGPT를 연동하고, ChatGPT와 대화를 하는 프로그램을 작성해 봅니다. 다음 코드를 작성하고 "python200/Chatbot" 폴더에 "chatbot.py"로 저장합니다.

chatbot.py part1

```
1  import chainlit as cl
2  from openai import AsyncOpenAI
```

필요한 모듈을 임포트합니다.

chatbot.py part2

```
4   client = AsyncOpenAI()
5   cl.instrument_openai()
6
7   settings = {
8     'model': 'gpt-4o-mini',
9     'temperature': 0,
10  }
```

4······ `AsyncOpenAI()`는 OpenAI의 ChatGPT와 통신할 비동기 클라이언트 객체를 생성합니다.

5······ OpenAI 클라이언트를 생성한 후에는 `chainlit`의 `instrument_openai()` 호출이 필요합니다.

7······ `settings`는 사용자의 메시지와 함께 ChatGPT로 전송되는 매개변수 값입니다.

8······ 우리가 활용할 ChatGPT 모델을 'gpt-4o-mini'로 설정합니다.

9······ OpenAI의 `temperature`는 ChatGPT 모델이 생성하는 결과에 대한 무작위성이나 창의성을 제어하는 매개변수입니다. `temperature`는 0과 1사이 범위의 값이며, 0일 경우 생성하는 응답이 진실되고 결정적인 것이 되며, 1일 경우 창의성과 무작위성이 매우 높아져서 어떤 대답이 나올지 모르게 됩니다.

```
chatbot.py part3
12   @cl.on_message
13   async def main(message: cl.Message):
14     response = await client.chat.completions.create(
15       messages = [
16         {
17           'content': 'you are a helpful bot, you always reply in Korean',
18           'role': 'system'
19         },
20         {
21           'content': message.content,
22           'role': 'user'
23         }
24       ],
25       **settings
26     )
27
28     # 사용자에게 응답을 전송
29     await cl.Message(content=response.choices[0].message.content).send()
```

12····· chainlit의 on_message 데코레이터를 설정합니다.

13····· 코루틴 main()은 chainlit에서 입력한 메시지에 대해 chainlit의 Message 객체 형식의 message를 인자로 받습니다.

14····· openai.chat.completions.create()은 ChatGPT에게 질문하고, ChatGPT가 내놓은 결과를 리턴하여 이를 response로 둡니다.

15····· messages는 ChatGPT로 전송할 프롬프트입니다.

17~18·· 'content'는 ChatGPT로 전송할 메시지이며, 'role'은 'content'로 지정된 메시지에 대한 행위의 주체 또는 역할을 지정합니다. 'role': 'system'은 바로 위에서 설정한 메시지에 대한 행위의 주체가 ChatGPT임을 명시합니다.

21~22·· 'role': 'user'는 'content'로 지정된 메시지의 주체가 사용자임을 명시합니다.

25····· 딕셔너리 settings의 요소들을 인자로 추가합니다. **settings는 딕셔너리 요소들을 언패킹(unpacking)해서 요소(키:값) 하나하나를 따로 분리해서 나열하라는 의미입니다.

29····· chainlit의 메시지 표시창으로 ChatGPT의 응답 메시지를 전송합니다. ChatGPT의 응답 메시지는 14라인의 리턴값 response에서 response.choices[0].message.content로 참조됩니다.

윈도우 명령 프롬프트를 실행하고 다음과 같이 chatbot.py를 실행합니다.

```
> chainlit run chatbot.py --host 0.0.0.0 --port 8000
```

--host 0.0.0.0은 서버로 동작하라는 의미이며, 포트번호로 8000을 사용합니다.
성공적으로 실행되면 기본 웹 브라우저에 다음과 같은 chainlit 화면이 나타납니다.

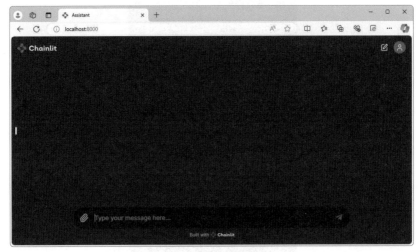

그림 200-5 챗봇 실행 화면

chainlit의 메시지 입력 창에 ChatGPT에게 물어볼 질문이나 대화를 걸어보세요.

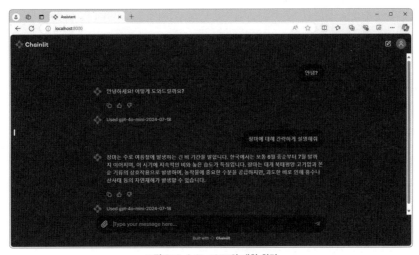

그림 200-6 ChatGPT와 대화 화면

원격 호스트에서 chatbot.py를 구동할 수 있는 독자라면 모바일 폰으로도 접속해서 ChatGPT와 대화할 수 있습니다.

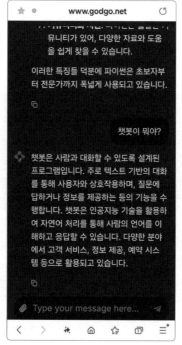

그림 200-7 모바일 폰에서 ChatGPT와 대화 화면

OpenAI는 이 예제에서 구현한 챗봇에서 활용한 기능 이외에 ChatGPT와 관련된 다양한 기능을 제공하고 있습니다.

- 이미지 생성
- TTS(Text To Speech): 텍스트를 음성으로 변환
- STT(Speech To Text): 음성을 텍스트로 변환
- 그 외 다수

각 용도별 ChatGPT 사용법은 우리 챗봇에서 활용한 ChatGPT 기능을 호출하는 것처럼 사용법이 간단합니다. OpenAI 도큐먼트 사이트를 참고해서 구현하고자 하는 프로그램에서 ChatGPT 기능을 다양하게 적용해 보세요.

찾아보기